世界哲學家叢書

馬赫

李醒民 著

1995

東大圖書公司印行

國立中央圖書館出版品預行編目資料

馬赫／李醒民著.--初版.--臺北市：
東大發行：三民總經銷，民84
面；　公分.--(世界哲學家叢書)
參考書目：面
含索引
ISBN 957-19-1736-2 (精裝)
ISBN 957-19-1737-0 (平裝)

1.馬赫(Mach, Ernst, 1838-1916)
學術思想-哲學

147.79　　　　83010785

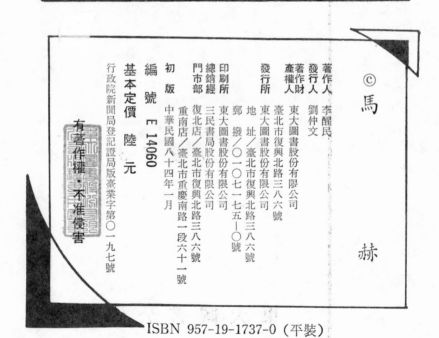

著作人 李醒民
發行人 劉仲文
著作財產權人 東大圖書股份有限公司
臺北市復興北路三八六號
發行所 東大圖書股份有限公司
地址／臺北市復興北路三八六號
郵撥／〇一〇七一七五－〇號
印刷所 東大圖書股份有限公司
總經銷 三民書局股份有限公司
門市部 復北店／臺北市復興北路三八六號
重南店／臺北市重慶南路一段六十一號
初　版 中華民國八十四年一月
編　號 E 14060
基本定價 陸　元
行政院新聞局登記證局版臺業字第〇一九七號

ISBN 957-19-1737-0 (平裝)

「世界哲學家叢書」總序

本叢書的出版計畫原先出於三民書局董事長劉振強先生多年來的構想，曾先向政通提出，並希望我們兩人共同負責主編工作。一九八四年二月底，偉勳應邀訪問香港中文大學哲學系，三月中旬順道來臺，即與政通拜訪劉先生，在三民書局二樓辦公室商談有關叢書出版的初步計畫。我們十分贊同劉生先的構想，認為此套叢書（預計百册以上）如能順利完成，當是學術文化出版事業的一大創舉與突破，也就當場答應劉先生的誠懇邀請，共同擔任叢書主編。兩人私下也為叢書的計畫討論多次，擬定了「撰稿細則」，以求各書可循的統一規格，尤其在內容上特別要求各書必須包括 (1) 原哲學思想家的生平；(2) 時代背景與社會環境；(3) 思想傳承與改造；(4) 思想特徵及其獨創性；(5) 歷史地位；(6) 對後世的影響（包括歷代對他的評價），以及 (7) 思想的現代意義。

作為叢書主編，我們都了解到，以目前極有限的財源、人力與時間，要去完成多達三、四百册的大規模而齊全的叢書，根本是不可能的事。光就人力一點來說，少數教授學者由於個人的某些困難（如筆債太多之類），不克參加；因此我們曾對較有餘力的簽約作者，暗示過繼續邀請他們多撰一兩本書的可能性。遺憾的是，此刻在政治上整個中國仍然處於「一分為二」的艱苦狀態，加上馬列教條的種種限制，我們不可能邀請大陸學者參與撰寫工作。不過到目前為止，我們已經獲得八十位以上海內外的學者精英全力支持，包括臺灣、香港、新加坡、澳洲、美國、西德與加拿大七個地區；難得的是，更包括了日本與大韓民國好多位名流學者加入叢書作者的陣容，增加不少叢書的國際光彩。韓國的國際退溪學會也在定期月刊《退溪學界消息》鄭重推薦叢書兩次，我們藉此機會表示謝意。

原則上，本叢書應該包括古今中外所有著名的哲學思想家，但是除了財源問題之外也有人才不足的實際困難。就西方哲學來說，一大半作者的專長與興趣都集中在現代哲學部門，反映著我們在近代哲學的專門人才不太充足。再就東方哲學而言，印度哲學部門很難找到適當的專家與作者；至於貫穿整個亞洲思想文化的佛教部門，在中、韓兩國的佛教思想家方面雖有十位左右的作者參加，日本佛教與印度佛教方面卻仍近乎空白。人才與作者最多的是在儒家思想家這個部門，包括中、韓、日三國的儒學發展在內，最能令人滿意。總之，我們尋找叢書作者所遭遇到的這些困難，對於我們有一學術研究的重要啓示（或不如說是警號）：我們在印度思想、日本佛教以及西方哲學方面至今仍無高度的研究成果，我們必須早日設法彌補這些方面的人才缺失，以便提高我們的學術水平。相比之下，鄰邦日本一百多年來已造就了東西方哲學幾乎每一部門的專家學者，足資借鏡，有待我們迎頭趕上。

以儒、道、佛三家為主的中國哲學，可以說是傳統中國思想與文化的本有根基，有待我們經過一番批判的繼承與創造的發展，重新提高它在世界哲學應有的地位。為了解決此一時代課題，我們實有必要重新比較中國哲學與（包括西方與日、韓、印等東方國家在內的）外國哲學的優劣長短，從中設法開闢一條合乎未來中國所需求的哲學理路。我們衷心盼望，本叢書將有助於讀者對此時代課題的深切關注與反思，且有助於中外哲學之間更進一步的交流與會通。

最後，我們應該強調，中國目前雖仍處於「一分為二」的政治局面，但是海峽兩岸的每一知識分子都應具有「文化中國」的共識共認，為了祖國傳統思想與文化的繼往開來承擔一份責任，這也是我們主編「世界哲學家叢書」的一大旨趣。

傅偉勳　韋政通

一九八六年五月四日

自序

步隨流水覓溪源，

行到源頭卻惘然。

始信真源行不到，

倚笻隨處弄潺湲。

——宋·朱熹·〈偶題〉三首（其三）

無論從哪方面講，恩斯特·馬赫（Ernst Mach, 1838-1916）這位超級哲人科學家都是聲名顯赫的，注定不會被歷史遺忘的人物。作爲科學家，他在物理學、生理學和心理學諸領域進行了一系列精湛的實驗研究和獨到的理論探索，取得了眾多的、綜合性的成果；他是相對論的先驅，是當代認知科學和進化認識論的先知，他的富有洞見的科學思想在某種程度上也對量子論、格式塔心理學、發生認識論、精神分析學的誕生起過助產士的作用。作爲科學史家和科學哲學家，他發表了一系列富有洞察力的見解和影響深遠的論著，對一代科學家和哲學家起到了振聾發聵的啓蒙作用和啓迪作用。在十九世紀和二十世紀之交這個需要科學和哲學巨人、而且也湧現出科學和哲學巨人的時代，馬赫作爲批判學派的首領和邏輯經驗論的始祖，以其明睿的眼力、深邃的洞見、恢宏的氣度和迷人的魅力，對現代科學和現代哲學發展的走向產生了舉足輕重的影響。

馬赫也是一位偉大的自然主義者和人道主義者。他具有強烈的社會責任感和博大的自然倫理情懷，他眞誠地籲請人與人、人與社會、人與大自然和諧共處。他酷愛眞理，嚮往和平，主持正義，追求公道，無私地奉獻於人類的進步事業。他虛懷若谷，銳意進取，在理智的王國裡自由地縱情「漫遊」。他胸襟坦蕩，光明磊落，寬容仁和，古道熱腸，是一位有自知之明的、問心無愧的人。

馬赫的智力、言行、精神和人格，顯示出他旣是一位平凡的偉人，也是一位偉大的凡人，這自然而然地贏得了世人的讚譽與尊敬。馬赫的朋友和同事波佩爾-林科伊斯（J. Popper-Lykeus, 1838-1921）認爲馬赫是「非同尋常的」、「特別有天才的」、「有獨創性的人物」，是位「簡樸的、明晰的、絕對純潔和眞心實意的科學家」。「他的思維結果逐漸浮現時，似乎不是出自他的頭腦，而是出自他的整個身心，類似於某些純樸的、熱情奔放的藝術作品。」❶ 奥地利的希臘哲學史家戈姆佩爾茨（H. Gomperz）贊頌馬赫是「偉大的奥地利物理學家和認識論家」，「最有獨創性的、最深邃的思想家」。「他十分謙遜，有偉大的人格，是一位偉大的思想家。在某種意義上，人們可以稱他爲科學

---

❶ R. von Mises, Ernst Mach and the Empiricist Conception of Science, *Ernst Mach: Physicist and Philosopher*, by R. S. Cohen and R. J. Seeger, Boston Studies in the Philosophy of Science, Vol. 6, D. Reidel Publishing Company/Dordrecht Holland, 1970, pp. 245-270. 我們要經常引用該書，現約定以 *PP* 代之。

之佛，……他對所有人普遍友善和友好，似乎從未對一個人感興趣而對另一個人不感興趣。在他看來，人是一種有某些事要講的存在，他認爲唯一重要的是：他所講的東西是聰明還是愚蠢，是眞還是假。在我看來，他似乎是科學精神的化身。」❷ 哈佛大學心理學家和哲學家詹姆斯（W. James, 1842-1910）1882年秋在布拉格聽完馬赫講演後，在給妻子的信中這樣描繪馬赫初次留給他的美好形象：

> 我認為，任何人永遠也不會給我如此强烈的純粹智力天才的印象。他顯然無所不讀，無所不想，行為舉止絕對質樸無華，他容光煥發，面帶微笑，這一切都極其富有魅力。(*EM*, p. 76-77)

然而，在相當長的一段時間內，在前蘇聯、中國、東歐等國家，馬赫本人及其思想遺產不僅未受到應有的尊重和發掘，相反卻遭到無情的鞭撻、粗暴的踐踏乃至恣意的唾罵。馬赫時不時地成爲十字軍聖戰的死敵，成爲少數政客和御用文人染紅頂子的犧牲，成爲小部分學人換取飯碗、職稱和聲望的獵物，成爲一些善良人們顯示革命忠心和表現革命豪情的格鬥場（當然挑戰者是上毫無危險、穩操勝券的格鬥場，因爲馬赫早已作古且對挑戰者無任何威脅，否則怎會動輒形成一窩蜂式的「運動」）。這樣一來，馬赫能不斯文掃地、聲名狼藉嗎？究其原因，全在於列寧

---

❷ John T. Blackmore, *Ernst Mach: His Work, Life, and Influence,* University of California Press, 1972, p. 161. 我們要經常引用該書，現約定以*EM*代之。

(Lenin, 1870-1924) 這位有世界影響的政治家和革命家於1909年出版的《唯物主義和經驗批判主義 —— 對一種反動哲學的批判》(以下簡稱《唯批》)。列寧在這部洋洋二十七萬言的長篇大論中，對馬赫進行了毀滅性的批判，宣布了馬赫在哲學上和政治上的死刑：馬赫哲學是「沒有意義的空話」，「一團糟的東西」，「大雜燴」，「愚蠢的毫無結果的勾當」，「大肆吹噓的空話」，「所說的任何一句話都不可相信」，「反動透頂的」，「時髦的反動哲學」；馬赫本人則是「愚弄人民的有學位的奴僕」，「神學家手下的有學問的幫辦」，「玩弄『調和派的騙人把戲』而已」，加入到「一伙美國文化騙子」之中，「『最新的』反動教授」，「反動哲學的教授」，「反動的哲學教授」。列寧甚至用不很文明或很不文明的私人語言，辱罵馬赫「胡說」、「一丘之貉」、「糊塗蟲」、「教授小丑」❸。

由於列寧的哲學長期以來在社會主義國家被打上官方哲學的印記，因而具有至高無上的權威性和君臨一切的正統性，人們只有俯首聽命的義務，沒有商榷批評的權利。加之學術界的人既不屑於研讀馬赫的原著，又懶於考察世紀之交的科學和哲學背景，只知道人云亦云地喋喋不休，郢書燕說地隨意杜撰，徒勞地和風車搏鬥。因而從1950年代到1970年代，在中國大陸對馬赫幾乎沒有什麼像樣的學術研究，唯一的例外也許是我所尊敬的維也納學派成員洪謙（又名洪潛，Hong Qian or Tscha Hung, 1909-

❸ 列寧：《唯物主義和經驗批判主義》，參見《列寧選集》第2卷，人民出版社（北京），1972年第2版，頁38,61,221,37,51,349,364,128；138,350,347,230,170,181,349；193,209,106,129。我們要經常引用《唯批》的這個版本，現約定以 *WP* 代之。

1992）教授的一篇研究資料❹。從時間上判斷，該文也許是爲響應中國共產黨的「大鳴大放」的號召而刊出的，但洪先生還是有難言之隱，「欲說還休」。這種狀況直到1980年代改革開放之時才緩慢地有所變化，但傳統的慣性依然十分強大，離眞正的學術自由依然相當遙遠，而且在行進路上還時不時地出現「倒春寒」。

1980年代伊始，我在作碩士學位論文時首次接觸到有關馬赫的資料。我通過認眞研讀和嚴肅思考後發現：列寧對馬赫的許多批判是極不公正的，對馬赫的許多指責是毫無事實根據的。1981年，我發表了〈世紀之交物理學革命中的兩個學派〉❺的處女作。該文探討了以馬赫爲首的批判學派的歷史作用、哲學根源和歷史歸宿，首次肯定了批判學派在物理學革命中的革新派的地位和作用。雜誌編輯部很重視這篇文章，特地加有編者按。翌年，我又發表了〈物理學革命行將到來的先聲——馬赫在《力學史評》中對經典力學的批判〉❻，首次提出了標題所示的新觀點。兩年半後，我在榮開明主編的支持下，好不容易發表了幾年前早就寫好的指名批評文章〈關於物理學危機問題的沉思——對《唯物主義和經驗批判主義》某些觀點的再認識〉❼，澄清了列寧對馬赫、彭加勒（H. Poincaré, 1854-1912）及其學派的誤解和曲解，初步探討了列寧失誤的原因，這也許是近半個世紀以來首篇

❹ 洪潛：〈介紹馬赫的哲學思想〉，《哲學研究》（北京），1957年第3期，頁112-134。

❺ 見《自然辯證法通訊》（北京），第3卷（1981），第6期，頁30-38。

❻ 見《自然辯證法通訊》（北京），第4卷（1982），第6期，頁15-23。

❼ 見《江漢論壇》（武漢），1985年第7期，頁12-19。

指名道姓對列寧及其《唯批》進行正面批評的論文。熟悉國內內情的人可以想像到，以上三文會產生怎樣的影響。其間，我還出版了一本關於世紀之交物理學革命的歷史考察和哲學探討的專題著作❽，其中也涉及到上述有關論題。

1988年是馬赫誕辰150周年，國內學術界同年11月11日至14日在徐州市中國礦院召開了小型的「馬赫學術思想討論會」。我在此前後寫的數篇論文也相繼發表。〈略問馬赫的「思維經濟」原理〉❾論述辨析了馬赫的一個主要方法論原則。〈馬赫、彭加勒哲學思想異同論〉❿是一篇比較研究論文，剖析並揭示出二人學派相同而「主義」迥異的事實。〈研究馬赫的意義〉⓫是一篇僅有千餘字的發言提綱，但卻提出了三個重要問題。〈恩斯特·馬赫和原子論〉⓬論述了馬赫的兩個學術公案之一。〈恩斯特·馬赫：啓蒙哲學家和自由思想家〉⓭則勾勒出馬赫哲學的鮮明的精神氣質。刊物編者在〈編後記〉中評論該文「開宗明義，將馬赫這位名聲並不太佳的科學家、思想家的眞實面貌和精神氣質充分揭示出來，給以公允的評價。作爲國內對馬赫有深入研究的學者，李醒民先生不唯本本爲是，研究深入而細謹，觀點坦誠而犀利，令人欽佩。」編者敢於主持公正、秉筆直書的精神給我心靈

❽ 李醒民：《激動人心的年代》，四川人民出版社(成都)，1983年第1版，1984年第2版。

❾ 見《自然辯證法研究》(北京)，第4卷 (1988)，第3期，頁58-63。

❿ 見《走向未來》(成都)，第3卷 (1988)，第3期，頁92-97。

⓫ 見《自然辯證法研究》，第5卷(1989)，第2期，頁71。

⓬ 見《求索》(長沙)，1989年第3期，頁54-59。

⓭ 見《大自然探索》(成都)，第9卷 (1990)，第2期，頁118-124。

上以巨大的慰藉，使我銘感不已。要知道，當時正近「六四事件」一周年，有些居心叵測的人因我的學術觀點「不順眼」，正在千方百計找我的「麻煩」呢！

我的最後一篇關於馬赫的研究論文是〈論批判學派〉⑭，這是一篇對以馬赫爲首的批判學派所作的綜合性的比較研究。就這樣，我在較爲艱難的環境中，頂著某些壓力，堅持在自己認定的路線上進行學術研究，不懈地追求眞知。其中的甘苦，惟有自己心裡最淸楚。三年前的盛夏，我寫了兩首〈述懷詩〉，它們也許能部分道出我的心境：

酷暑冰心伏案頭，不求聞達羞鷄鶩。
十年面壁何其苦，盡隨憩園付東流。

衆芳隨風淪落英，惟有晚荷死守紅。
動問落霞孤鶩時，可有秋實慰忘情？

從1981年從事學術研究以來，我的主要研究方向是科學哲學和科學思想史，兼及科學史、科學社會學諸領域。我的學術思想和學術貢獻主要體現在以下幾個方面：

一、從科學內部史和外部史兩個角度，從宏觀概括與微觀分析兩個方面，全面地考察了十九世紀和二十世紀之交的物理學革命。對這場革命的背景、起因、經過和結局以及其中的重大事件和關鍵人物，用翔實的材料作了生動、細緻的描繪，並從哲學的高度對這場革命進行了中肯、獨到的分析和論述。澄淸了一些歷

⑭ 見《社會科學戰線》(長春)，1991年第1期，頁99-107。

史誤傳，提出了一系列不同於傳統觀點的估價和看法。我1982年以此爲題材寫出了《激動人心的年代》，該著作被評論者認爲「對世紀之交物理學發展的黃金時代進行了全面的歷史考察和哲學探討，是國內專門涉及物理學革命的第一部專著」。《中國青年報》記者1986年爲此書對作者進行了專訪，於1986年9月4日在該報第一版發表了「衝破理論禁區 —— 訪青年科學哲學工作者李醒民」的通訊報導。這部著作在1983年11月初版後，緊接著又於1984年6月出第二版，在五年內連印五次，發行量逾十萬册，在學術界和社會上產生了較大的影響。

二、對以馬赫、彭加勒、奧斯特瓦爾德（W. Ostwald, 1853-1932）、迪昻（P. Duhem, 1861-1915）、皮爾遜（K. Pearson, 1857-1936）爲代表的批判學派進行了全方位的、獨到的研究。對他們的科學思想、哲學思想、歷史影響等進行了實事求是的分析，作出了客觀、公正的評價，恢復了歷史的本來面目。我除對馬赫作了上述研究外，對奧斯特瓦爾德的能量學和唯能論，我也首次進行了比較細緻的考察、分析和評論。尤其是，我通過對彭加勒的原著及其所處時代的科學和哲學狀況進行縝密分析和獨立思考，勾勒出彭加勒作爲科學家和思想家的完整形象，把彭加勒的主導哲學思想概括並命名爲「經驗約定論」和「綜合實在論」，這在國內外研究文獻中尙屬首創。在個案研究的基礎上，我分析了批判學派作爲一個整體的根本特徵、主要共性、思想差異、歷史作用和歸宿等。據我所知，在國內外還沒有人對批判學派作系統、深入的整體性研究。

三、依據確鑿的原始材料，對《唯批》（尤其是第五章）的一些基本觀點（如關於馬赫對牛頓絕對時空觀的批判，彭加勒的時空理論，馬赫、彭加勒的哲學思想，物理學革命前夕和初期的兩個學派的劃分及歷史作用，物理學危機的實質等）提出質疑和異議，指明了列寧引用彭加勒原話的斷章取義之處和一處嚴重的誤譯⑮，探討了列寧失誤的原因，從而澄清了在前蘇聯和中國長期被視之爲定論的誤解和曲解，在學術界引起很大反響。這對於解放思想、破除迷信、反對教條主義和主觀主義的不良學風，堅持實事求是的優良學風也大有裨益。

四、在愛因斯坦（A. Einstein, 1879-1955）思想研究方面有所突破。在霍耳頓（G. Holton）、米勒（A. I. Miller）、許良英等人工作的基礎上，我經過多年的潛心研究，提出了自成一家之言的獨立見解。我揭示了愛因斯坦科學理性論的形成過程、豐富內涵和鮮明特色；指出了愛因斯坦對彭加勒經驗約定論的繼承、闡釋和發展；論述了愛因斯坦的綜合實在論是以理性論的實在論爲主線，以約定論的實在論和經驗論的實在論爲輔線，把實在論的實在觀、眞理觀和科學觀以及多種名目的實在論思想融合在一起的「綜合體」；首次在國內外學術界把愛因斯坦的主導哲學思想概括並命名爲「以科學理性論爲特色的綜合實在論」。此外，對愛因斯坦思想淵源（尤其是批判學派的影響）的探討，對愛因斯坦創立狹義相對論的認識論（懷疑論的經驗論是破舊的銳利武器，理性論的實在論是立新的堅實基礎，經驗約定論是構築新理論框架的有力工具）和方法論（探索性的演繹法，邏輯簡單

⑮ 列寧把彭加勒所說的「時間和空間的框架」（cadre）錯譯爲「空間和時間的概念」（понятие）；在我的建議下，新版《列寧全集》已加注作了說明。參見《列寧全集》第18卷，人民出版社（北京），1988年第2版，頁265。

性原則，形象思維，準美學原則）的分析，以及對愛因斯坦善於在對立的兩極保持必要張力的思想特徵和科學創造個性的揭示，都給人以別開生面、耳目一新之感。這一切，已引起國內外學術界同仁的關注。

五、在愛因斯坦、海森伯（W. Heisenberg, 1901-1976）、卡西勒（E. Cassirer, 1874-1945）、容格（C. G. Jung, 1875-1961）、霍耳頓、庫恩（T. Kuhn）等人有關論述的啓示下，我從對科學思想的「個體發育」（在科學家個人頭腦中的發育）和「系統發育」（作爲科學共同體活動的過程和結果的科學之歷史）的考察中引發出兩極張力論，並把善於在對立的兩極保持必要的張力提升爲一條重要的認識論和方法論準則，探討了它的內在涵義和哲學依據以及深層心理結構，據以提出了一些富有啓發性的新見解，在學術界引起較大反響。

六、通過對歷史上三次科學革命的考察以及對國外學者的科學發展觀的剖析，就科學革命的實質和科學進步的圖象，科學革命的動力學，導致科學革命的科學發明，科學革命的歷史作用和社會功能，科學革命的語言根源，科學和精神文明建設等問題提出了新穎的見解。我把科學革命定義爲科學觀念（科學理論的基礎或框架，即基本概念和基本原理）急劇而根本的改造，概括出科學觀念改造的幾種方式（徹底取代、舊名新意、合理推廣、辯證綜合、包容蘊涵、標新立異）。我還在吸收西方語言哲學和庫恩新近的研究成果的基礎上，考察了科學革命的深層結構和內隱眞相；指出科學革命是科學「詞典」的重新編纂，導致科學革命的科學發明實質上是「語言遊戲」，科學革命促使科學共同體的「生活形式」（日常生活形式和超體生活形式）發生了根本性的變化；

並進而認爲整個科學，乃至整個人類文化起源的祕密也許就深藏在語言之中。我的這些看法在香港中文大學哲學系舉辦的「分析哲學和語言哲學研討會」上宣讀後，引起與會學者的極大興趣。

七、在科學說明和科學理論評價問題上提出了一些頗有新意和啓發性的見解。我運用豐富的歷史材料，論述了科學說明從古代的擬人說到近代的機械說，再到現代的嵌入說的歷史變遷，揭示了科學觀相應地由主觀主義到客觀主義再到主客觀統一的轉變。我闡釋了科學理論評價的「雙標尺」標準——「外部的確認」和「內部的完美」，或事實評價和價值評價——的內涵和職分，論述了事實評價面臨的困難和價值評價的勢在必行。我把價值評價分爲社會價值評價、個人價值評價和理智價值評價，揭示了理智價值評價標準的特點，並指出它並未損及科學的客觀性，而是避免了客觀主義。我得出結論：客觀性使科學眞正成爲科學，而客觀主義則使科學非人化和非人性化，從而實際上取消了科學，因爲即使以客觀性爲主要特徵的科學也是人爲的和爲人的。

八、對現代西方科學實在論的研究作了比較詳細的調研，就其定義、諸多流派和觀點以及面臨的挑戰作了概述。還論述了科學實在論與不可通約性的關係，揭示出庫恩和費耶阿本德（P. K. Feyeraband）並非像人們認爲的那樣，是「不可通約性」術語在科學哲學文獻中的濫觴（庫恩也這樣認爲），愛因斯坦和馬赫分別在1946年和1905年（乃至1895年）就開始在科學哲學的意義上使用該術語了。尤其是，我從科學實在論的角度分析了彭加勒和愛因斯坦的思想，首次提出了「綜合實在論」的嶄新概念。

九、在對諸多第一流的科學家—哲學家個案研究的基礎上，明確提出了「哲人科學家」（或「作爲科學家的哲學家」，或「科學思想家」）的概念（內涵和外延），系統論述了哲人科學家的鮮明特點和歷史作用。呼籲重視「哲人科學家現象」的研究，使哲人科學家在哲學史和人類文化史中占有應有的一席之地，並親自主編了《哲人科學家叢書》。

十、根據自然辯證法（科學技術哲學）的學科發展、面臨形勢及親身經驗，論述了自然辯證法研究的主要方向、基本方法和應有的良好學風，提出要警惕市場（而非市場經濟）在追求目標和運作方式上對自然辯證法研究的誤導。

十一、指明了科學與價值之關係的三個方面：科學的價值、科學中的價值、科學與社會價值觀念的互動。針對科學的三個內涵，詳細地分析了科學知識體系中的價值、科學研究活動中的價值和科學社會建制中的價值。在對科學的精神價值的探討中，揭示了科學理論具有信念、解釋、預見、認知、增殖和審美價值；科學的三大方法——經驗方法、理性方法和臻美方法——顯示了科學的實證精神、理性精神和美學精神，它能潛移默化地使人們樹立求實、尙理、愛美的情操；科學的精神氣質（ethos）不僅維護了科學共同體的正常秩序，保證了科學自身的穩定進步，而且它與人類渴求的道德理想和民主秩序是相通的或一致的；這一切顯示出科學是眞善美「三位一體」的統一體，它內化爲科學家的科學良心，外化爲社會大眾的科學意識，從而成爲促進社會文明不斷進步的強大精神力量，同時還揭示了反科學思潮的實踐迷誤和理論缺陷。這些研究成果填補了國內學術研究的空白。

十餘年來，我圍繞上述研究領域和課題作了比較廣泛、比較紮實的研究，共計出版著作十種，譯著六種，在海內外三十餘家刊物上發表學術論文一百一十多篇。由於這些學術貢獻，英國劍橋國際傳記中心把我列入《國際名人傳記詞典》(*Dictionary of International Biography,* 1993/1994, Twenty-Third Edition)。

正是由於上述的對世紀之交科學和哲學狀況的歷史考察以及對現代科學哲學走向的辨識，使我有可能從較爲廣濶的視野和比較獨特的視角來看待馬赫，從而也有可能挖掘出馬赫思想的眞諦，勾勒出馬赫與世紀之交眾多科學和哲學風雲人物的思想關聯，揭示出馬赫科學和哲學遺產的精神氣質、歷史地位和現代意蘊，從而描繪出馬赫作爲一位超級哲人科學家和作爲一個人的比較全面、比較完整、比較準確的形象。

正如題頭詩所隱喻的，眞理並非囊中之物，一探便得；只有踏破鐵鞋，四處尋覓，方能悠然心會，悟出眞諦之所在。在開始撰寫《馬赫》一書之前，我比較仔細地閱讀了馬赫的主要著作，並進行了嚴肅的思考，提出了一系列不同於傳統觀點的估價和看法。對於某些書刊中有關馬赫的若干譯文和引文中的錯誤，我也作了訂正(我覺得不必一一指出)。至於本書是否達到了預期的目標，那只有留待讀者評說了。在這裡，我尤其眞誠地祈求研究者的中肯批評。但是，要使被批評者和批評者雙方——乃至整個學術界——從批評和反批評中受益，就應該按照學術規範去研究、去爭論；相反，不研究所論人物之原著，不考察他所處時代的科學思潮和哲學背景，只把他從經典著作或老師那兒學來的片言隻語作爲自己的全部論據，並且漫無邊際地加以引申和發揮，那就只能落個「可憐無補費精神」的結局。英國哲學家約翰・斯圖爾特・穆勒 (John Stuart Mill, 1806-1873) 有段名言講得恰到好處:

> 只從他自己的老師那裡聽到他的對手的一些論據是不够的，因為老師敍述它們，並伴隨著他們提供的反駁。這不是對論據的公正方式。……他必須知道它們的最可信與最有說服力的形式；他必須感到困難的整個力量，必須面對問題的真正見解……⑯

意大利馬克思主義者葛蘭西（A. Gramsci）的下述規勸也值得我們在學術研究和學術批評時深思：

> 我們一定不能把科學討論設想為審判會，其中有一名被告和一個起訴人，後者的職責就是必須證明被告有罪。……最先進的思想家是，他理解他的對手可以表達真理，而這應該納入他自己的思想之中，即令是很少量的。現實主義地理解和評價人們的對手的觀點和理由（有時對手是全部過去的思想），意味著把自己從盲目狂熱的意識形態的牢獄中解放出來。於是人們就達到了一個批判的精神框架，這是科學研究中唯一有成果的立場。⑰

其實，這些體現了科學態度和寬容精神的方法論原則，早已潛移默化於每一個眞正的學術研究者的日常生活形式之中，儘管我們沒有像大思想家們把它們表述得那麼巧妙、那麼入理。至於有些研究人員還要墨守成規、老生常談，還要閉目塞聽、天馬行

---

⑯ R. S. 科恩：《當代哲學思潮的比較研究》，陳荷淸等譯，社會科學文獻出版社（北京），1988年第1版，頁5。

⑰ 同⑯，頁6。

空，那是他們的自由。不過，我願在這裡借用馬赫本人的一段話來表明我的看法:

> 我既不能夠、也不希望使每一個人都轉向我的觀點，據說腓特列二世（FrederickⅡ）在獲悉一些人因不相信上帝審判時全體死者復活（the resurrection）的事而遭到控告時，他頒布赦令:「如果在上帝的最後審判日他想長眠不起的話，那就讓他留在原地不動好了，這與我毫不相干。」這種詼諧和寬容的混合總的來說是值得歡迎的。⑱

不過，我還是眞心實意地期待一切想以學術研究作爲自己價値追求目標的人，按照學術規範行事，在今後的長期探索和探討中取得某些共識。石里克（M. Schlick, 1882-1936）在〈哲學的轉變〉中最後的告誡至今仍使我們深省不已:

> 肯定還會有一些掃尾的戰鬥，肯定在若干世紀內還有許多人在走慣的道路上繼續徘徊；一些哲學著述家還會長時期地討論陳舊的假問題，但是最後人們將會不再傾聽他們的高論，他們將會像某些演員那樣，在注意到觀衆已經逐漸溜走之前，還要表演一段時間。那時將不再有必要談論「哲學的問題」，因為人們將對一切問題進行哲學的談論，

⑱ E. Mach, *Knowledge and Error, Sketches on Psychologe of Enquiry,* translation from the German by Thomas J. McCormack, D. Reidel Publishing Company, 1976, p. 210. 我們要經常引用該書，現約定以 *KE* 代之。

也就是說，進行有意義的、清楚的談論。[19]

至於極個別懷著陰暗的目的，假借學術批評之名，重演文革時革命大批判的故伎，亂扣政治帽子，胡掄政治棍子，妄圖置人於死地，為自己撈取學術之外好處的人（儘管這種人微乎其微，但由於其能量很大，又是乘風借力，因此危害不小，影響十分惡劣），我著實因為他們低下的人格而看不起他們，所以至今未公開理會他們的挑戰和攻擊。我也不願因這些超出學術範疇之外的瑣事而干擾我的學術研究方向，分散我的精力，耗費我的寶貴時間。我覺得，在某些特殊的環境下，無聲比有聲、沉默比吶喊、置之不理比迎頭反擊更有力量。「不為風雨變，鷄德一何貞。」[20]「絳幘昂然韻節清，不因風雨廢長鳴。」[21]不管風雲如何變幻，我將依然腳踏實地、我行我素，「特立而獨行，道方而事實，卷舒不隨乎時，文武唯其所用。」[22]我這樣作也許是天命使然，因為我是屬鷄的，半月前還是我的本命年。

借本書出版之機，我衷心感謝「世界哲學家叢書」主編傅偉勳教授的信任和關照。在撰寫《彭加勒》之前，傅教授在1992年9月從美國費城北郊來信說：「Poincaré 是 Philosophy & Science 一大先驅，先生願意費時撰成一書，當對中國學術界有很大貢獻。」在寫完《彭加勒》書稿後，我致信傅教授擬寫《馬

---

[19] 洪謙主編：《邏輯經驗主義》，商務印書館（北京），1989年第1版，頁11-12。

[20] 唐・李頻：<府試風雨聞鷄>。

[21] 宋・劉克莊：<曉鷄>。

[22] 唐・韓愈：<與于襄陽書>。

赫》，他接到信後及時（1993 年 4 月 20 日）回覆:「關於接寫 Mach（馬赫）一書，毫無問題。剛以傳眞告知三民書局編輯部，印上此書名及吾兄名。請卽開始撰著，並祝早日順利完成。」在準備資料和動筆撰寫期間，林正弘教授在海峽對岸給我以寶貴的幫助；董光璧研究員借給我兩本馬赫原著；沃爾特斯（G. Wolters）博士從德國康斯坦茨大學給我寄來他的最新研究論文；在此一併致以誠摯的謝意。三民書局暨東大圖書公司編輯諸位先生工作之認眞、運作之迅捷、待人之謙和、對作者勞動成果之尊重，每每使我銘感不已。最後——但並不是最不重要——我要感謝三民書局董事長劉振強先生爲繁榮中華文化，促進海峽兩岸學人交流，使中國學術研究面向世界所作出的明智決定和所付出的巨大努力；我欣賞他「心隨朗月高，志與秋霜潔」㉓的出版家的博大情懷，並祝願他的宏大計劃順利實現；當然，我還要感謝他春節前寄來的那張富有民族情趣、古香古色的賀年卡。是爲作者自序。

李 醒 民

農曆甲戌年元宵節謹識於北京中關村

㉓ 唐・李世民:〈經破薛舉戰地〉。

馬赫 目次

第一章　恩斯特·馬赫：偉大的哲人科學家

勝日尋芳泗水濱，
無邊光景一時新。
等閒識得東風面，
萬紫千紅總是春。
——宋·朱熹·〈春日〉

1838年2月18日，恩斯特·馬赫出生在摩拉維亞布爾諾附近的希爾利茨(現屬捷克)，同日在不遠的圖拉斯作了洗禮。馬赫的祖輩是道地的農民，以耕種和編織爲生。馬赫的父親約翰·內波穆克·馬赫（Johann Nepomuk Mach, 1805-1879）大學畢業後多年教書，他具有豐富的人文科學和自然科學知識，是一位開放的自由思想者和熱情的達爾文（C. R. Darwin, 1809-1882）主義者。馬赫的母親約瑟芬·蘭豪絲（Josephine Lanhaus, 1813-1869）是在一個從事法律和藝術的人家中長大的，她對音樂、繪畫和詩歌興味盎然，性格溫柔而具有藝術氣質。馬赫誕生的時代是奧匈帝國內各民族自決日益增長的時代，非日耳曼人語言認同的時代，各個少數民族在經濟上和智力上解放的時代。社會環境的影響和雙親的精心教育，不僅在馬赫幼小的心田播下了熱愛大自然、神往科學的種子，而且也培養了他強烈的好奇心、罕有的獨立性和批判的懷疑精神，同時也在他身上注入了藝術家的富於想像的素質。

§1.1　從「沒有天資」的孩童到年輕的科學家

馬赫是一個體弱多病的孩子，發育得很慢。他最早的記憶是一個穿皮外套的人站在候車室，那肯定是他兩歲時，舉家從希爾利茨遷往維也納以東烏特爾錫本布龍地方的一個孤立的農莊。他記得，他在原野上從一個草坡跑向另一個草坡，忘情地追逐落山的太陽。他記得，他在擠壓鳳仙花莢殼時被夾住了手指，竟以爲莢殼像動物一樣地變活了。他在大自然的懷抱裡盡情地嬉戲，爲一個個的不解之謎而驚奇。這些兒時的經歷，也許爲他日後的自然主義和生態倫理思想無意識地播下了種子。

三歲時，馬赫受到知覺問題的折磨，他爲繪畫中的透視和陰影所煩擾。他不理解圖畫中的桌子爲什麼一邊比另一邊要長，他覺得畫面上的陰影和投光部分似乎是無意義的缺陷。這一切都成了他後來研究視覺和兒童心理的素材，他在文章和講演中多次提到兒時的記憶。

在四、五歲時，馬赫對因果說明也感到困難重重。他聽說當幾個小孩一起用噓聲轟趕太陽時，能使太陽明顯地沒入池塘，結果遭到成年人的嘲笑。有一次他隨父親爬上了維也納的舊城牆，他不明白從他的視點來看，下面城壕裡的人是怎樣到達那裡去的。這些經驗和記憶在他幼小的心靈留下不可磨滅的印象，觸發

他在科學研究中思考一些根本性的問題。多年後他在談到關於城牆上的經歷時這樣寫道:

> 每當我從事本文所述的思考時，這種情緒都再現於我的心上，並且我樂於承認，我的這個偶然經驗實質上有助於鞏固我長期以來關於這一點所抱的見解。事實上和心理上老是走同一條路的習慣，起了很大的迷亂進向的作用。……同樣，一個微小的科學暗示就能起很大的啓蒙作用。❶

對於像馬赫這樣年齡段的孩子來說，知覺的和因果的混亂根本不足爲奇，使人驚異的是他對它們的非凡的記憶力。這也許出自他的隔絕和孤獨，他家裡很少來人，他和妹妹也不大找小伙伴玩要。

風車的經歷在馬赫兒童時代是最爲非同尋常的，那時他只有五歲。他和妹妹帶口信給磨坊主人。正在運轉著的直立風車發出震耳欲聾的轟鳴聲，使馬赫感到十分害怕，但這並未妨礙他從內部仔細觀察風車軸齒與磨面機齒輪的嚙合傳動。這次難忘的思想經歷是一個轉折點，它首次教導馬赫「因果思維，或更嚴格地講，函數思維。」❷馬赫1913年在自傳中這樣寫道:

> 這個印象一直到我的思想成熟時期還有其影響，而且我覺

---

❶ E. 馬赫:《感覺的分析》，洪謙等譯，商務印書館(北京)，1986年第2版，頁12。我們要經常引用該書，現約定以 *GJ* 代之。

❷ R. H. Lowie, Letters from Ernst Mach to Robert H. Lowie, *ISIS*, 37(1947), 66. 或參見 (*EM*, p. 7)。

> 得，正是這個印象把我的幼稚的思想從信仰奇蹟的蒙昧階段提高到因果思想的水平。從此，我不再把我不理解的東西看作背後有什麼神秘的東西存在，而是如同在打碎的玩具中尋找那能起作用的引線和連杆一樣去尋找它們的因果關係了。在研究康德 (I. Kant, 1724-1804) 關於因果概念的時候，我還不禁回憶起這些經驗和其他的經驗……❸

風車的故事和馬赫的想像並未就此在磨坊中止。不久，聰明的磨坊主人又製造了一架具有平式風輪的風車，其風輪只向一個方向轉動，它的運轉機制比先前的風車好懂多了。從此，機器和機械零部件充滿了馬赫的童稚的頭腦，他後來高超的實驗才能也許與此不無關係。

馬赫是被父親引向科學之路的，此時他才七歲。父親用底部塞上軟木塞的花盆給他演示空氣存在及空氣壓力的實驗，還利用無腳酒杯和庭院的大盆作其他簡單的實驗。馬赫對科學實驗興致十足，一次在試驗樟腦燃燒時竟把眉毛給燒焦了。他也被吸引到數學上，進步較快，不久便能開始自學了，但他後來並未成爲數學家。

1847年，馬赫被送到維也納以西的一所高級文科中學接受古典的、人文科學的教育。他在學習上並不順利，尤其是對希臘語和拉丁語感到困難。對於宗教課程中大講「敬畏上帝乃智慧之

---

❸ F. 赫爾奈克：<《馬赫自傳》遺稿評介>，北京大學外國哲學研究所編：《外國哲學資料》第5輯，商務印書館（北京），1980年第1版，頁67-96。我們要經常引用該文，現約定以*ZZ*代之。

始」的格言，他也絲毫不感興趣。唯一使他欣慰的是地理課，他覺得地理易學且有趣。他在自傳中說:「歐洲大陸的地形直到現在還如此深刻地印在我的腦海中，以至於我一向沒有溫習地理，也能夠不靠地圖而作想像中的旅行。」(*ZZ*, p. 72) 馬赫後來對古典教育的批判，對旅遊的喜愛以及縱情地在智力王國中「漫遊」，顯然與此不無關係。

教會學校的老師斷言馬赫「沒有天資」，不可教化，不適宜於研究學問，勸告他父親領他回家學一門手藝謀生。馬赫後來承認，老師的判斷就當時的實際情況而言是公正的，因爲他的確不會讀死書，無法像其他同學那樣成爲一個好律師或書記員。

心煩意亂的父親只好帶兒子回家，由此開始了對兒子的最堅韌、最有意義的轉變工作。他親自給兒子講授中學所開的各門課程，包括古代語言和活語言。漸漸地，馬赫通過閱讀古典作家的著作，才對死語言有了興致。父親上午授課，或在住宅、庭院和野外帶領馬赫進行觀察和實驗，鄉間品類繁多的動植物世界使馬赫十分著迷。下午馬赫則和父親在自己的農莊幹農活，或外出拜師學木工。晚上全家一起讀外國小說幾乎成了慣例。父親還經常給馬赫講述阿基米德 (Archimedes, 前 287-212) 和其他研究者的故事，使馬赫大受鼓舞和啓發。

生活在奧匈帝國的馬赫，他的少年時代正好是 1848 年反對匈牙利君主專制革命失敗的年代，這是一段「嚴重的教會反動時期」。馬赫請求父親讓他學細木工，以便有機會移居他心目中嚮往的自由國家美國。在馬赫的記憶中，學木工的兩年多光景是他一生中極爲愜意的時光。晚上疲倦的時候，他坐在散發著香味的木堆上，設想未來的機器，如飛機之類的東西。學木工不僅方便了他後來的實驗工作，也使他懂得了對體力勞動的正確估價和對工人的發自內心的尊重。

1853年秋，十五歲的馬赫考入摩拉維亞的克雷姆錫爾一所高級文科中學，在六年級就讀。這所中學一開始就沒有給馬赫留下好印象，他看不慣學校人際交往中的世故、機巧和狡詐，也對這所由虔敬派僧侶掌握的沒完沒了的宗教訓練格外反感，認爲其效果適得其反。但是，他卻十分感激以開闊學生思想爲宗旨的老師們。博物學老師介紹了拉馬克（J. B. Lamarck, 1744-1829）的進化學說（此時達爾文的《物種起源》還未發表）和康德與拉普拉斯（P. S. M. de Laplace, 1749-1827）的宇宙形成論，這些與《聖經》上的說教不一致的理論深深觸動了馬赫的心弦。馬赫對王朝更迭的戰爭史興味索然，但內容豐富的原始資料課卻吸引著他；他從中看到，世俗社會的領導和宗教領袖並沒有爲「上帝委託給」他們的臣民的福祉盡心效力。

十五歲的馬赫當時受到的最大的激勵，來自他偶然在父親的藏書中發現的《未來形而上學導論》。感到「特別幸運」的馬赫如飢似渴地讀完了康德的書，他生動地回憶說：

> 這本書當時給我留下了强烈的、不可磨滅的印象，這樣的印象是我此後閱讀哲學著作時始終沒有再體驗到的。大約兩三年後，我忽然感到「物自體」所起的作用是多餘的。一個晴朗的夏季白天，在露天裡，我突然覺得世界和我的自我是一個感覺集合體，只是在自我內感覺聯結得更牢固。雖然這一點是以後才真正想通的，但這個瞬間對我的整個觀點起了決定性的作用。我又經過了長期艱苦的奮

鬥，才能夠在我的專門領域堅持我新得到的觀點。(*GJ*, p. 23)

閱讀《導論》不僅對馬赫日後的哲學走向起了決定性的作用，而且從中受到諸多啓示：它啓迪他的自然科學思想和心理學思想，它促動他對力學進行歷史批判式的研究。

不知哪一位哲人說過，藝術家的工作的內容和風格，都是從他童年和少年時代的經歷、體驗和感受的記憶寶庫中發掘出來的。這的確不無道理。歌德 (J. W. von Goethe, 1749-1832) 的詩的內容和形式就是由他在少年時代對外部世界和內心世界的經驗決定的 。 具有藝術氣質的哲人科學家奧斯特瓦爾德亦如此❹。馬赫這位同講德語的科學藝術家又何嘗不是如此呢？除上述諸多事例外，馬赫對力的概念的本體論和倫理學的雙重反感，也源於兒時的撫育和健康狀況。馬赫體弱多病，從不參加保持接觸的娛樂活動，不喜歡軍隊的「英雄」和以「力」取勝的人。

兩年後，馬赫通過中學畢業考試，他沒有決定移居美國。由於沒錢去德國求學， 他便於 1855 年秋進入維也納大學學習數學和物理學。當時奧地利大學還未實行教育改革，教學都在走下坡路。 學校沒有開微積分課程， 他只好通過自學和請家庭教師彌補。在一些大學教授的眼中，馬赫依然是一個陌生人、局外人、不受信任的人。在大學老師中，馬赫對埃廷豪森 (A. R. von Ettinghausen, 1796-1878) 印象較深，他在這位物理學家的指

---

❹ 李醒民: <奧斯特瓦爾德: 科學家、思想家、實踐家>，《自然辯證法通訊》(北京)，第10卷 (1988)，第 3 期，頁57-70。

導下掌握了嫻熟的實驗技巧。馬赫聽過數學家佩茨法爾(J. Petzval, 1807-1891)的課,這位老師對馬赫的數學理解力並不滿意,而馬赫也許只對他設計的消色差雙物鏡照像術以及他的不入流的古怪行爲留有印象,並未從他那裡學到較多的數學知識。

1860年,二十二歲的馬赫參加了按中世紀方式舉行的畢業考試,並以其放電和感應的論文獲得了哲學博士學位。年輕的科學家開始邁入科學的門徑。

§1.2 沿「鈍角三角形」走向世界

在取得博士學位後的第二年,馬赫成爲母校的無公薪講師。他本想到哥尼斯堡諾伊曼(F. E. Neumann, 1798-1895)手下從事電和光的理論研究,但終未如願以償。由於無錢購買足夠的實驗設備,他不得作有報酬的通俗講演,並嘗試進行一些花費不多的實驗。1861年秋,除了開設「物理研究方法」外,他還向大量的醫學學生講授「醫學學生物理學」和「高級生理物理學」。學生們喜歡聽他的課程,但以其中一些講演出版的教科書《醫學學生物理學綱要》(1863)在商業上並不成功。

由於受到費希納(G. Fechner, 1801-1887)、亥姆霍茲(H. von Helmholtz, 1821-1894)、博伊斯-雷蒙(E. du Bois-Reymond, 1818-1896)和布呂克(E. W. von Brücke, 1819-1892)、路德維希(K. Ludwig, 1816-1895)的工作的影響,馬赫對把物理學應用於生理學研究日益熱衷。他在隨後的兩三年就這個新領域的相關課題作了一系列講演,還出版了講演集，但並未引起多大反響。在維也納大學期間，他還就微縮拍照(1860)、心理病人感知靈敏度（1861)、幾何上相似的圖形爲何在光學上相似（1860 年代）等課題提出了口頭建議，並就多普勒（C. Doppler, 1803-1853）理論（1860)、費希納指數定律(1860)、製作改進的血壓計（1862)、液體分子行爲（1862)、和嘗試改進亥姆霍兹關於聲學及耳朵構造的工作進行了實驗研究。他證明，物理刺激與心理反應並不是費希納所說的指數定律，而是正比關係，且不服從嚴格的數學測量。液體分子行爲實驗的失敗被他後來用來作爲反對原子理論的證據之一。

在這個時期，馬赫結織了兩位猶太人朋友。其一是波佩爾一林科伊斯，他是一位發明家和理論家，是馬赫的第一個哲學同盟者，促使馬赫的興趣擴展到社會改革、伏爾泰（Voltaire, 1694-1778）和啓蒙運動。其二是音樂評論家和自由思想家庫爾克（E. Kulke, 1831-1897），馬赫曾敦促他寫一本在音樂中如何存在「最適者生存」的書。馬赫經常參加庫爾克小團體的聚會，就哲學、科學和藝術等論題進行廣泛的討論。

1862年，馬赫在與斯忒藩（J. Stefan, 1835-1893）競爭物理研究所代理所長的職位中敗北。從此，斯忒藩和他的同事洛喜密脫（J. Loschmidt, 1821-1895)、玻耳兹曼（L. Boltzmann, 1844-1906）聯合起來改變了馬赫原來的研究方向，維也納大學成爲原子論者的大本營。大約一年多後，馬赫才從感情沮喪和原來的財政拮据中擺脫出來。此時，一個幸運的機會使他填補了格拉茨大學這個「當時不大爲人重視」的學校的數學講座教授的空缺。

1864年，馬赫赴格拉茨走馬上任。他開始教微積分和解析幾何，在接著的三年中教了數學、物理學、生理學和心理學的各種課程，他的主要興趣還是把物理學用於實驗心理學和生理學的研究。1866 年初，他樂意地用數學講座教授交換了物理講座教授職位，他有了自己的實驗室和足夠的實驗儀器。在格拉茨的三年間，他出版了三本書，發表了二十七篇文章，他的最重要的發現是所謂的「馬赫帶」。他在這裡結識了費希納和赫爾曼 (E. Hermann, 1839-1902)。費希納的哲學和心理學思想激勵馬赫寫出《感覺的分析》手稿，但費希納對馬赫諸多見解反應消極，致使馬赫把書稿擱置了二十年。赫爾曼當時從事所謂的「國家經濟」研究，他幫助馬赫弄清了他自己的普遍的「經濟」理論。馬赫後來這樣寫道：「通過我在 1864 年與政治經濟學家 E・赫爾曼 —— 他按照他自己的專長力圖找出 每一類工作 的經濟的成分 —— 的交往，我變得習慣於把研究者的智力活動視爲經濟的。」(*EM*, p. 25) 在 1860年至 1867年的七年間，馬赫已基本形成了他的哲學概念的框架。

1867年 4 月，馬赫到布拉格任實驗物理學講座教授，這不僅使他有可能充分地進行科學實驗，而且也使他不再爲掙錢餬口操心了。同年 8 月 1 日，馬赫回格拉茨與深愛他的孤兒路易絲・瑪露西 (Louise Marussig, 1845-1919) 結婚，婚後在布拉格安家。僅一年多點，第一個兒子路德維希・馬赫 (Ludwig Mach, 1868-1951) 就降生了。馬赫在布拉格待了將近三十年。這裡不僅是他的事業和影響的重要發祥地，也是他的家庭的發祥地 —— 到1881年他們生有四子一女。

初到布拉格，馬赫講課覆蓋了眾多範圍，到1880年代逐漸有所減少。他開設的實驗物理學課程強調歷史地探討每一個物理學問題。在熟練的技工的配合下，他親自設計並製作了許多實驗器械，像演示擺幅持續時間依賴加速度的特殊擺，演示光通過稜鏡折射形成色帶的箱，帶旋轉分析的偏振儀，最有名的是生波機，它能產生漸進的和固定的縱波和橫波。

在馬赫1879年出任布拉格大學校長之前的十二年間，他共出版了四本書，發表了至少六十二篇文章。這些出版物大多數是科學著作，但《能量守恒定律的歷史和根源》[5]卻包含了不少哲學論題，它使作者首次作爲哲學家進入學術界。另外三本書是馬赫在他的實驗工作的基礎上寫成的，是在接著的三年間相繼出版的，它們是《光學聲學研究》(1873)、《論運動引起音調和顏色變化的多普勒理論》(1874)和《動覺理論大綱》(1875)。在這個時期馬赫進行的諸多心理學和生理學研究中，關於運動肌感覺的實驗也許是最重要的。在十九世紀，在這些領域的爭論中，馬赫已占有一席之地。馬赫的幾個出色的捷克學生使馬赫感到愉快和幸福，但有一個學生和助手因竊書事件使馬赫十分沮喪，並嚴重影響了馬赫的健康，但馬赫寬恕了他，對他依然尊重。

布拉格是一個捷克人、德國人和猶太人雜居的都市，處處彌漫著強烈的民族主義情緒。當馬赫剛到布拉格時，他前往拜見著名的捷克生理學家和哲學家普爾基涅（Jan Purkyně, 1787-1869），這位對人眼中亮暗的適應性變化素有研究（它與馬赫關心的論題有關）的教授對馬赫講捷克語，並說:「我已聽到你講捷克語。」馬赫用德語回答，並拒絕引入政治話題。當馬赫被選

---

[5] *Die Geschichte und die Wurzel des Satzes von der Erhaltung der Arbeit,* Prague, 1872; 2nd edition: 1909. 以下簡稱《能量守恒》。

入波希米亞科學學會時，他不得不拜會學會主席、捷克歷史學家普拉奇基 (E. Palacký, 1798-1876)，這位捷克史的奠基人勸說馬赫站在捷克人一邊。馬赫拒絕了這位主席的勸告，依然我行我素。馬赫不信奉民族主義，他認爲民族主義是感情用事的和反動的。馬赫這位講德語的奧地利科學家想在民族主義的爭執中保持緘默和超然，他不想因政治問題煩擾他的科學研究。

但是，迴避和中立難以持續下去，尤其是當馬赫被選爲校長(1879-1880) 之後。當時，捷克人在當局的贊同下要求在大學實行充分的語言平等，這把馬赫置於必須作出抉擇的地步。經過與大學各院長協商，馬赫提出捷克人另建一所分開的大學。由於捷克人不願放棄古老的歷史建築物，每一棟大樓只好被一分爲二，各走各的門，這樣做當然只是暫時緩和了矛盾。1880年5月12日，德國學生團體邀請馬赫在其成立二十周年大會上講演，馬赫集中講了理想與現實問題，讓學生注意可能的需要和可以達到的東西的差異，這實際上是對民族主義學生的勸戒。由於醫學院院長在會上發表了蔑視捷克人的講演，被激怒的捷克學生以暴力進行報復，馬赫採取果斷措施制止了騷亂。兩個月後，不知是按照科學成就，還是出於政治原因，馬赫接受了遲到的、珍貴的榮譽——奧地利科學院正式院士。

在 1880 年第一屆任期結束和第二屆校長任期 (1883-1884) 開始之間，馬赫工作十分忙碌。除了教學、作實驗、監督新科學大樓的基建外，他集中精力寫《力學史評》❻一書，該書於1883

---

❻ *Die Mechanik in ihrer Entwickelung historisch-kritisch dargestellt*, Leipzig, 1883; further German editions: 1888, 1897,1901,1904,1908,1912,1921,1933.以下簡稱《力學》。

年初版。由於1882年詹姆斯的來訪和與阿芬那留斯（R. Avenarius, 1843－1896）相識等事件，馬赫對哲學發生了濃厚的興趣，於 1886 年出版了心理學和哲學著作《感覺的分析》❼。在1895年重返維也納之前，馬赫幾本帶有哲學色彩的著作和他的哲學思想已在學術界產生了較大的影響。

馬赫被推選爲德語大學校長不是小榮譽，是對他的學術成就和處事能力的肯定。但是，事情一開始就很棘手: 德國人堅持古老的、傳統的授職儀式，而州議會暫時還只有原來的一個席位，德國人宣稱擁有它，這使捷克人感到蒙受羞辱。尤其是，受捷克人支配的神學院還依附於德語大學，而教育部則以神學學生不應該從非天主教校長那兒授予學位爲由，把學位授予權交給神學院。這不僅削弱了馬赫的行政權力，而且使這位無神論者處於十分困難的境地。馬赫經過沉思之後，毅然辭去德語大學校長職務。到1890年代，最後一個未分開的神學院也一分爲二了。

擺脫行政事務的糾纏之後，馬赫全身心地投入科學研究和著述工作。在整個布拉格時期，他在物理學方面最重要的實驗是關於衝擊波的研究，此外在理論物理學領域也作了不少探討。馬赫撰寫了三本物理學教科書，它們可能影響了正在求學的未來的物理學家和哲學家。馬赫對捷克物理學的發展也產生了重大影響，他在捷克建立了一個技術專門化的學派，使光學和聲學成爲第一流的學科。

在布拉格的後期，馬赫的實驗室漸漸不景氣起來: 對物理感

❼ *Beiträge zur Analyse der Empfindungen,* Jena, 1886; further German editions: 1900,1902, 1903,1906, 1911, 1918, 1919,1922.

興趣的學生人數下降，教育部的財政支持遞減，實驗室工作人員效率下降且熱衷爭論。馬赫堅持捍衞猶太人正當權利的立場也使他成爲反猶主義者的眼中釘。尤其是，馬赫二兒子海因里希・馬赫（Heinrich Mach, 1874-1894）在獲得博士學位後不久因精神變態而自殺，這給馬赫以沉重的打擊。他決心離開布拉格去維也納，卽便是作爲一個無薪水的「名譽」教授在那裡教書也行。經過一番曲折，奧地利皇帝和匈牙利國王在1895年5月5日簽署文件，任命馬赫爲維也納大學哲學正教授，其正式頭銜是「歸納科學的歷史和理論」講座教授。馬赫因此成爲世界上第一位科學哲學教授。

馬赫重返維也納是一次凱旋。幾乎一夜之間，他就以維也納第一流的哲學家而家喩戶曉。從1895年赴任到1898年中風偏癱這幾年，是這位憂慮的思想家整個智力生涯上最成功、最滿意的年份。他的講演、新出版物和先前不大爲人所知的再版書，使這個多瑙河畔的大都會入了迷。他成爲該城最受人敬仰的人物，尤其是青年學生和年輕的知識分子，都爲他的智慧所折服。1895年10月21日，他在大學講演廳以「偶然性在發明和發現中所起的作用」爲題，發表了就職演說。大廳擠得水泄不通，聽衆被他明晰的思想和嫻熟的表達所征服，一個個聽得如醉如癡。馬赫不愧是一位出色的教師。

在這一時期的五個學期中，馬赫開設的課程分別是：力學和力學科學的發展，科學研究的心理學和邏輯；聲學和光學史，感官感知理論；熱和能量理論的歷史，物理教育的批判性討論；電理論史，論自然科學的一些問題；自然科學發展的主要時代，論心理學中的一些特殊問題。與布拉格前二十年相比，課程涉及的領域大大拓寬了，而這並未滿足馬赫的胃口，他的過人的精力還驅使他作各種特別的講演。這些工作先後都成爲他的出版物的內容，1896年出版的《通俗科學講演》❽和《熱學原理》❾即是。

馬赫寫了物理學兩個分支（力學和熱學）的歷史書，他還想寫一本類似的關於光學的書。他收集了材料並作了確證實驗，此時 X 射線的發現引起了全歐物理學家的注意，也攫取了馬赫的心。在 1896 年 1 月 4 日得知倫琴（W. K. Röntgen, 1845-1923）新發現後，馬赫立即以他關於光學、體視學和照像術的技藝，提出一種方法，使觀察者能「看到」X 射線照射的物體，彷彿它是三維的。1896年 2 月，有人就用馬赫提出的方法發表了第一張X射線寰椎圖。馬赫事實上是X射線體視學的最早貢獻者。

馬赫的哲學通過三位無公薪講師深深根植於維也納大學的智力土壤中。拉姆帕（A. Lampa, 1868-1938）傾向馬赫的現象論，也爲馬赫的有關教育、和平主義和佛教的思想所吸引，他部分平衡了玻耳玆曼對學生的影響。耶魯薩萊姆(W. Jerusalem, 1854-1923）和戈姆佩爾茨都是猶太人，都在維也納大學教書三十餘年。前者對馬赫的生物學認識論和反教條主義感興趣，後者傾向於馬赫的現象論哲學，二人可能在馬赫哲學與邏輯實證論之

---

❽ *Populär-wissenschaftliche Vorlesungen,* Leipzig, 1896 (15 lectures); further German editions: 1896 (15 lectures), 1903 (19), 1910 (26), 1923 (33). 英文版於 1895年先出版。以下簡稱《講演》。

❾ *Die Principien der Wärmelehre, Historisch-kritisch entwickelt,* Leipzig, 1896; further German editions: 1900, 1919. 以下簡稱《熱學》。

間起過牽線搭橋的作用。在世紀之交，馬赫作為一位堅持文明化的、人道主義的、非天主教的奧地利「自由主義」哲學家，其哲學不光在維也納青年人、科學家、猶太人、非教條的社會主義者以及文學藝術人士中有巨大影響，而且其影響遍布歐美乃至整個文明世界。

就這樣，從1860年獲得博士學位，到1898年不幸癱瘓，馬赫在維也納、格拉茨、布拉格、維也納這個鈍角三角形之點上奮鬥了三十八年，他的科學和哲學思想也由此走向世界。

馬赫愛好旅行，他訪問過巴黎、柏林、倫敦，在短暫的夏季假期，他常去維也納之南的山脈攀登。1898年是他第一個也是唯一的休假年。年初，他訪問了意大利。7月，他前往耶拿探望在蔡司光學工場幹事的兒子路德維希。馬赫後來在討論意志和反應問題時，把自己中風的經過和感受逼眞地描繪出來：

> 在一次乘火車旅行的時候，我沒有什麼其他不適之感，就突然覺得我的右臂和右腿完全麻痺了，這種麻痺是間歇性的，因而我有時顯然也能完全正常運動。幾小時以後，這種麻痺依然持續下去，並且還隨伴著右臉肌的感染，由於這種感染，我的言語聲只能很輕，並且很吃力。我在完全麻痺時期的狀況，我只能作這樣的描述：我在想移動肢體時，感到無能為力；我絕不可用意志引起運動。反之，在不完全麻痺階段和漸癒時期，我則覺得我的臂與腿是十分巨大的負擔，我用極大的努力，才能把它們舉起。(*GJ*, p. 137)

沉重的打擊不僅使馬赫從此再也無法旅行，而且損害了他的記憶，也不能動手寫作和講演了。出版的洪流很快乾涸了：1898年尚有一本書和兩篇文章，1899年一無所有。新世紀給全世界帶來新的希望和憧憬，但給予馬赫的卻是如此殘酷的現實。馬赫並沒有被擊倒，他用意志同命運抗爭。

§1.3　傑出的科學成就和貢獻

在物理學領域，馬赫是一位卓越的實驗家和獨特的理論家。也許馬赫最出色、最重要的實驗發現是關於衝擊波的研究了。1881年，馬赫在巴黎參觀第一屆國際電氣博覽會時，他聽到比利時炮術專家梅爾森斯（L. Melsens）關於火槍彈發出的壓縮空氣產生像火山口一樣的爆發衝擊力的理論。他既受到震撼，又覺得不解，決心用實驗檢驗該理論。馬赫是胸有成竹的，因為在此之前他有關於彈道實驗和拍照高速運動物體的背景。馬赫在1875年至1878年間還作過電火花波（衝擊波）穿過煤煙的實驗，並發現了後來被人稱謂的「馬赫效應」和「馬赫反射」。這一切為馬赫擬想的實驗打下了良好的基礎。

1884年，馬赫在辭去校長職務後，開始了他拍攝子彈衝擊波的重大努力。衝擊波除快而小外，通常看不見。馬赫的解決辦法是利用照明放大鏡，它能使衝擊波內的水汽冷凝，從而變得可見。由於子彈速度小等原因，儘管馬赫的實驗裝置設計得十分巧妙，但數次未獲成功。1886年，他改進了有關設備，重新開始他的研究。6月10日，成功終於來臨了，馬赫把一個短備忘錄連同兩張成功拍攝的照片呈交奧地利科學院。馬赫的照片立即被發表了，甚至刊登在通俗雜誌和報紙上。馬赫用確鑿的實驗證明，梅爾森斯的理論是錯誤的：槍彈並不隨之攜帶空氣質量，而是相對靜止空氣的連續動力學擾動（衝擊波）；子彈頭部波很薄，對於對象只有可以忽略的速度，肯定不足以對戰鬥人員的傷口產生有效的傷害。通常聽到的炮彈的兩個聲響，第一個是伴隨炮彈頭部的衝擊波發出的，第二個是普通的聲波。

1885年，馬赫發表了一篇最有意義的論文，他在論文中首次描述了我們今天所謂的馬赫數，即流速除以聲速，它是阿克雷特(J. Ackeret)教授在1928年命名的。1940年代以來，隨著超音速噴氣機的出現，馬赫數（以及1馬赫、2馬赫等）廣泛應用於航空和航天技術中，此外還出現了馬赫儀、馬赫同步、臨界馬赫數等新術語。接著在1886年，馬赫也許是在多普勒的啓示下提出方程 $\sin \alpha$＝聲速／流速，即今天所謂的馬赫角。馬赫關於衝擊波工作的副產品包括解釋流星震響、模型定律、風洞理論等。在這一實驗之後，馬赫和他的兒子路德維希用他們改進了的干涉儀測出，衝擊波波陣面的相對密度大約是普通聲波的五十倍。

衝擊波這項和馬赫名字緊密聯繫在一起的工作，完全可以表明馬赫卓越的貢獻，然而馬赫卻認爲這種工作比起他對經典力學的批判和在心理生理學方面的實驗來說，則是微不足道的。確實，馬赫在對經典力學批判中所體現的思維方式、方法論原則和科學思想，對二十世紀理論物理學的發展產生了舉足輕重的影響（我們將在下章專門論述），儘管馬赫不相信也不使用理論物理學這個術語。

馬赫在生理學和心理學領域的研究主要是圍繞感覺分析等進行的，他有四分之一以上的論著都涉及到這個領域。其具體貢獻如下[10]：

一、關於運動引起的音調和顏色的變化，即多普勒效應。多普勒在1841年至1843年注意到，所觀察到的音調或顏色受觀察者與源之間相對運動的影響。但是，多普勒的同事佩茨法爾依據其振動周期守恒定律反駁多普勒理論。由於兩種理論都不是由嚴格控制變量的實驗而來的，所以存在著產生爭論的肥沃土壤。馬赫在得到博士學位後不久，就在埃廷豪森的鼓勵下構造儀器。他通過實驗表明，多普勒原理和佩茨法爾定律都是正確的，前者涉及的是源和觀察者的相對運動，而後者涉及的是傳導介質相對於一固定源和一個固定的觀察者的運動，佩茨法爾誤解了多普勒原理和他自己的定律的應用範圍。馬赫當時所作的這個實驗事實上是心理物理學實驗，他從中看到觀察者及其感官在物理現象探究中的不可缺少的中心作用。

二、內耳迷路的功能和運動感覺。馬赫早期曾嘗試把聽力與耳朵構造，把運動感覺與人的生理學聯繫起來，但長期未獲成功。在一次乘火車轉彎時，他通過觀察悟出某種道理，於1873年想用實驗來檢驗。馬赫製作了一個裝在雙重木框架內的旋轉椅，把觀察者置入其中。馬赫發現，如果沒有外部暗示，觀察者沒有均勻轉動速度的直覺，只有加速或減速的感覺，即所謂的「第六感」。馬赫在了解到內耳迷路的構造資料後斷定：正是慣性，有助於壓迫半規管液體，碰著壺腹內的感受器，從而引起運動感覺。兩組半規管的每一個半規管都對稱地排列在三個交叉平面之

---

[10] F. Ratliff, On Mach's Contributions to the Analysis of Sensations, in *PP*, pp. 23-41. 以及 *EM*, pp. 41-72.

一上，能夠聯合提供關於任何方向轉動的信息。奧地利科學院於1873年11月6日收到馬赫的論文。緊接著，維也納的布羅伊爾(J. Breuer, 1842-1925) 和愛丁堡的布朗 (C. Brown) 也獨立地提出類似的理論，因此上述理論常常被稱之爲馬赫—布羅伊爾—布朗理論。正是力學和流體力學的知識，使馬赫能洞察到半規管的功能，而且對運動感覺的實驗研究，也可能導致了他對絕對空間和絕對運動概念的批判。

三、關於視網膜各點的相互依賴及其對亮度知覺的影響（馬赫帶)。馬赫取得博士學位後因經費不足而從事視覺研究。一天，他拿著一個白色的輪子，輪子上有一個逐漸變小的黑缺口，馬赫使它旋轉。按照當時普遍接受的塔爾博特—普拉特奧 (Talbot-Plateau) 定律，旋轉圓盤的外邊緣上應該是連續變化的灰色，如果不規則的較亮部分向著內邊緣的話。然而，事實上卻出現了完全沒有想到存在的兩個顏色帶。向著較暗的邊緣有一個更暗的帶，而向著較亮的邊緣有一個更亮的帶。這如何解釋呢？

馬赫在1865年到1868年所寫的五篇文章中解決了這個問題。馬赫推論說，暗帶和亮帶是由視網膜形成的神經網中光敏元件（視網膜的杆或錐體）之間的相互依賴和抑制而形成的。因爲這些效應隨距離的增加而減少，所以在神經末梢受刺激的不同區域邊界附近，差別被大大擴大，從而形成後來所謂的「馬赫帶」。馬赫的這一發現不幸被遺忘了約三十年，直到1890年代幾個科學家才獨立地發現了馬赫帶。不過，洞察到神經系統中刺激和抑制對抗過程的意義，並企圖用精確的數學術語處理它，確實是馬赫對生理心理學的主要貢獻。

四、關於空間和時間的心理學和生理學研究。馬赫區分了不同種類的空間和時間。在馬赫看來，心理空間是我們注意「外邊」的空間，它是直接給予的，是像顏色和聲音一樣的要素，它是馬赫所謂先天空間或直觀空間意指的東西，剛從蛋殼鑽出的小鷄和新生兒都具有。物理空間是物理要素的特殊相關，是在物理學使用的「函數相關」，以便有助於把感覺以盡可能方便的方式相互關聯起來。幾何空間或度規空間是幾何學家提出的理想化的構造物，它是均勻的、各向同性的、無界的和無限的，它可以有人們想像的那麼多的維數。馬赫對生理空間討論得較多（*KE*, pp. 251-263)。他認爲不同的感官都有各自的感覺空間，每一種感覺嚴格說來都有一定的空間性。視覺空間是最重的，它不同於幾何空間，它是非均勻的、各向異性的，而不是無限的和無界的，也不是度規的，它的位置、距離等只能定性地被區分。觸覺空間是兩維的、有限無界的，根據肢體的運動感覺才能增添第三維。空間感覺似乎沒有達到鼻子，人們無法區分兩個試管之一逸出的氣味在左方還是在右方。耳鼓卻能決定較強聲源的方位，儘管十分粗糙。不過，生理空間與幾何空間都是三維流形，針對幾何空間的連續運動，存在著與之對應的生理空間點的連續運動。

馬赫探討了空間感知在生理上的形成過程。由基本感官提供的感覺部分地依賴於刺激的種類（質），可以稱其爲嚴格意義的感覺。而且，基本感官活動的一部分僅僅是由它自己的個體性所決定的，以致不管刺激是什麼，它都是相同的，雖說它隨感官不同而變化；我們稱這部分爲感官感覺，並認爲它等價於空間感覺。因此，可以說生理空間是分等級的感官感覺系統，沒有嚴格意義的感覺，該系統當然不存在；但是，如果這個系統由變化的感覺引起，那麼它就形成一個用來排列它們的登記簿。

馬赫也詳細地論述了與度規時間和物理時間相對照的生理時間（*KE*, pp. 330-338）。度規時間是一個測時概念，它是由相互比較的物理事件而產生的，與生理時間不同，它對每一個人都是相同的。物理時間是變化的相互關聯。生理時間是伴隨注意努力的一種感覺，這種注意努力與周期的或有節奏的重複的過程相關聯。生理時間與度規時間二者看來是連續的，只在一個方向流逝。

馬赫還探討了圖形在空間上全等或對稱與我們自己感官構造的關係。他認爲，具有垂直對稱性的兩個圖形之所以比具有水平對稱的好辨認，是因爲垂直對稱引起幾乎相同的感覺重複，而水平對稱則不能。垂直對稱的圖形爲什麼會引起幾乎相同的感覺呢？馬赫的回答是：因爲我們的眼睛是垂直對稱的。馬赫的解釋是有道理的，這已爲當今視神經元的構造和功能的研究所證明。

五、馬赫是心理學和生理學領域諸多分支的先驅。馬赫往往被認爲是第一個注意到格式塔的性質，即被試驗的整體並非只是等於察覺的部分之和。他在1861年對視覺對稱的分析，已成熟地涉及到視覺整體論。他表明，許多共同起作用的感覺器官的諸部分，能夠實現它們單獨不能實現的功能。曾被有的人視爲最早寫出格式塔性質（1890）的埃倫費爾斯（C. F. von Ehrenfels, 1859-1932）在給友人的信中寫道，當他把論文寄給馬赫時，馬赫以友善的方式回答說，他本人在1865年就以心理學方式描述了格式塔的主要思想。馬赫對動物、兒童和人的行爲的研究也可能對行爲主義心理學有所啓示和助益。

馬赫在1861年就在一羣同事面前建議，審查精神病院病人的感知敏感性是有價值的，次年又在奧地利醫生協會聚會時正式提出來。遺憾的是，他的思想當時並沒有引起應有的反響。馬赫對夢、幻覺、兒童時期的經驗也很感興趣，他在談到夢也是事實時說：

> 究竟這個世界是實在的，還是純粹夢想的，這個常常提到的問題毫無科學的意義。就是最怪誕的夢，同任何其他事實一樣，也是事實。假如我們的夢境更有規則性、更連貫、更穩定，那麼它對我們在實用上也會更為重要。在我們醒時，要素的相互關係比在我們夢中豐富得多。我們認為夢是夢。當這個過程逆轉過來時，心理的眼界就變得狹窄了。夢與醒的那種對立幾乎完全沒有了。在沒有對立的場合，夢與醒、假象與實在之間的區別是完全無用的、無價值的。(*GJ*, pp. 8-9)

在談到夢的形成時，馬赫揭示出：

> 夢中的古怪事情幾乎全部可以歸結為有些感覺與表象根本沒有進入意識，而另一些感覺與表象進入意識則太難、太晚。聯想的惰性是做夢的一個特點。理智往往只是部分地入睡。……還應補充説明，覺醒意識久已忘卻的東西的最輕微的痕跡，對健康狀況與心理情緒的最微小的干擾——它在忙碌的白天退居次要地位——都能在夢中發揮作用。(*GJ*, pp. 195-197)

這一切，與弗洛伊德 (S. Freud, 1856-1939) 的精神分析和釋夢研究是否有某種內在聯繫呢？

有證據表明，曾研究過內耳迷路和半規管的布羅伊爾可能使弗洛伊德對馬赫感興趣，因爲他們二人有許多接觸與合作。弗洛伊德也可能通過波佩爾—林科伊斯的著作受到馬赫的間接影響。弗洛伊德直接提及馬赫著作和觀點是在1900年6月的一封信中：「當我讀最近的心理學書 —— 這些書像我的工作一樣具有相同類型的目的 —— 並看到它們就夢說了些什麼時，我像童話中的小矮人一樣高興……」(*EM*, p. 71)

馬赫在論著中對自己童年時代經歷有許多生動而眞切的回憶，他也多次討論過他自己的孩子和其他兒童的天眞提問、議論和心理。例如，他的大兒子四歲時問他：當蠟燭熄滅時，影子和光到何處去了？有個一歲的幼兒，想從吹口哨的父親的唇邊捉住聲音。馬赫得出結論：「在兒童看來，一切東西都是實體性的。」(*GJ*, p. 256) 他深有體會地說：「對知識進行批判研究的人，同那些尚未入學啓蒙的早熟兒童打交道可以得到很多東西。」(*ZZ*, p. 81) 可以說，馬赫在這個領域又是一個先驅，他的研究興趣和方向對皮亞杰 (Jean Piaget, 1896-1980) 的兒童心理學和發生認識論的形成有某種定向和啓示作用。

六、馬赫對科學探索的心理還進行了獨到的分析和探討，我們將在第六章專門論述。

馬赫的心理學和生理學研究有著鮮明的特色：它運用了物理學的概念和方法，它貫穿著整體論的和進化論的思想，它把感覺經驗置於認識論的中心地位；尤其是，它一反傳統的認識論研究的舊格局 —— 空洞的哲學議論和猜測的思辨玄想 —— 而把認識論眞正置於科學的探討之下。

馬赫的思想並不是無源之水、無本之木，他從十九世紀的生理學和心理學中汲取了營養，但也堅持了自己的立場。馬赫對於德國生理學之父繆勒（J. Müller, 1801-1858）的空間先天論、特殊的神經能理論、神經支配理論、視覺幻象研究留下了深刻印象，但他最終認爲繆勒的神經支配感覺並不存在。對於亥姆霍玆的迷路是聽覺器官、諧音理論、共鳴定義，馬赫則持否定態度，尤其反對亥姆霍玆的無意識推理和三色理論。馬赫被認爲接近於馮特（W. Wundt, 1832-1920），二人都對描述感覺感興趣，二人均稱感覺爲要素，二人都嚴重地依賴內省和自我體驗。關於「要素」術語，馬赫可能是從馮特那兒借用的，但二人可能都受到費希納的影響。赫林（E. Hering, 1834-1918）的講演「論作爲有機物質普遍功能的記憶」，布倫塔諾（F. Brentano, 1838-1917）的行爲心理學，對馬赫也有重大影響。

§1.4　卓越的科學史家和科學哲學家

在古往今來的科學史家和科學哲學家當中，無論就論著之豐富、議題之廣泛、洞察之深邃、思想之敏銳、影響之久遠哪一個方面而言，馬赫都是名列前茅的，能望其項背者，實在屈指可數。馬赫的科學史著作往往包含有豐富的科學和科學哲學內容，他的科學哲學著作也是兼容並蓄、斑駁陸離。我們不妨先擇其主要者介紹如下。

《能量守恒定律的歷史和根源》⓫於1872年在布拉格初版，第二版無改變地在萊比錫1909年出版，馬赫僅添加了一個簡短的序和幾個注釋。該書是一個綱要性的小册子，它預期了馬赫在其他書中的幾乎所有思想。它既包含了一般能量學的要點，對自然科學和歷史的一些事實的沉思，而且也以盡可能概括的形式論述了馬赫今後要繼續探討的科學哲學課題：科學理論的意義和作用，生理學和感覺心理學對認識論的重要性，思維經濟原理，牛頓力學的缺陷，原子論的無結果，對古典的因果關係的批判，物理還原論，力學自然觀，物質論（唯物論）以及一切形而上學的臆測形式。馬赫這本書的影響雖說比不上其他書，但也不是未被注意。普朗克（M. Planck, 1858-1947）在作博士論文前就讀過這本書，內在論哲學家勒克萊爾（A. Leclair）在1879年的著作中甚至稱馬赫的書是「革命的」（*EM*, p. 116）。

《力學史評》(1883，萊比錫）亦譯爲《力學及其發展的歷史批判概論》⓬，它也許是馬赫所有書中版本和譯本最多的著作。該書雖說是一部力學科學史著作，但操作論的、反形而上學的、反因果的觀點以及思維經濟的思想充滿全書的字裡行間。門杰（K. Menger）中肯地評論道：「恩斯特・馬赫的《力學史評》是上世紀最偉大的科學成就之一，現在依然是描述任何領域

⓫ 參見❺。英文版爲 E. Mach, *History and Root of the Principle of the Conservation of Energy,* translated by Philip E. B. Jourdain, Chicago, The Open Court Publishing Co., 1911. 我們要經常引用該英文版，現約定以 *HR* 代之。

⓬ 參見❻。英文版見⓭。

思想發展的典範。這部著作在它自己的領域還充滿了生命力。它能激起科學哲學家的靈感，對物理學史家是有價值的信息源，而且大大有助於力學教師。對初學者來說，它的頭一半是具有無與倫比的明晰性和深度的、最鼓舞人心的入門書。」⑬

《感覺的分析》⑭1886年初版於耶拿，這是一本關於認識論和心理學的重要著作。它剛一問世，就受到兩位第一流的心理學家施圖姆普夫（C. Stumpf, 1848-1936）和李普斯（T. Lipps, 1851-1914）的嚴厲批評。多年後馬赫還哀傷地承認他的基本觀點遭到拒斥，只有細節得到認可。也許正由於這種狀況，該書第二版遲至1900年才出版，馬赫添加了一些章節和注釋，對批評作了答覆。正是到這個時候，馬赫感到他的哲學畢竟符合時代的潮流，而他在1880年代之前一直是逆潮流而動的。事實上，第二版在幾個月內就銷售一空，這完全出乎馬赫的意料之外。第三版緊接著在翌年出版。馬赫這本書代表的普遍而自然的世界觀正在變成時代的智慧。但是，也有人當初對馬赫的書就一見鍾情。例如，生理學家勒卜（J. Loeb, 1859-1924）1887年從維爾茨堡寫信給馬赫說:

你的《感覺的分析》和《力學》是我從中汲取靈感和力量

---

⑬ E. Mach, *The Science of Mechanics: A Critical and Historical Account of Its Development,* translated by J. McCormack, 6th edited, The Open Court Publishing Company, Lasalle, Illinois, U. S. A., 1960, p. v. 我們要經常引用該書，現約定以 *SM* 代之。

⑭ 參見⑦。中譯本參見①。

> 去工作的源泉。……你的思想在科學上和倫理上是我賴以立足的基礎，我想也是自然科學家必須賴以立足的基礎。(*EM,* p. 130)

爲此，他決定去朝拜馬赫。

《通俗科學講演》⓯ 1896 年初版於萊比錫，收錄了馬赫從1864年到1898年的十五篇講演，到1923年出第四版時，已擴大到三十三篇。英文初版比德文版先一年出版，它包括十二篇文章。該書涉及到的論題十分廣泛：從液體的形狀和皮質纖維到和聲和光速，從人爲什麼有兩隻眼和對稱性到靜電學和能量學，從方向感、視覺、射彈到學校教育，其中多篇文章涉及到重要的哲學和方法論問題。該書是馬赫與非科學和非哲學專業的讀者進行心心相印交流的眞誠嘗試。它以有趣的論題、明徹的思路、暢曉的行文、優美的語句傳達了科學研究的詩意和魅力，使讀者時而有曲徑通幽之感，時而有別有洞天之嘆。馬赫的詩人的想像和藝術家的氣質在這裡表現得淋漓盡致。該書使讀者在馬赫這位學識淵博的導遊的帶領下，能在科學和哲學的王國盡情漫遊，得到美的愉悅和享受。愛因斯坦在談到馬赫關於射彈的講演時說：

> 在讀馬赫著作時，人們總會舒暢地領會到作者在毫不費力地寫下的那些精闢的、恰如其分的話語時所一定感受到的

⓯ 參見❽。英文版爲 E. Mach, *Popular Scientific Lectures,* translated by T. J. McCormack, The Open Court Publishing Co., U. S. A., 1986. 我們要經常引用該英文版，現約定以 *PSL* 代之。

那種愉快。但是他的著作之所以能吸引人一再去讀，不僅是因為他的美好的風格給人以理智上的滿足，而且還由於當他談到人的一般問題時，在字裡行間總是閃爍著一種善良的、慈愛的和懷著希望的喜悅的精神。⑯

《熱學原理》⑰ 是爲了回應玻耳茲曼（L. Boltzmann, 1844-1906)對奧斯特瓦爾德和唯能論的批評而匆促寫成的，它初版於1896年。該書涉及到計溫學、溫度概念、熱傳導、熱輻射、量熱學、熱力學、能量學的發展史，當然不是羅列好奇的和有趣的細節，而是追溯觀念的起源和成長。該書有三分之一多的章節處理的是哲學和認識論問題，屬於比較普遍、比較抽象的認知心理學文章。該書的目的與《力學》等著作一樣，也是想「從物理學這個分支中消除無用的、多餘的概念和無根據的形而上學假定。」(*PTH*, p. 1)

《認識與謬誤》⑱1905年初版於萊比錫，在不到一年的時間內售罄，遂於翌年再版。維也納的新崗位爲馬赫闡明他的哲學立

⑯ 《愛因斯坦文集》第1卷，許良英等編譯，商務印書館（北京），1976年第1版，頁89-90。我們要經常引用該書，現約定以 *E1* 代之。

⑰ 參見⑨。英文版爲 E. Mach, *Principles of the Theory of Heat, Historically and Critically Elucidated,* translated by P. E. B. Jourdain and A. E. Heath, D. Reidel Publishing Company, 1986.我們要經常引用該英文版，現約定以 *PTH* 代之。

⑱ *Erkenntnis und Irrtum, Skizzen zur Psychologie der Forschung,* Leipzig, 1905; futher German editions: 1906, 1917, 1920, 1926. 英文版參見<自序>⑱。

場提供了最適宜的講壇和智力激勵。事實上，該書是馬赫在1895/1896年冬季學期開設的「心理學和探索的邏輯」課程的基礎上形成的，只是對所選材料作了自由處理，認識論的心理學和自然科學方法論構成了這部專題著作的主幹。全書共有二十五篇文章，書名取自第七篇文章的標題。該書是馬赫科學認識論和方法論最清楚、最集中、最綜合的闡述，是馬赫科學哲學的創新卷。馬赫希望這本書「將激勵年輕的同行尤其是物理學家進一步思考，把他們的注意力引向某些毗鄰的領域，他們傾向於忽略這些領域，但是當任何探索者開始他的思考時，這些領域卻能提供許多闡明。」(*KE,* p. xxxii)美國科學史家希伯特(E. N. Hiebert)在評論該書時說：

> 這些文章中所接觸的觀點時時給讀者留下下述印象：馬赫的學識淵博，他的深刻的、有價值的、第一手的實驗敏感性，當然還有他傾注在文字材料中的傑出的、詼諧的、批判的氣質，……科學的洞察，豐富而中肯的警句，對習俗和權威的漠視。⑲

《物理光學原理》⑳是馬赫擬議中的《光學》的第一卷，大

---

⑲ E. N. Hiebert, The Influence of Mach's Thought on Science, *Philosophia Naturalis,* **21** (1984), pp. 598-615.

⑳ Die *Principien der physikalischen Optik, Historisch und erkenntnispsychologisch entwickelt,* Leipzig, 1921. 以下簡稱《光學》。英文版爲E. Mach, *The Principles of Physical Optics, An Historical and Philosophical Treatment,* translated by J. S. Anderson and A. F. A. Young, Dover Publications, Inc., 1926.

約完成於1913年，1915-1916 年開始付印，但因故中斷，直到馬赫去世多年後才於1921年出版。在該書中，馬赫詳細地論述了我們對光現象和光儀器理解的實驗進化和理論進化，描繪了數百個光學實驗，考察了眾多科學家的工作及思想發展。正如該書的副標題所表明的，它與《力學》和《熱學》一樣，也是歷史批判的和哲學的處理。該書有馬赫的對相對論表示不滿的序言，該序言至今還在引起人們的爭議。

馬赫從1870年起一直到逝世爲止，一直醉心於科學史研究。他關於能量守恒史、力學史、熱學史和光學史的研究，成爲科學史中的經典性的文獻和科學思想史研究的楷模與範本。馬赫把哲學精神貫穿到科學史研究，又從科學史研究中煥發出新的科學洞察和哲學洞見。這不僅建立起科學史和科學哲學的親密姊妹關係——這是他的歷史研究的一大特色——更重要的是對二十世紀科學和哲學的發展產生了不可低估的影響。可以毫不誇張地說，迄今還沒有任何一部科學史著作，像《力學》那樣起過劃時代的、革命性的作用。

與一般科學史研究論著相比，馬赫的科學史研究還具有十分鮮明的特徵。第一，它不是檔案史和編年史，而是思想發展史。在馬赫的科學史著作中，既沒有按年代順序簡單地羅列事件，也沒有乾巴巴的例子堆砌和具體細節的冗長陳述，他關心的是科學觀念或思想的起源和發展的來龍去脈。馬赫告誡他的讀者，不要期望在他的書發現「檔案研究的結果」，他「與其說關心有趣的古玩，毋寧說關心觀念的成長和相互關聯」。(*PTH*, p. 1) 在馬赫看來，編年史和檔案史是古董商鍾愛的事情，而不是他的課題的主旨和核心。馬赫的歷史批判分析試圖闡明的關鍵問題是：我們如何繼承我們目前的科學概念和理論？爲什麼它們是以我們變得習慣於接受它們的方式給予我們，而不是以可能在邏輯上似乎更加有理、在美學上更加值得稱讚的方式給予我們呢？我們能夠識別是什麼因素有助於採納偏愛的推理模式和從其他領域得到類似的適應呢？在任何給定的歷史時期，能夠把什麼東西視爲構成了科學理論的證據、證實或決定性的證明呢？

第二，馬赫的科學史研究不是爲歷史而歷史，而是爲了擺脫偏見，啓迪思想，發現問題，尋找新的途徑。一句話，爲了理解眼下的科學，爲了激勵科學家攻克目前的難題。馬赫下述言論對此說得再清楚不過了：

> 不僅被後繼教師接受和培育的觀念的知識對歷史地理解一門科學是必要的，而且探索者拋棄的短暫的思想，不，甚至是明顯錯誤的概念，也可能是十分重要的和有教益的。歷史地研究一門科學的發展是需要的，以免其中珍藏的原理變成一知半解的指令，或者更糟糕，變成偏見的體系。歷史研究通過表明現存的哪一個東西在很大程度上是約定的和偶然的，不僅推進了對於現在存在的東西的理解，而且也在我們面前帶來新的可能性。從不同思想路線在其會聚的較高的視點來看，我們可以用更為自由的眼光察看我們周圍的情況，並在未知面前發現道路。(*SM*, p. 316)

第三，馬赫的科學史不是輝格史（Whig history），而是科學思想進化史。所謂輝格史，本意指英國輝格黨史學家將該黨的活動當作歷史的進步運動記載下來的歷史。巴特菲爾德（H.

Butterfield, 1900-1979）則爲輝格史觀下了一個更爲一般的定義：

> 許多歷史學家站在新教和輝格黨人一邊進行著作的一種傾向，目的在於讚揚已經勝利的革命，强調過去的某些進步原則，以便使寫出的歷史卽使不是對現在的讚頌，起碼也是認可。㉑

馬赫是明顯鄙棄這種輝格史傾向的，他反對把科學史寫成個人轟轟烈烈的、一帆風順的傳記史，或從過去各種科學理論中挑選出現在看來正確的理論並編上時間順序的編史學（historiography）。他認爲科學史是充滿偶然性和錯誤的進化史，卽使現今視爲正確的理論，也只是暫定的，也不能把它看作法定的體系。馬赫的這種科學史觀已體現在剛才的引文中，他在《熱學》的引言中更爲系統地表述了他的觀點（*PTH*, pp. 6-7）。在馬赫看來，在一個給定時期流行的、被過去多代人努力獲得的思想模式，並非總是有助於科學發展的，而屢屢起阻礙科學進步的作用。遠離學術界，甚至與學術界對立的探索者往往是科學進步的獨創者，這只能是由於他們缺乏偏見，擺脫了傳統的專業觀點。馬赫深刻地揭示出：

> 歷史研究是科學教育的十分基本的部分。歷史研究使我們了解其他問題、其他假設和其他看待事物的模式以及它們

㉑ W. F. 拜納姆等著：《科學史詞典》，宋子良等譯，湖北科學技術出版社（武漢），1988年第1版，頁711。

> 的起源、成長和最終衰退的事實和條件。在先前處於突出地位的事實的壓力下，與今天得到的概念不同的其他概念形成了，其他問題出現了，並找到它們的答案，這反過來只不過是為在它們之後來到的新東西讓路。一旦我們使自己習慣於認為我們的概念僅僅是為達到不同目的的工具，我們將發現，在給定的情況下，在我們自己思想中實現必要的轉變並不困難。(*PTH,* p. 5)

正如馬赫所說，他的《熱學》像其他幾本科學史著作一樣，是追溯熱理論的概念的進化。在馬赫的筆下，熱理論緩慢而躊躇地，通過嘗試和錯誤，一點一滴地進展到它現今的規模和相對的穩定性。

第四，馬赫的科學史是文獻證明的歷史和直覺的歷史的完美結合。文獻證明的歷史比較客觀，但處理不好則會造成史料的堆砌和羅列，使人感到沉悶和乾枯。直覺的歷史比較有趣，有啓發性，尤其是描述已去世的人物的思想過程時更是如此，但這種心靈的探險確實充滿著極大的危險性。馬赫懂得多種語言，他掌握了大量的第一手文獻，他當然不會無視歷史事實而隨意想像和杜撰的，他只是不願把文獻證明的歷史寫成編年史和檔案史罷了。馬赫在尊重歷史文獻的基礎上，擅長於歷史人物心靈的探幽入微。愛因斯坦在馬赫的歷史批判科學史著作中，敏銳地洞悉到馬赫這一高超技藝:「他以深切的感情注意各門科學的成長，追踪這些領域中起開創作用的研究工作者，一直到他們的內心深處。」(*E1,* p. 84) 希伯特把馬赫稱爲「科學大偵探福爾摩斯」(*KE,* p. xxii)，也許也有這層意思。

與晚年失去科學創造力轉而「玩」哲學的科學家不同，馬赫不僅晚年還保持著旺盛的科學熱情，而且哲學思維可以說貫穿在他的整個一生。他在幼兒時就爲知覺和因果性問題所困擾，1853年讀康德和兩三年後的頓悟是他系統思考和眞正步入哲學的起點。在維也納大學求學期間（1855-1860），馬赫似乎沒有讀什麼哲學書，但是他肯定思考了如何把他的經驗論（現象論和實證論）與達爾文思想聯繫起來、與原子論協調起來，並致力於爲科學謀求一個統一的基礎。在1860年代初，馬赫讀了貝克萊（G. Berkeley, 1685-1753）、利希滕貝格（G. Lichtenberg, 1742-1799）和赫爾巴特（J. Herbart, 1776-1841）的著作，但是直到1880年代之前還未直接讀休謨（D. Hume, 1711-1776）的原著。另外，1860年在科學上發生了三件大事，對馬赫哲學思想的形成起了不可低估的作用。這三件事是：達爾文的《物種起源》（1859年11月24日出版）在德國和奧地利廣泛傳播；費希納的《心理物理學基本原理》出版，該書試圖描述一種贊同物理實在和心理實在二者的哲學；卡爾斯魯厄會議聽取了支持長期被遺忘的阿伏伽德羅（A. Avogadro, 1776-1856）關於氣體中分子和原子數假說的講演。

馬赫曾多次談及他的哲學思想的形成和淵源。他的最重要的自白也許是：

> 在1853年，在我的青年時代，我的樸素論的世界觀已經劇烈地為康德的《導論》所動搖。一兩年後，我本能地認識到「物自體」是多餘的幻想，因而我又轉向潛在於康德哲學中的貝克萊觀點。但是，貝克萊的唯心論情調是與物理

學研究不協調的。自從知道了赫爾巴特的數學心理學和費布納的心理物理學後，這種煩惱更加深了；可接受的事物與不可接受的事物的緊密聯繫顯示出來了。康德培育的反形而上學傾向，赫爾巴特和費布納的分析引導我接近休謨的觀點。休謨對我沒有直接的影響，因為我根本不知道他的著作，而與休謨同時代的更年輕的利希滕貝格則對我有所影響。至少他提出的「它思」(Es denkt) 故存在的論點給我以很深的印象。今天我認為反形而上學觀點是一般文化發展的產物。[22]

石里克認可馬赫的自白。布萊克默 (J. T. Blackmore) 認爲，馬赫宣稱康德終止了他的「樸素實在論」，但是事實上，馬赫一開始就未接受樸素實在論的因果說明進路，康德只是改變了馬赫的認識論的呈現論 (presentationalism) [23] —— 從感官物理對象變爲感官感知等價物。簡言之，康德只是有助於克服馬赫作爲對他的「童年現象論」的改進而不完全或不情願接受的樸素實在論的那些方面 (*EM*, p. 11)。洪謙教授則講得更爲明白:「馬赫式實證論的根本思想，有人說來自貝克萊，這是不正確的。說它來自休謨在理論上是對的，但事實並不是如此。馬赫的實證論的

---

[22] M. 石里克：<哲學家馬赫>，洪謙譯，《自然辯證法通訊》(北京)，第10卷 (1988)，第1期，頁16-19。

[23] presentationalism 有時也寫爲 presentationism，我把它試譯爲「呈現論」。在諸多權威英語詞典和英漢詞典中，對它的解釋頗多歧異和矛盾，且常與 representationalism 或 representationism (表象論) 相混。

基本觀點是在赫爾巴特的數學心理學和費希納的心理物理學和利希滕貝格的『它思』(it thinks) 影響之下，通過科學研究和自我探索才形成的。」㉔

關於貝克萊、休謨、康德，我們暫且不表。利希滕貝格是十八世紀德國的物理學家和哲學著述家，曾扮演過啓蒙的角色。他用「它思」代替「我思」(I think) 可能激勵馬赫構造自我 (ego或self) 的雙重定義：狹義的自我是由與特定個人相聯繫的感覺構成的，而廣義的自我意指所有感覺的總和，在狹義的自我和它周圍的物理環境之間是難以明確劃界的。

赫爾巴特是德國哲學家和教育家，著有《根據經驗、形而上學和數學新建的學科——心理學》等。他關於心理學是一門科學，能夠像牛頓力學那樣應用數學的思想，肯定引起馬赫的關注。他的教學法強調，對論題的組織與敍述要與學生的存儲過程一致即學習經濟，這一點也對馬赫有所啓示。但是馬赫不同意赫爾巴特對實體問題的解決辦法，即用「實在的本質」解釋「物」。

費希納是從物理學家轉向心理學家和哲學家的，是建立心理物理學或實驗心理學的關鍵人物。馬赫多次明確承認他受到費希納的「最大鼓舞」(*GJ*, p. ii, 285)，並認爲費希納使他擺脫了「一生中最大的理智煩憂」(*EM*, p. 29)，儘管他糾正了費希納公式的錯誤，不願把費希納的心理物理平行論無節制地推廣。費希納對馬赫的最重要影響也許在於：他把心理學放在科學的基礎上；他僅假定一種既可用於物理學、又可用於心理學的實在；這種單一類型的實在有兩「面」——物理的「外面」和心理的「內

㉔ 洪謙：<關於邏輯經驗論的幾個問題>，《分析哲學與科學哲學論文集》(香港中文大學哲學系編)，新亞書院出版，1989年，頁1-9

面」——其聯繫能夠借助數學方程式和函數來描述；他所創造的心理物理學具有把心與身聯繫起來的任務。此外，費希納用函數說明代替力說明的智慧，也增強了赫爾巴特對馬赫的影響。不用說，馬赫對費希納的思想進行了改造和改進。至於進化論對馬赫的影響和馬赫對原子論的態度，我們將在後面討論。

1860和1870年代，是馬赫哲學的形成和發展時期，馬赫哲學的影響不大，也許僅限於馬赫周圍的有關人員，至多也只是德語國家和地區。以1883年《力學》的出版爲契機，馬赫哲學的影響比較迅速地得以擴展，並全面越出了德語世界，直至世紀之交達到鼎盛時期。在十九世紀末，馬赫哲學影響最大的是以馬赫爲首的批判學派的哲人科學家和具有同樣傾向的科學家，當然還有與感覺經驗論或實證論相關聯的哲學流派和個人。在世紀交替時期和二十世紀初期，馬赫哲學最大的影響是以愛因斯坦爲首的一批科學革新家，以及以維也納學派（馬赫被認爲是該學派的先師）爲主體的邏輯經驗論。關於馬赫對批判學派、愛因斯坦和邏輯經驗論的影響，我們將專門論述，我們在這裡僅涉及馬赫哲學影響的一些其他方面。

馬赫哲學的早期影響主要在德語國家和地區，不過也通過移居美國的德國人和詹姆斯等傳到美國，通過皮爾遜和克利福德（W. K. Clifford, 1845-1879）傳到英國。

馬赫與當時德國的幾個哲學流派都有著相互影響的關係。朗格（F.A. Lange, 1828-1875）是德國哲學家、教育家和社會黨人，他的重要貢獻在於對唯物論的論述，並在馬堡大學建立了新康德主義。他反對原子論，鼓吹教育改革，提倡一種與馬赫哲學類似的科學哲學。

阿芬那留斯是蘇黎世教授。他獨立地發展了一種類似馬赫的現象論和「經濟」取向的經驗批判論哲學，其影響一開始甚至大於馬赫，直至世紀之交才有所減退。他們二人從 1882 年開始通信，但不曾謀面。阿芬那留斯承認他與馬赫「觀點之間的融合」(*GJ*, p. 39)，馬赫也承認:「阿芬那留斯和我個人的觀點很類似，以致人們難以想像，居於不同研究領域、經過不同發展階段、相互毫無聯繫的兩個作者會有這樣相似的觀點。」(*GJ*, p. 37) 馬赫認爲，他們「一致之處」「最重要的是在於對物理的東西和心理的東西的關係的看法方面」，並對阿芬那留斯消除形而上學的特別形式「排除嵌入」感興趣 (*GJ*, pp. 40-41, 22)。但是，馬赫也明確表示：「我不可能、也不願意對阿芬那留斯所說的一切或其解釋表示同意……」(*GJ*, p. 22) 他也反對阿芬那留斯生造「累贅的術語」(*GJ*, p. 38, 39)。

舒佩 (W. Schuppe, 1836-1913) 是德國的內在論 (immanentism) 哲學家。他堅持認爲世界並不是超驗的，而是內在於意識之中。他反對以任何方式支持根植於超驗假定的假設的實在論者、唯物論者、實證論者和唯心論（觀念論）者。他把內在的意識觀念、自我看作是認識論發展的出發點。作爲現象論者的馬赫和舒佩都同意我們只能夠知道感覺，只有感覺存在，我們能指稱的東西只是呈現給意識的東西。舒佩超越了馬赫，力圖證明只有現在意識到的東西才是實在的 。馬赫承認:「內在哲學的代表們和我的觀點非常接近。特別是關於舒佩的哲學……」(*GJ*, p. 37) 他把他的1905年出版的《認識與謬誤》題獻給舒佩。

舒佩的哲學對德國思想家胡塞爾 (E. Husserl, 1859-1938) 及其現象學有明顯影響，其中也許包含著馬赫的思想成分。馬赫從胡塞爾那裡接受了心理主義的訓示，但他不贊同胡塞爾的不會錯的非感覺的「直覺」。胡塞爾對馬赫的思維經濟給予尖銳的批評。

尼采 (F. Nietzsche, 1844-1900) 是一位講德語的哲學家和思想家。馬赫和尼采在認識論上有許多和諧之處：二人都是現象論者，都倡導科學和眞理服從於滿足人的「生物學需要」，都具有類似的關於物質、自我、上帝的觀點。尤其是，他們都是永不息止的啓蒙者。不同之處在於：馬赫把感覺作爲事實看待，而尼采覺得感覺只不過是解釋；馬赫指責尼采式的「超人」理想是「驕橫的」、「不能容忍的」(*GJ*, p. 20)。尼采讀過馬赫的文章，並且十分喜歡它。

克利福德是英國一位早慧的傑出的數學家 。他大體完成了《精密科學的常識》(手稿由皮爾遜整理增補，於1885年出版)，該書深受馬赫對質量、力和函數關係的理解的影響。另外，馬赫的思維經濟理論在克利福德的《講演與論文》(1879) 中也表現得很明顯，馬赫注意到這一點，並認爲這也許是克利福德獨立提出的。

馬赫哲學在早期就傳播到美國哲學界。勒卜對馬赫著作甚爲迷戀，自稱受到馬赫的強烈影響。羅伊斯 (J. Royce, 1855-1916) 在1892年就熟悉馬赫的《力學》和思維經濟理論。皮爾斯 (C. S. Peirce, 1839-1914) 在1893年就《力學》寫了篇未署名的、激烈的書評。馬赫關於邏輯和數學的觀點接近詹姆斯、杜威 (J. Dewey, 1859-1952) 等實用主義者的觀點，杜威的工具論觀點與馬赫有相通之處，他還倡導馬赫的中性一元論。

馬赫與美國實用主義的密切聯繫和顯著影響是通過詹姆斯實

現的。詹姆斯是1860年代最早讀過馬赫著作的人，他像馬赫和馮特一樣被吸引到費希納的心理物理學。1882年秋，詹姆斯到布拉格聆聽了馬赫「漂亮的生理學講演」，並在一起散步、吃飯，待了四個鐘頭。他稱馬赫是「所有同行中的天才」(*EM*, p. 76)，從此與馬赫保持了長達二十八年的通信，直至他1910年去世。詹姆斯急切渴望《感覺的分析》的出版，他後來認真閱讀了馬赫這本書並加了評注，並稱其是「一本特別有獨創性的小書」，「一本天才的著作」(*EM*, p. 126)。他在研究中引用了馬赫的實驗資料，並對馬赫的觀點加以評論。馬赫把《講演》第四版（1910）題獻給詹姆斯。馬赫是詹姆斯受惠最大的三個德語哲學家之一。馬赫的中性一元論、徹底的經驗論、科學概念的生物學功能、經濟功能和函數關係的觀點，都對詹姆斯很有影響。詹姆斯在寫給馬赫的信中，對馬赫給以高度評價：

> 你的寫作方式之明晰和雅致、你的思想之惟妙，尤其是你關於我們的公式與事實的關係的普遍概念之真理（正如我堅定地相信的），都使你在科學哲學著作家當中處於獨一無二的位置。(*EM*, p. 127)

馬赫的著作也通過移居美國的德裔人士得以在新大陸傳播。前面提到的勒卜就是一例。他早年深受馬赫影響，後來唯一影響他的哲學家也似乎是馬赫。他1890年移居美國，把馬赫思想也帶到美國。黑格萊爾（E. C. Hegeler）1883 年就讀了馬赫剛出版的《力學》，他於1887年創辦了《公開論壇》雜誌，以傳播哲學和宗教思想。他雇佣了德國僑民卡魯斯（P. Carus, 1852–1919）

出任編輯，想把《力學》譯爲英語儘快出版。卡魯斯在1888年和黑格萊爾的女兒結婚，他選中麥考馬科（T. J. McCormack）爲譯者，於1893年出了《力學》英文版。其間，馬赫與卡魯斯進行了一場友好的哲學爭論，這有助於卡魯斯更仔細地思考他的哲學立場。黑格萊爾和卡魯斯發現，馬赫現象論的一元論爲使科學與宗教和解提供了幾乎是理想的哲學。馬赫也從卡魯斯那裡引起對佛教的興趣。《公開論壇》在 1890 年被《一元論者》雜誌合併，馬赫在該刊上發表了多篇文章。馬赫也讚賞這三位人士想出版他的所有著作的計畫。馬赫與卡魯斯等人的交往，被列寧看作是馬赫「加入了這一伙」「以宗教鴉片來麻醉人民的一伙美國文化騙子」之中的鐵證（*WP*, p. 230)。

在世紀交替時期和二十世紀頭十多年，馬赫目睹了他的哲學的世界影響。在奧地利，馬赫作爲一位自由思想家和知識界的領袖，其影響遍及社會的各個階層。不用說，馬赫在維也納最大影響是對維也納學派早期成員的影響。馬赫在維也納也與阿德勒家族長期保持著密切的關係。他與奧地利社會民主黨領袖維克多・阿德勒（Victor Adler, 1852-1918）過從甚密。維克多的兒子弗里德里希・阿德勒（Friedrich Adler, 1879-1960）是馬赫的信徒和追隨者，他從閱讀《能量守恒》時起就被馬赫思想所征服，此後便力圖說服科學家和馬克思主義者把他們的科學哲學奠定在馬赫思想的基礎上。

一般科學家和哲學家對文學藝術人士鮮有影響，但馬赫是個例外。馬赫影響了以「青年維也納」而聞名的文學運動的成員。施尼茨勒（A. Schnitzler, 1862-1931）是天才的劇作家和小說家，他對科學感興趣。馬赫是他的好友，他們曾一起嘗試創作一齣歌劇。巴爾（H. Bahr, 1863-1934）像施尼茨勒一樣，也寫了許多劇本和小說。他在十九世紀就通過了他的「馬赫階段」。1903年，他甚至就馬赫的「無自我」（egoless）哲學寫了一齣滑稽短劇《不可救的我》，並且首次指出馬赫的本體論和佛教的本體論的類似。霍夫曼斯塔爾（H. von Hofmannsthal, 1874-1929）在維也納聽過馬赫講課，並在博士論文中涉及到馬赫。馬赫對文學家的最有意義的影響也許是發生在穆西爾（R. Musil, 1880-1942）身上。這位小說家先後作過軍官、工程師和科學家兼哲學家。他在1902年這個「恰到好處的時刻」讀了馬赫的《講演》，後來就馬赫哲學寫了「論對馬赫思想的理解」的博士論文（1908）。他認爲馬赫的現象論是有道理的，但卻批評馬赫的科學哲學。穆西爾的小說《無身份的人》反映了馬赫「無自我」觀點的影響，其風格強烈地暗示出馬赫實驗探究的路向。他對角色「無情緒的」處理和「客觀性」也許會受到馬赫稱讚，但小說中的悲觀主義情調和缺乏人性卻可能招致馬赫的反感。

在世紀之交，瑞士的蘇黎世成了「馬赫主義」的大本營，馬赫的哲學同盟者阿芬那留斯在這裡教書。在他於1896年早逝後，他的許多追隨者如彼得楚爾特（J. Petzoldt, 1862-1929）等轉而忠誠於馬赫。當時，在蘇黎世由來自各國的大學生和研究生組成了一個小團體，愛因斯坦後來也參加進來。一位當年的成員在1922年回憶說：

> 在蘇黎世小圈子內，每一個人都有他自己的觀念。但是在它外邊，有一個人想著我們大家：恩斯特·馬赫。這位偉大的維也納物理學家和自然哲學家是我們中心的太陽。我

> 們以他的名義集體創建了一個半組織的社團。我們把在學術專業內外傳播這位大師的教導，並盡可能在我們自己的研究中應用其成果當作我們的任務。(*EM*, p. 190)

儘管馬赫在德國柏林有一系列哲學反對者，如施圖姆普夫和普朗克等，但他的影響在第一次世界大戰前夕還是突破了防線。以馬赫哲學取向的實證論哲學學會在 1912 年建立，該學會的會刊《實證哲學雜誌》也於次年出版。柏林的運動是周密計畫的，事前發表了公開宣言（1911），在宣言上簽名的還有著名科學家愛因斯坦、希耳伯特（D. Hilbert, 1863-1943)、克萊因（C.F. Klein, 1849-1925）、黑耳姆（G. Helm, 1851-1923）、弗洛伊德等。彼得楚爾特和丁勒（H. Dingler, 1881-1954）在整個過程中是最初的提議人，且聚會也常在彼得楚爾特家中進行。

彼得楚爾特在耶拿大學學習物理學和數學時就讀了馬赫的《力學》，他把馬赫所列的參考文獻也追究到底，留下了深刻印象。馬赫後來幫助他在大學謀取了職位，他們關係一直不錯，但在對相對論及某些哲學問題的看法上也有分歧。丁勒在1902年讀了馬赫的《力學》，他的《科學的限度和目的》(1910）對馬赫印象極深，從而受到馬赫器重。丁勒被認爲是德國新實證論運動的「年輕的齊格非」㉕，馬赫很尊重他的觀點，因爲他理解馬赫的科學方法論。他們兩人都反對自稱能以可靠的方式描述和說明物理本性的思辨數學體系，都認爲科學定律是理想化的，但馬赫從未接受丁勒的「先驗論」。

㉕ 齊格非（Siegfried）是德國十三世紀初民間史詩《尼伯龍根之歌》中的英雄。

馬赫在德國還有若干「否定的」同盟者，諸如奧斯特瓦爾德、德里施（H. Driesch, 1867-1941）和海克爾（E. Haeckel, 1834-1919）等，他們反對馬赫所反對的東西，但卻堅持不同的「肯定的」學說。馬赫讚賞德里施對機械論的攻擊，但卻不支持他的「活力論」。海克爾是達爾文主義的鬥士，以《宇宙之謎》(1899) 而引起轟動，但也遭到許多反對、攻擊乃至謾罵。馬赫通過給他寫信和強調他們觀點一致，試圖使他晚年安心自在。確實，他們都拒絕心物二元論，海克爾的呈現論的唯物論只是在詞句上與馬赫的本體論的現象論不同。但是，馬赫沒有暗示他們的分歧：海克爾使用原子理論，並奇怪地把心理實在歸諸於細胞。

在彭加勒、迪昂、勒盧阿（E. Le Roy, 1870-1954）、萊伊（Abel Rey, 1873-1940）和庫蒂拉（L. Couturat, 1868-1914）等人的努力下，法國科學哲學從1900年到1914年出現了空前的繁榮局面。馬赫哲學在某種程度上對此起到推動作用。柏格森（H. Bergson, 1859-1941）雖然把法國智力史從孔德（A. Comte, 1798-1857）以來的「實證階段」引向結束，並以其生命力和直覺學說蜚聲學壇，但是他也堅持馬赫的普遍的呈現論的觀點。柏格森不同意馬赫的心理物理平行論，不過二人都認眞看待對方的思想，儘管他們關於科學的範圍和價值的思想是不可溝通的。

英、美哲學的主流是沿實證論方向逃避思辨哲學從而變得更科學，與此相反，法、意哲學則拒絕實證論而退回到直覺主義和思辨哲學。儘管如此，馬赫哲學在意大利的影響也是實在的：《講演》、《感覺的分析》和《力學》的意大利譯本分別在1900年、1903 年和 1908 年出版。意大利著名哲學家克羅齊（B.

Croce, 1866–1952）受到馬赫思維經濟理論的影響，他也是一位本體論的現象論者。他和馬赫都是無神論者並拒斥形而上學，不過他對「經驗的」科學評價較低，他更感興趣的是感情、意圖、價値、理想，尤其是歷史，他甚至把哲學等同於歷史。克羅齊充分意識到，思維經濟理論的創始人不贊成哲學唯心論。

馬赫對二十世紀英國哲學有重大影響，尤其是影響了羅素（B. Russell, 1872–1970）對物理學的理解和他所通過的認識論階段的理解，即便主要是通過赫茲（H. R. Hertz, 1857–1894）、克利福德、詹姆斯、維特根斯坦（L. Wittgenstein, 1889–1951）間接影響的。羅素的中性一元論與馬赫的統一科學概念和要素一元論有聯繫，他的《我們對於外部世界的知識》（1914）等著作，都是以馬赫的感覺論爲出發點，並根據當時的數理邏輯的發展而寫成的。

馬赫思想在二十世紀也影響到美國的主流心理學和哲學。鐵欽納（E. B. Titchener, 1867–1927）是英國人，從1892年到1927年在美國康乃爾大學負責心理實驗室。他強烈地受到馬赫心理學和哲學思想的影響，馬赫和阿芬那留斯的教導似乎根植於他的日常思維中。

通過詹姆斯及其追隨者，馬赫哲學對美國兩種主流新哲學——新實在論和實用主義——的形成和發展也起了催化作用。例如，在1910年建立新實在論中，馬赫的影響成爲一個關鍵性因素。佩里（R. B. Perry, 1876–1957）、霍爾特（E. B. Holt, 1873–1946）和其他四個美國哲學家在是年發表了一個聯合聲明，嘗試創造一個新的認識論立場，其解決方案是採納馬赫的中性一元論以及詹姆斯和馬赫的函數理論。但是，他們排斥馬赫的生物學需要論和對邏輯與數學的心理學把握。

§1.5　在生命的黃昏時分

馬赫在不幸癱瘓之後，並沒有向冷酷的現實低頭。他以頑強的意志和過人的精力與命運抗爭，作出了令正常人也難以想像和完成的工作。在生命的黃昏時分，他的大腦湧現出的新思想，依然光彩熠熠，描繪出一幅「落霞與孤鶩齊飛，秋水共長天一色」[26]的絢麗畫卷。愛因斯坦在悼念馬赫逝世的文章中，準確而傳神地揭示了馬赫晚年的內心追求和精神境界：

> 他對觀察和理解事物的毫不掩飾的喜悅心情，也就是對斯賓諾莎 (B. de Spinoza, 1632-1677) 所謂的「對神的理智的愛」，如此强烈地迸發出來，以致到了高齡，還以孩子般的好奇的眼睛窺視著這個世界，使自己從理解其相互聯繫中求得樂趣，而沒有什麼別的要求。(*E1*, p. 83)

從1898年7月右半身偏癱到1916年逝世，在將近整整十八年間，馬赫不僅行動不便，而且不斷遭到其他疾病的折磨。他年事已高，生活無法自理，耳聾，講話聲音含糊，後又患上風濕病 (1903)、神經疼 (1906)、前列腺炎和膀胱病 (1913)。但是，病魔並沒有制服他。癱瘓後不幾天，他就開始練習用左手打字。他不能穿衣、吃飯、洗澡，他的妻子一一幫助他；他不能走路，

[26] 唐·王勃：<滕王閣序>。

就用手杖和輪椅，必要時出動救護車；他不能寫字，就用左手的一個指頭打字；他不能作實驗，他兒子路德維希替他作實驗。路德維希是位醫學博士，他從1880年代後期在布拉格就承擔起馬赫實驗室的主要責任，現在又成了他父親的保健醫生，還要在父親生病時幫助覆信和處理諸多事務。因此，布萊克默認爲馬赫一生最後十八年（在某種程度上是最後三十年）的歷史是由馬赫父子二人「共同譜寫的」，路德維希是「幕後的巨人」（*EM*, p. 272)。

馬赫 1901 年從維也納大學正式退休。他原準備退休後去意大利佛羅倫薩定居，在那裡他能夠同布倫塔諾和斯特洛（J. B. Stallo, 1823-1900）交談。斯特洛這位當時並不引人注目的德、美哲學家早先就了解馬赫的許多思想。馬赫在《熱學》第二版中提到，他是從羅素《幾何學基礎》(1898) 的參考文獻中注意到斯特洛《近代物理學的概念和理論》(1882)「這一豐富的、明晰的著作」的，而斯特洛的思想和文章早在1860年代末和1870年代初就發表了。斯特洛的書給他留下了深刻印象，他爲該書德文版（1901）寫了序，並把他的《熱學》第二版（1900）題獻給斯特洛。不巧，斯特洛在世紀伊始去世，馬赫也就打消了去意大利度晚年的計畫。

從 1900 年到 1913 年，馬赫以驚人的毅力完成了諸多寫作和出版任務。他修訂了《感覺的分析》(在篇幅上擴大了一倍)，刪節並增補了《力學》。給《講演》德文版增補了七章，他把自己的科學哲學講演匯集成一部新著《認識和謬誤》。他連續三年（1901-1903）爲《一元論者》雜誌撰寫了三篇論文，從感覺生理學和心理學、歷史和物理學的觀點討論了空間概念的本性、起源和發展問題；他的研究「對幾何學的哲學基礎的討論作出了獨特的和不可或缺的貢獻」，「贏得了權威性和統帥地位」㉗；這三篇文章的英文合集以《空間和幾何學》爲題於 1906 年在美國初版。他在1913年還完成了《光學》前一半，並爲他最後一部著作《文化和力學》㉘收集資料。

在此期間，馬赫還就哲學、通俗科學、科學實驗工作發表了十五篇新寫的文章。他的兩篇重要哲學文章很長，1919年以書的形式出版。馬赫還爲十多本書寫了序言，並在舊著的新版本中添加專門的章節或注釋，爲他的思想辯護。此外，他還就科學和哲學問題與眾多的學者和年輕人通信。他還參與了許多支持正義和進步事業的活動，他的政治活動在1907年達到高峰。他還在1910年發表了〈我的科學知識論的主導思想及我的同代人對它的反應〉的論文，回答了普朗克的挑戰。馬赫多種著作的外文譯本也在這個時候相繼在世界各地出版，旅居錫蘭（現稱斯里蘭卡）的生理學家比爾（Theodor Beer）甚至在科倫坡看到，馬赫的著作的當地語言文本擺在書攤上。

也許下述事件最能說明，馬赫直到生命的最後幾年還保持著對新事物的好奇心和思想的青春活力。1911年，美國人類學家洛伊（R. H. Lowie, 1883-1957）闖入馬赫的生活。他在同年3月寫信給馬赫，告知馬赫的書在哥倫比亞大學研究生中成爲關注

㉗ E. Mach, *Space and Geometry, In the Light of Physiological, Psychological and Physical Inquiry,* from the German by T. J. McCormack, The Open Court Publishing Company, 1960, p. 1.

㉘ *Kultur und Mechanik,* Stuttgart, 1915.

的焦點，後來又陸續寄來他撰寫的文章和書籍。這些出版物講述了洛伊在印第安部族中的所見所聞，馬赫對此產生了全新的興趣。其間，馬赫的妹妹出版了她的自傳，書中有門的內哥羅（黑山）、布科維納（俄、羅）等地的民族風俗習慣的細節，這進一步激起了馬赫對社會學和人類學的興趣，尤其是對原始文化羣體的興致。到1913年春，馬赫把未完成的《光學》放在一邊，全心全意地致力於新的研究方向。大兒子路德維希幫他在圖書館和博物館查找資料，三兒子（他是一位畫家）幫他製圖和繪畫，小兒子（他開設了一個機械工場）爲他提供有關用手和機器加工日常器皿的知識的諮詢，老伴幫他料理生活。馬赫自己則專心致志地撰寫力學前史的著作。他想描繪原始人如何逐漸學會製作、使用工具和器皿，他哀嘆自己缺乏這方面的準確信息。就這樣，馬赫克服了令人難以置信的困難，終於在 1915 年 8 月爲《文化和力學》寫完了序言，並於當年出版了這本浸透著馬赫及其家人心血的書。洛伊大概沒有想到，他的友好的熱情使馬赫最後幾年的歲月變得充實而愉快。

路德維希由於鋁鎂合金和干涉儀等發明專利而發了財，他於1912年爲父親在巴伐利亞建立了家庭實驗室。馬赫起初不願離開舊居，後來當他轉而渴望去時，卻在一次偶然事故中損傷了髖骨，又受到前列腺炎和膀胱病的折磨，使得他在一段較長的時間內臥床難起。1913年5月，馬赫終於離開維也納附近的多瑙河城，遷到慕尼黑附近緊靠哈爾鎮的法特爾斯特滕村。對於個人生死，他早就置之度外，因爲他早已視死如歸：

自我同物體一樣，不是絕對恒久的。我們那麼怕死，就是怕消滅自我的永恒性。但這種消滅實際上在生存中就已經大量出現了。我們所珍視的東西在無數摹本中保存下來，或是因為有卓著的特點，通常會永垂不朽。可是，即使是最好的人也有其個人的特點，對於這些特點的喪失，他自己和別人都不必惋惜。其實，死亡作為擺脫個人特點來看，甚至可以成為一種愉快的思想。(*GJ*, pp. 3-4)

但是對於他所處時代的前景（當時距第一次世界大戰爆發僅僅一年），馬赫卻顯得憂心忡忡。在離開維也納時寫給奧地利科學院的一封告別信中，他在詼諧的話語中卻不免流露出憂悒之情:「這封信應該是我的最後一封信，我只是請你們設想，卡隆㉙這個淘氣鬼已把我帶到還沒有加入郵政聯盟的郵政所。」(*EM*, p. 273)

身體癱瘓的馬赫是以「臥式」方式乘火車到慕尼黑，然後改換救護車抵達新宅。也許是地處大森林的幽雅環境，出乎意料的是，馬赫的健康狀況顯著改善了。到1913年7月，他重新開始緊張的寫作，並高興地接待眾多來訪者。他再次與大兒子路德維希密切合作，進行光學實驗。有時困難不能盡快克服，他們就把自己鎖在實驗室內，靠巧克力度日，直到問題解決為止。他們曾在工作室連續待過兩天。在逝世前的兩年多時間裡，他一直關注著各種科學和哲學問題。例如，1913年，當有位科學家懷疑多普勒理論與相對論不相容時，他用實驗證據再次表明，多普勒的思想

㉙ 卡隆（Charon）是希臘神話中厄瑞玻斯和尼克斯（夜女神）的兒子。他的任務是在冥河上擺渡舉行過葬禮的死者亡靈。船資是放在死者口中的那枚錢幣。

是正確的。他在 1916 年發表的最後一篇文章中重申他堅信拉馬克、赫林和無意識的「記憶」—— 這是馬赫的「天鵝之歌」。

1916年2月19日，在西線戰事暫時平靜之時，恩斯特·馬赫因患心臟病不癒而安詳地合上了他的雙眼，享年恰恰七十八歲零一天。一個不斷噴湧新思想的大腦永遠停止了思維，一顆熱愛人類進步事業的心永遠停止了跳動，一位從不知道疲倦的偉大的人永遠地安息了！馬赫生前留下遺囑，他的葬禮應該「最大可能地節省」，節省下來的錢捐贈普及教育協會和維也納社會民主黨的機關報《工人報》。他的家人遵照死者的遺願，葬禮簡樸而肅穆。卡魯斯用如下語句描繪了馬赫的火葬儀式：「他躺在冷杉樹叢之中，他最近喜愛在冷杉樹下消磨時光。他的左手旁放著拐杖，這根手杖十六年來是他的忠實伙伴。他頭上戴著月桂花環，這是他女兒親手編織的。2月22日清晨，馬赫教授的遺體被十分平靜地送入火焰之中。」(*EM*, p. 279)

馬赫離開了與他日夜相伴的親人，離開了與他共同奮鬥的同事、學者和朋友，離開了他所摯愛的善良的人們。他是幸福地離去的，他有足夠的理由感到幸福，因爲他的觀念和思想已融入永恒的生命之中。他在《感覺的分析》中早就這樣寫道：

> 每個人都認為自己是一個不可分的、獨立於別人之外的單一體，所以他只知道自己。可是，有普遍意義的意識內容會衝破個人的這種界限，又自然而然地附屬於個人，不依靠發展出這些內容的那個人，而長久維持著一種普遍的、非私人的、超私人的生命。對這個生命作出貢獻是藝術家、科學家、發明家、社會改革家等等的最大幸福。(*GJ*, p. 19)

第二章　馬赫對經典力學的批判

竹外桃花三兩枝，
春江水暖鴨先知。
蔞蒿遍地蘆芽短，
正是河豚欲上時。

——宋・蘇軾・〈惠春江小景〉

十七世紀後期，牛頓（I. Newton, 1643-1727）在伽利略(G. Galilei, 1564-1642)、開普勒（J. Kepler, 1571-1630)、惠更斯（C. Huygens, 1629-1695）工作的基礎上，於1687年完成並出版了他的力學集大成著作《自然哲學之數學原理》(以下簡稱《原理》)。牛頓以質量、力、加速度、時間、空間等基本概念和運動三定律、萬有引力定律等基本原理爲框架，構築了牛頓力學(亦稱經典力學或古典力學)的完美理論體系。該體系以其無比的描述和說明威力成爲力學家們的解題範例和研究綱領，被順利地應用於剛體和流體。一百年後，以拉格朗日(J. L. Lagrange, 1736-1813）的《解析力學》(1788）爲標誌，經典力學被發展到嚴密的解析形式。這樣一來，在十八世紀後期，經典力學這一宏偉建築巍然屹立，無論外部造形之雅致，還是內藏珍品之精美，在當時的科學建築羣中都是無與倫比的。接著，熱學、光學、電磁學也在經典力學的概念框架上發展起來，經典力學又成爲經典物理學賴以立足的基礎。

到十九世紀後期，經典力學和經典物理學已結合成爲更加恢弘的建築羣體和神聖的殿堂，使得幾乎所有物理學家無不怡然自得、頂禮膜拜。如果說拉普拉斯設想的「智慧之妖」❶體現了十八世紀機械決定論科學家充滿自信的話，那麼「未來的物理學眞理將不得不在小數點後第六位去尋找」❷的言論，則代表了十九世紀末囿於力學自然觀的科學家的盲目自負。情況正如愛因斯坦所中肯評論的:

> 當時物理學在各個細節上雖然取得了豐碩的成果，但在原則問題上居統治地位的是教條式的頑固：開始時（假如有這樣的開始）上帝創造了牛頓運動定律以及必需的質量和力。這就是一切；此外一切都可以用演繹法從適當的數學方法發展出來。(*E1*, p. 8)

§2.1 超越時代的睿智：萊布尼茲和貝克萊

其實，早在十七世紀末，與牛頓同時代的哲人萊布尼茲（G. W. F. von Leibniz, 1646-1716）就對牛頓的絕對空間概念提出質疑。他已很有可能——儘管絕不是完全可能——表明絕對位

❶ 広重徹：《物理學史》，李醒民譯，求實出版社（北京），1988年第1版，頁146。

❷ L. Badash, The Completeness of Nineteenth-Century Science, *ISIS*, **63** (1972), pp. 48-58.

置和絕對運動在牛頓體系中根本沒有作用；他又確實從值得重視的美學要求暗示出，一種關於空間和運動的徹底相對性概念以後必將出現❸。

十八世紀初葉，貝克萊也在他的《視覺新論》(1709) 和《論運動》(1721) 等論著中對牛頓力學進行了批判。波普爾 (K.R. Popper, 1902-)在〈談貝克萊是馬赫和愛因斯坦的先驅〉(1953) 的論文中詳盡地列舉了貝克萊的二十一個論點❹。貝克萊極其欽慕牛頓 (他顯然認爲此外就沒有他値得批判的對象了)，但他卻不滿意牛頓力學的概念框架。在貝克萊看來，一個詞的意義也就是這個詞與之相聯繫（作爲其名稱）的觀念或感覺的特性。這樣,「絕對空間」和「絕對時間」等詞毫無經驗（或操作）意義；牛頓關於絕對空間和絕對時間的原理作爲物理學理論必然要被摒棄。「至於絕對空間 —— 力學哲學家或幾何學哲學家們的那個幽靈 —— 只要我們的感官感覺不到，我們的理性證明不了，這就夠了……」對於力學哲學家來說，「只不過是用恒星天所確定的相對空間代替他們的絕對空間而已」。「絕對運動」一詞也是一樣。「說一個物體運動，它就必須相對於另一物體改變其距離或位置……」；「不借助於可感知的事物，就無法辨別和測量運動」；「石頭在投石器裡的運動和水在旋轉的桶裡的運動，是不可能……被那些藉絕對空間來定義運動的人稱爲眞正圓周運動的。」而且，物理學濫用了「重力」和「力」等詞；引進力作爲運動的

❸ M. Jammer, *Concepts of Space: The History of Theories of Space in Physics,* Cambridge, Mass., 1954, pp. 114-124.

❹ K. 波普爾：《猜想與反駁》，傅季重等譯，上海譯文出版社（上海），1986年第1版，頁237-249。

原因或「本原」，也就引進了一種「隱祕的質」，它「什麼也解釋不了」，是「毫無用處的」。自然定律實際上就是物體被感知的運動中的規則性或相似性，「我們是從經驗中獲悉這些的」。

看一看萊布尼茲尤其是貝克萊的思想與馬赫批判的驚人相似，看一看這些思想的現代性，我們不能不為他們的超人的睿智而震驚。但是，由於他們的睿智超越了整整一個時代，加之他們的批判是純哲學的或純邏輯的，他們沒有、確實也不可能把他們的觀點同牛頓理論用於自然界所引起的任何問題聯繫起來（他們當然做夢也想不到後來在相對論中竟會得到可觀察的效應），其結果，他們的批判如石沉大海，毫無反響，他們的觀點也隨著他們本人的去世而消聲匿跡了。說實在的，這種結局對科學來說不僅不是壞事，甚至可以說是幸事。這是因為，牛頓所發現的道路，是在那個時代「具有最高思維能力和創造力的人所能發現的唯一的道路」(*E1*, p. 15)；這是因為，牛頓所確立的研究綱領或科學範式，在十九世紀末之前的二百年間一直是生氣勃勃的和卓有成效的。

到十九世紀初期，對牛頓力學中的力、質量、慣性、作用與反作用等重要概念的批判性的分析就已經開始陸續進行了。而且，這種具有代表性的評論不僅涉及到這些概念的形而上學性(它們不是來自經驗，而是從哲學引出)，而且也指出這些概念過於擬人化的特點（它們過多地從主體出發，因而被認為不能充分地描述自然界)。卡諾（S. Carnot, 1796-1832）就曾經提到，力的概念具有「神祕的和形而上學的性質」。他認為，像力這樣的「不可靠的本質」，「實體論的性質」，應當逐漸從科學中排除出去。基爾霍夫（G. R. Kirchhoff, 1824-1887）力圖避免在力學中運用擬人性的概念，他純粹用分析方法解釋力的定義，爲此他僅僅利用空間、時間和質量的概念❺。但是，這些批判都比較零散和膚淺，尤其是這些批判都是在不觸犯流行的力學自然觀的前提下進行的，因而不可能產生革命性的結果。

§2.2　馬赫對經典力學的批判

馬赫是在對萊布尼兹（馬赫後來也不贊同他的多元論）和貝克萊的先行工作毫無所知的情況下，獨立地批判經典力學的。1862年夏，馬赫作了題爲「力學原理和在其歷史發展中的機械論物理學」的講演，這個論題後來寫入他的《力學》中。1867年11月，馬赫在布拉格撰寫了〈論質量的定義〉(1868) 的論文(*HR*, pp. 80-85)，馬赫在文章開頭就抱怨經典力學表述和處理的含混性:

> 力學基本命題既不是完全先驗的，也不能完全借助經驗來發現——因為足夠數量的和足夠精確的實驗不能作出，這種狀況導致對這些基本命題和概念的特別不精確和特別不科學的處理。很少區分和充分明確地陳述什麼是先驗的、什麼是經驗的和什麼是假設。

---

❺ П.С.Дивилевцй иф.М.КаНак, Материалистическая Философия и Развитие ЕсТествознания, Вища Школа, ¦1977, cc. 104-105.

馬赫指出，用重量定義質量 $m=p/g$，再反過來用質量定義重量 $p=mg$，「這或者是十分討厭的循環，或者人們必須設想力是『壓力』。」他把兩個物體的質量比定義爲加速度的負反比，即 $m/m'=-(\varphi'/\varphi)$。然而，馬赫的這篇有新思想的論文卻遭到《波根多夫》雜誌的拒絕。

1871 年多天，馬赫在布拉格德國人娛樂場作了〈論對稱〉的講演。他在其中提到:「自伽利略時代以來，力學世界觀完成了奇蹟。但是它現在必須產生一種關於事物的廣泛的觀點。」（*PSL*, p. 105）這也許是馬赫首次提出「力學世界觀」一詞，並表示要取而代之。

1872年，馬赫在前一年講演的基礎上出版了《能量守恒》一書。馬赫在這本小册子集中批判了力學世界觀或力學自然觀。他指出，人們通常認爲功守恒定理是「力學世界觀之花」，實際上「這個定理與力學世界觀絕非一致，也不屬於力學世界觀」，「它的邏輯根源比力學世界觀還要無比深地扎根於我們的思想。」（*HR*, p. 20）「它不能建立在力學的基礎上，因爲它的可靠性在力學大厦聳立之前很久就被感覺到了。」(*HR*, p.41) 因此，「對於力學世界觀來說，希望在這樣一個反常的、已有數千年古老的事情上支持它自己，這是一個壞兆頭。如果在較低文化階段形成的事情的觀念，不適宜於處理在較高知識水平上可以達到的現象，那麼對於眞正的自然研究者來說，就因而必須放棄這些觀念; ……」(*HR*, p.50) 馬赫在進行了科學的、歷史的和哲學的審查的基礎上斷言:

人們在不是力學自然觀的支持者的情況下，也能夠堅持、珍惜和好好利用近代自然科學的成果；力學自然觀對於認識現象來說不是必要的，它能夠同樣好地用另一種理論來代替；力學自然觀甚至是認識現象的障礙。(*HR*, p.54)

馬赫進而揭示出，力學自然觀的誤區在於相信力學事實比其他事實較好理解，相信它們能爲其他物理事實提供基礎。馬赫分析了這種信念來源於力學的歷史比物理學的歷史古老和豐富這一事實，同時表明「一個基本的事實根本不是比另一個更好理解：基本事實的選擇是方便的、歷史的和習慣的問題。」(*HR*, p.57)

馬赫在書中還隱含地批評了牛頓的絕對時空概念：「由於我們僅僅辨認出，我們是通過某些現象稱呼時間和空間的，因此空間和時間的決定只不過是借助其他現象的決定。」(*HR*, p.60) 他也認爲拉普拉斯式的機械決定論是「一種幻想在這裡潛行」(*HR*, p. 63)。但是，馬赫這本小册子只是列出了綱領性的要點，資料不夠翔實，論證不夠嚴謹，觀點不夠明徹，批判不夠全面深入，加之又有非難熱力學和原子論的言論，所以未能贏得當時大多數科學家的支持，也未博得哲學家的同情。也許更重要的是，接受馬赫思想的時機還不夠成熟。

馬赫的《力學》客觀上完成了一項時代的使命。在該書中，馬赫對經典力學所依據的基本概念和基本原理提出了系統的、嚴格的批評，卓越地表達了當時還沒有成爲物理學家公共財富的思想。對經典力學的批判早在年輕時就吸引著馬赫，拉格朗日《解析力學》中的美妙介紹和約利（P. J. G. von Jolly, 1809-1884）的《力學原理》(1852）的明晰的、有生氣的敍述給他以極大的激勵。勒克萊爾也許直接影響馬赫撰寫批判牛頓觀念的

《力學》。這位住在布拉格的內在論哲學家於1879年出版了《依據貝克萊和康德的認識論批判的近代自然科學的實在論》，大加贊揚馬赫的《能量守恒》小册子。馬赫與他通過信，而且手頭有他的書。不管怎樣，在勒克萊爾的書出版後，馬赫立即著手在1880年撰寫《力學》。

馬赫是從1870年開始研究科學史的。有足夠的證據表明，馬赫精通拉丁文、希臘文、法文、意大利文和英文。馬赫在研究中審查了這些文種的第一手原始資料，此外他也非常熟悉第二手文獻。從馬赫的私人信件可以看到，他與國際學術團體進行著思想交流，加之他在1883年之前就多次作過批判經典力學的嘗試，這一切都有助於他完成《力學》這一在物理學領域中劃時代的著作——《力學》的出版也許可以說是標誌著《原理》絕對統治時代的終結。

按照馬赫的見解，一個偉大的科學家必須像牛頓那樣具備兩大特點：從世界的經驗中把握本質要素的想像力和理智的概括能力。在《力學》中，馬赫詳細介紹了經典力學的基本觀點，充分肯定了牛頓及其後繼者的歷史功績，盛贊了《原理》表述的明晰性，同時提出有力的證據，以改造經典力學的基本概念和基本原理。儘管馬赫注意用眞正的科學精神進行討論，但是《力學》的字裡行間還是顫動著一種難以壓抑住的激昂基調，並不時流露出論戰的狂熱。馬赫以懷疑論的經驗論哲學爲武器，揭示出經典力學基本概念和基本原理的先驗本質。馬赫在《力學》德文初版的前言中公開申明：「本書不是論述力學原理應用的專著。它的目的是清理思想、揭示問題的眞正意義，消除形而上學的朦朧。」（*SM*, p. xxii）結束力學的優越地位，並進而給力學自然觀以沉重打擊，也是馬赫的本意。

《力學》共分為五章，它們分別是：〈靜力學原理的發展〉、〈動力學原理的發展〉、〈力學原理的推廣運用和力學的演繹發展〉、〈力學的形式發展〉、〈力學和其他知識範圍的關係〉。在《力學》中，馬赫想要通過對科學根源作批判性的、歷史上的和心理學上的研討來揭露形而上學的曖昧性，因襲下來的擬人說以及模稜兩可的看法，並且論證對科學進行呆板解釋方面的人為性。馬赫試圖說明這樣一些問題：我們對力學的科學內容有些什麼疑問，我們是如何得到這些內容的，我們是從何處導出它們的，它們能在什麼程度上為我們牢固地占有。馬赫具體地考察了一些力學原理的「證明」。他指出，在所有這些「證明」的背後，都隱含著某種人為的先入之見。馬赫認為，在牛頓力學中，應該把基於經驗的部分與任意約定的部分區別開來，目前的力學形式是由歷史的偶然性決定的。馬赫力圖使人們相信，自然的性質不能借助於所謂不證自明的假設來捏造，而只應該從經驗中引出。他斷言：一個超出認識範圍的東西，一個不能被感覺到的東西，在自然科學中是沒有意義的。

對經驗論哲學充滿自信的馬赫力圖用統統消滅不能訴諸感覺經驗的假設的方法，來清洗經典力學的基本概念和基本原理。馬赫不喜歡牛頓的質量概念（物質的量），「因為這種描述本身並不具備必要的明晰性。即使我們像許多作者所做的那樣，追溯到假設性的原子也是如此。我們這樣做，只能使那些站不住腳的概念複雜化。」正由於「我們不能把明晰的概念與『物質的量』聯繫起來」，因此這種概念無助於質量的實際測量（*SM*, p. 265)。他認為牛頓的質量定義（體積與密度之積）是一個「不幸的偽定義」，而「質量的眞正定義只能從物體的力學關係中推導出來」。事實上，「加速度在質量的關係中起著重要的作用，這一點必須作爲一個經驗事實接受下來，……」(*SM*, p. 300, 288) 爲了使應用具體化，他基於作用與反作用原理提出：物體由於相互作用，只要彼此產生大小相等、方向相反的加速度，那麼這些物體的質量就相等。他進而指出「質量比就是對應加速度的負反比」，即 $m_1/m_2=-a_2/a_1$，以此作爲相對質量的定義。「這就是實驗告訴我們的要點，而且也是實驗只能告訴我們的要點。」(*SM*, pp. 266-267) 這樣一來，不僅不同的物體能夠用相同的標準來量度，而且也使牛頓的作用與反作用原理成爲多餘的東西，這樣便支持了他的思維經濟原理，也是「竭力建立現象的相互依賴和消除形而上學朧朦的結果。」(*SM*, p. 267)

在使質量成爲可測量的量以後，馬赫接著以此爲基礎把力定義爲質量與加速度之積，即 $m \cdot a$。這樣，質量和力都變爲可觀察物體的可測量特性。在這裡，馬赫對質量和力的處理引進了一種方法，這種方法後來被加以提煉，並被應用於以操作主義命名的布里奇曼 (P. W. Bridgman, 1882-1961) 的物理學哲學。

馬赫反對把慣性看作是物體固有的性質，而把它看作是物體與宇宙之間動力聯繫所規定的本質。他斷言：把慣性看作是自明的，或者企圖從「因果持續」這個一般原則推出慣性，無論如何是完全錯誤的。按照馬赫的主張，在一個虛空宇宙中的物體是沒有慣性的。一個系統的慣性可以歸結爲在這一系統和靜止宇宙之間的函數關係，包括相互作用的物質系統的最遠部分，談論孤立物體的慣性毫無意義。

《力學》中最有名的一節就是對牛頓絕對時空觀的批判

(*SM*, pp. 271-297)，這一節的一些段落是精萃的，格外引人入勝。在牛頓看來，絕對的、眞正的和數學的時間自身在流逝著，而且由於其本性而在均勻地、與任何其他外界事物無關地流逝著。絕對空間就其本性而言，是與任何外界事物無關而永遠是相同的和不動的。絕對運動是一個物體從某一絕對處所向另一絕對處所的移動，牛頓以著名的旋轉水桶實驗證明絕對運動的存在。對此，馬赫批判道:「我們不應該忘記，世界上的一切事物都是互相聯繫、互相依賴的，並且我們本身和我們所有的思想也是自然界的一部分。」同樣，時間不言而喻也是不能獨立自存的。「時間是一種抽象，我們借助事物的變化達到這一抽象。」「利用和通過事物的相互聯繫，我們達到我們的時間觀念。」然而，絕對時間無法根據比較運動來量度，無法與經驗觀測相聯繫，因此馬赫得出結論說:

> 我們可以説「絶對時間」——一個與變化無關的時間——是沒有正當理由的。這種絶對時間能夠不與運動相比較而度量出來；因而它旣無實踐價值，也無科學價值；沒有一個人提出證據説他知道關於絶對時間的任何東西，絶對時間是一種無用的形而上學概念。

根據同樣的理由，馬赫建議取消絕對空間和絕對運動的概念。他認爲，從這兩個概念不能演繹出可觀察的事物，因爲它們是「純粹的思維產物，純粹的理智構造，它們不能產生於經驗之中」，所以只不過是一種「毫無內容的、不能在科學中使用的概念」。如果我們以事實爲立足點，我們就不難發現，我們知道的僅僅是相對空間和相對運動。因此馬赫強調指出:「回到絕對空間是大可不必的，因爲參照係如同在其他任何情況中一樣，都是被相對地確定的。」馬赫指出:「牛頓旋轉水桶的實驗只是告訴我們:水對桶壁的相對轉動並不引起顯著的離心力，而這離心力是由水對地球的質量和其他天體的相對轉動所產生的。如果桶壁愈來愈厚，愈來愈重，最後達到好幾里厚時，那時就沒有人能說這實驗會得出什麼樣的結果。」馬赫毫不含糊地斷言:

> 所有的質量，所有的速度，從而所有的力都是相對的。……當近代作家為了區分相對運動和絶對運動，被牛頓從水桶引出的論點引入迷途之時，他們沒有想到整個世界體系只是一次給予我們的，……請嘗試一下把牛頓水桶固定下來，而轉動星空，然後證明離心力不存在吧!

馬赫對牛頓在《原理》中的宣言(即有關的定義和定律)也進行了系統的批判。例如，針對牛頓的三大運動定律，馬赫批判道:我們容易發現，第一和第二定律包括在前面所說的力的定義之中。根據力的定義，沒有力也就沒有加速度，結果物體就只能處於靜止或做勻速直線運動。而且，在把加速度作爲力的量度之後，再又去說運動的變化正比於力，這完全是不必要的同義反覆。可以充分地說，作爲前提的定義並不是任意的數學定義，而要符合實驗給出的物體的特性。第三定律顯然包含著某種新的東西。但是，我們已經看到，沒有正確的質量概念，它就難以被理解，而正確的質量概念只能夠從力學實驗中得到，這又使得第三定律變得毫無必要。

馬赫在對經典力學進行批判的時候，其矛頭直指力學先驗論。他抱怨人們把本能的經驗誤認爲先驗的知識；他指出在力學中不存在先驗的知識，所有科學知識的基礎和源泉都是感覺經驗。馬赫強調：

我們思考的最重要的結果就是，即使表面上看起來最簡單的力學定律，實際上也具有十分複雜的特徵，這些定律停留在未完成的、甚至永遠也不會終止的經驗上，……絕不應該把它們看作數學上確定了的真理，而寧可看作不僅能夠被經驗永恒支配，而且也需要由經驗來永恒支配的定理。(*SM*, p.289)

在馬赫看來，儘管力學原理從歷史的觀點來講是明白易懂的，它的缺陷也是可以諒解的，並且在一個時期內具有重大的價值，但是總的說來，它卻是一種人爲的概念。「即使它們現在在一些領域內被認爲是有效的，但是它們不會，也從來沒有不預先經過實踐檢驗就被接受。沒有一個人敢擔保能把這些原理推廣到經驗界限之外。事實上，這樣的推廣是毫無意義的，……」(*SM*, p. 280) 馬赫覺得，要了解力學原理，實際上只能憑人們在科學探索中所積累的經驗。誠如愛因斯坦所說，馬赫依據經驗論的哲學，把那些「從經驗的領域裡 —— 在那裡，它們是受我們支配的 —— 排除出去，而放到虛無縹緲的先驗的頂峰上去」的基本觀念，一個一個地「從先驗的的奧林帕斯天堂拖下來」，揭露出「它們的世俗血統」，「把這些觀念從強加給它們的禁忌中解放出來」(*E1*, p. 157, 548)。

在〈力學和其他知識範圍的關係〉一章中，馬赫比較集中地批判了力學自然觀。在馬赫看來，人們現在從前人那裡學到了一種成見，錯誤地把眞實世界看作是一個機械大厦，認爲一旦弄清了它的構造，那麼便會無所不知、無所不曉。誠然，所有的自然現象都與力學過程有關，而且力學也出現得較早，人們便不得不用已經通曉的力學原理來解釋未知的現象。但是，馬赫強調指出，純粹的力學現象是不存在的，它總是與其他現象伴隨著，純粹的力學現象只是我們爲了便於理解事物有意或出於需要而作出的抽象。例如，相互加速度的產生看來純粹是力學現象。但是熱、磁、電、化學現象總是與動力學結果相聯繫，並且當後者被確定時，前者總要局部地加以修正。因此，「表面上看來是純粹力學的過程，除了它們明顯的力學特徵外，總是生理的過程，從而也是電的、化學的過程等等。所以力學科學並沒有構成世界的基礎，不，甚至也沒有構成世界的一部分，而只是構成世界的一個方面。」(*SM*, p. 612) 馬赫認爲，嚴格地說來，每一個事物都屬於物理學的所有分支，它們只是因爲人爲的分類而被分開，這部分是出於人們的習慣，部分是出於生理學上的方便和歷史上的方便。但是，在歷史上早先獲得的知識沒有必要成爲後來陸續獲得的知識的基礎。當越來越多的事實被發現、被分類後，適用於普遍領域的全新觀念就能夠形成。馬赫舉例說，在力學中得到的能量守恒定律，儘管可以應用於其他物理學領域，這似乎可以看作是力學作爲所有自然作用的基礎的表現。然而，在這種表現中，除了力學現象和其他各類現象之間量的不變關係外，就再也沒有包含什麼東西了。馬赫進而指出，不恰當地擴大一些結論的適用範圍，通過力學而把它們引入物理學，並且以此爲先決條件，這實在是一個錯誤。馬赫斷言，力學並不具有凌駕於其他學科之上的特權，力學自然觀是毫無道理的，「把力學當作物理學其餘分支的基礎，以及所有物理現象都要用力學觀念來解釋的看法是一種偏見。」(*SM*, p.596) 在同時代的物理學家當中，像馬赫這樣旗幟鮮明地向力學自然觀宣戰的人，恐怕是絕無僅有的。

在這裡，尚需進一步指明的是，馬赫把力學自然觀或力學世界觀以及與之相關的機械決定論斥之為「力學神話」。他說：

> 十八世紀的法國百科全書派想像，他們距離用物理學的和力學的原理最終說明世界已不遠了；拉普拉斯甚至構想了一種有能力預言整個未來自然進程的精神，只要給出質量、它們的位置和初始速度即可。在十八世紀，這種對新物理學—力學觀念的範圍的樂觀高估是可以原諒的。事實上，它是一種清新的、高尚的、蓬勃向上的景象；我們能夠深深地同情這種在歷史上如此獨一無二的智力的樂觀表達。但是現在，在一個世紀過去之後，在我們的判斷變得更理智之後，百科全書派的世界觀與古老的宗教的泛靈論的世界觀相比較時，在我們看來似乎是一種力學神話。二者都包含著對不完善的感知的過分的、異想天開的誇張。(*SM,* p. 559)

我們由此也可以看出，儘管馬赫對百科全書派的力學神話是持批判態度的，但他看問題的歷史的即辯證法的思想傾向也是溢於言表的。

馬赫在《力學》中多次強調，對過去時代的偉大物理學家的評價不應妨礙歷史學家討論他們的主要局限性。其實，馬赫本人在批判經典力學的過程中也出現了一些錯誤和混亂，這既與他的哲學立場有關，也與他的科學思想有關。眾所周知，十九世紀後半葉，機械論的科學觀受到科學發展的衝擊而逐漸走向衰落，馬赫是最早洞察到這種傾向的人之一。為了挽救科學世界觀的危機，使科學的世界圖象不致隨機械論圖象一起走下坡路，他強調經驗論，反對力學先驗論和力學自然觀。為了給各門學科謀求一個統一的基礎，他選取了一條徹底經驗論的路線，力圖從科學中排除一切不能由經驗證實的所謂形而上學的命題。這種哲學立場和科學觀儘管在當時起到了積極的作用，但是終究不能完全適應科學發展的需要。而且，馬赫並沒有提供一個代替力學自然觀的切實可行的方案（當然我們不能苛求他）；他在 1883 年的一次講演（*PSL*, pp. 107-136）傾向於電磁自然觀；事實後來表明，電磁自然觀也是不成功的。另外，馬赫在批判經典力學的過程中也存在著一些邏輯混亂。有人在這兩方面作過較為詳盡的分析❻，此處不擬贅述。儘管如此，《力學》仍不失為「眞正偉大的著作之一，並且是科學歷史著作的典範。」(*E1*, p. 494)

§2.3　並非「敲著敞開的大門」

馬赫對力學先驗論和力學自然觀的抨擊並不是無緣無故的。在1880年代前後，經典力學的基本概念和基本原理在物理學家當

❻ Mario Bunge, Mach's Critique of Newtonian Mechanics, *Am. J. Phys.*, **34** (1966), pp. 585-596. 以及 *SM* 中的英譯者前言。

中造成了一種權威性，並被人爲地打上了「思維的必然性」、「先驗的給予」等等烙印，使人們忘記了它們的世俗來源，而把它們當作某種一成不變的東西。他們想，每一種自然現象必須用力學來解釋，這不是偶然的、講究實際的，而是合乎邏輯的、必然的。按照他們的觀點，力學原理不僅僅是以經驗爲根據的、眞實的定律，而且像幾何學上的公理和定理一樣，也是先驗的或必然的眞理。不僅力學先驗論風靡一時，力學自然觀也廣爲流行❼。當時，在世界科學中心之一的柏林，物理學家似乎都相信，把每一種事物化歸到力學的基礎上才是現代化的方法。情況正如愛因斯坦所說:

> 可以說上一世紀所有的物理學家，都把古典力學看作是全部物理學的、甚至是全部自然科學的牢固的基礎，而且他們還孜孜不倦地企圖把這一時期逐漸取得全面勝利的麥克斯韋（J. C. Maxwell, 1831-1879）電磁理論也建立在力學的基礎之上。甚至連麥克斯韋和赫茲，在他們自覺的思考中，也都始終堅信力學是物理學的可靠基礎，……(*E1*, p. 9)

在相當長的一段歷史時期內，人們對牛頓及其力學的崇拜也達到迷信的程度。牛頓於1727年去世時，人們這樣褒揚他：自然及自然之定律統統隱藏在暗夜之中，上帝說：「讓牛頓幹吧！」

---

❼ 李醒民：《激動人心的年代》，四川人民出版社（成都），1983年第1版，頁26-29。

於是一切便大放光明。拉格朗日也對牛頓大唱贊歌：只有一個宇宙，而且恰巧歷史上也只有一個人是這個宇宙規律的解釋者。正如前面已講過的，這種迷信一直蔓延到十九世紀末，以致不少物理學家都持有維多利亞式的態度——經典力學與經典物理學已經完美無缺了，所有值得知道的東西都已經知道了。馬赫對經典力學的批判，對於削弱當時占統治地位的力學先驗論和力學自然觀，認淸經典力學基礎的虛構性質無疑起了積極作用。它有助於破除迷信，解放思想，爲新發現和新理論的提出創造一種必不可少的自由氣氛。事實上，物理學在每一個歷史時期都有它自己的基本概念和基本原理，而繼後的時期人們又往往誇大它們的作用，不適當地把它們誤用到其所能及的範圍之外。爲了消除這種誤用，每一個歷史時期都需要一種新的啓蒙。正是這種永不息止的啓蒙精神，才使科學不致變爲僵化的教條。有人認爲，馬赫恰恰是在特定的歷史時期扮演了這種啓蒙者的角色，這是不無道理的。

顯而易見，馬赫對經典力學的批判絕不是窮極無聊的遊戲，也不是在「敲著敞開的大門」(*WP*, p. 317)。實際情況是，在十九世紀四十年代，由馬克思(K. Marx, 1818–1883) 和恩格斯（F. Engels, 1820–1895）所創立的辯證唯物論並沒有在物理學家中得到傳播。在此之前，雖說在黑格爾（G. W. F. Hegel, 1770–1831）的著作中已經有了廣博的辯證法綱要，但科學家對黑格爾派「自然哲學」式的態度根本不感興趣，甚至覺得格外討厭。更爲重要的是，這些思想並沒有與具體的物理學問題結合起來。事實上，在馬赫之前和馬赫的同時代，雖則也有一些人偶爾提出類似的觀念，但是從來沒有一個人把這些觀念講得像他那樣透徹，並且有他那樣寬廣的門路；也從來沒有一個人像他那樣把這些觀念可靠地落實到科學的土壤裡，落實到物理學裡。更何況，「事物的這種眞理必須一次又一次地爲強有力的性格的人物重新加以刻勒，而且總是使之適應於雕塑家爲之工作的那個時代的需要；如果這種眞理不總是不斷地重新創造出來，它就會完全被我們遺忘掉。」(*E1*, p. 84)

就這樣，直到世紀之交，那些受傳統思想束縛的物理學家依然把經典力學的基本概念和基本原理珍藏在「絕對的東西」、「先驗的東西」的「珠寶箱」內，宣稱它們是天經地義、神聖不可侵犯的寶物。當具有創新精神的物理學家出於「這門科學發展的需要，要用一個更加嚴格的概念來代替一個習用的概念時」，這些人「就會發出嚴厲的抗議，並且抱怨說，這是對最神聖遺產的革命的威脅。」(*E1*, pp. 85-86) 甚至在狹義相對論出現後多年，一些物理學家還死死抱住牛頓的絕對時空概念不放。例如，在1911年，美國科學促進協會主席、物理學家馬吉 (W.F. Magie) 在會議講演中還激動地宣稱：「我相信現在沒有任何一個活人眞的會斷言，他能夠想像出時間是速度的函數；也沒有任何一個人下這樣的賭注：他確信自己的『現在』是另一個人的『將來』，或者還是其他人的『過去』。」[8] 在這樣的歷史條件下，怎麼能說馬赫的批判是窮極無聊的遊戲或敲著敞開的大門呢？事實上，當時物理學通向新領域的大門還關閉得嚴嚴實實，並沒有被科學家或哲學家們打開。在這種背景下，馬赫分析了那些流行已久的概

[8] S. Goldberg, In Defense of Ether, the British Response to Einstein Special Theory of Relativity, *His. St. Phy. Sci.*, 2nd Annual Volume, 1970.

念，指明它們的正確性和適用性所依據的條件，指明它們是怎樣從經驗所給予的東西中一一產生出來的。這樣一來，它們的過大權威性就會被戳穿。如果它們不能被證明爲充分合法，它們就將被拋棄；如果它們同所給定的東西之間的對應過於鬆懈，它們就將被修改；如果能建立一個新的，由於無論那種理由都被認爲是優越的體系，那麼這些概念就會被別的概念所代替。馬赫對經典力學的系統批判，爲空間和時間的變革鋪平了道路，預言了一個新的紀元。這並不是馬赫的「不幸」，恰恰是他的功績。要說不幸，其實正是那些力學先驗論者和機械論者，他們不僅不去敲這扇緊閉著的大門，而且還重重設防，極力阻止別人去敲。誠然，「如果理論自然科學家願意從歷史地存在的形態中仔細研究辯證哲學，那麼這一過程就可以大大地縮短。」然而，歷史的發展往往不像人們設想的那樣順利和簡單，「歷史有它自己的步伐，不管它的進程歸根到底是多麼辯證的，辯證法往往還是要等待歷史很久。」❾

§2.4　物理學革命的先聲

與《能量守恒》不同，馬赫的《力學》在當時產生了較大的影響。該書用德文總共出了九版（馬赫在世時出了七版），並且在1912年之前已被陸續譯爲英文（總共出了六版，出版年代是1893，1902，1915，1919，1942，1960）、法文、意大利文和俄

---

❾ 恩格斯：《自然辯證法》，人民出版社（北京），1972年第1版，頁30，92。

文，後來又有日文（先後出版了三種譯本，出版年代是 1931, 1969, 1976）等譯本問世，幾乎傳遍了整個世界（奇怪的是，至今仍無《力學》的中譯本）。可是，正如馬赫1912年在德文第七版的序言中所說：「四十年前，當我第一次闡述在這本書中所解釋的思想時，它們只能得到很少的同情，事實上常常遭到反駁。只有幾個朋友……對這些思想極感興趣。」(*SM*, p. xxvi) 但是到1883年，情況已有所變化。《力學》第一版受到人們善意的歡迎，在不到五年的時間內，一批印數很大的《力學》書就被搶購一空，並爲德語國家的科學界所重視。馬赫對力學的批判性見解漸漸傳播到整個文明世界的科學界和哲學界，從而導致了對經典物理學的科學與哲學基礎的生氣勃勃的討論，馬赫的清楚表述和敏銳理解引起了很大的反響。尤其是批判學派的哲人科學家，在《力學》之後陸續發表文章和著作，對馬赫的歷史批判著作作出了最迅速、最直接、最強烈、最富有成效的反應（我們將在第九章論述)。情況正如愛因斯坦所說:

> 馬赫曾經以其歷史的—批判的著作，對我們這一代自然科學家起過巨大的影響，……我甚至相信，那些自命為馬赫反對派的人，可以說幾乎不知道他們曾經如同吮吸他們母親的乳汁那樣汲取了多少馬赫的思考方式。(*EI*, p. 84)

愛因斯坦的說法是有充分根據的，馬赫的啓蒙精神和批判思想自1880年代以來確實已經廣泛地變爲當時科學家們的智力武器，甚至連馬赫後來的反對者玻耳茲曼和普朗克也不例外。

赫茲在1884年讀了馬赫的《力學》，深受啓發和鼓舞。十年後，他按照馬赫的進路出版了《力學原理》(1984)，僅用時間、空間和質量三個概念重新表達力學，從而使力學變得更簡單、更美。在這裡，赫茲區分了「古典」物理學和「現代」物理學，他把現代物理學放在馬赫科學哲學的基礎上；他注意到牛頓力學的困難，並預示了重大的實驗和理論發現。該書的序言後來成爲科學哲學的經典篇。赫茲的著作包含著與馬赫思想一致的認識論考慮，馬赫對它評價很高，認爲它「標誌著在指出的方向上的明顯進展」，「必須讓對力學問題感興趣的每一個人閱讀」(*SM*, p. 317)。赫茲的書大大有助於傳播馬赫的思想，彭加勒、玻耳茲曼、愛因斯坦都從中受惠。

德國工程師弗普爾（A. Föppl, 1854-1924）以馬赫精神寫了幾本有名的教科書，堅持對科學概念的基礎分析。他承認這些教科書「受到馬赫工作的強烈影響，馬赫給我留下了不可磨滅的印象」。據美國著名科學史家霍耳頓考證，愛因斯坦在上大學時自學過弗普爾的教科書，並在1905年的相對論論文的內容和形式上直接受到弗普爾的影響[10]。

馬赫的《力學》對愛因斯坦創立相對論產生了引人注目的影響。在他的一位大學生朋友貝索（M. Besso）的建議下，愛因斯坦1897年第一次讀到《力學》，在從1902年3月開始的「奧林比亞科學院」時期，他和他年輕時代的朋友哈比希特（C. Habicht）和索洛文（M. Solovine）又學習和討論了這一著作。在世紀之交這個追尋科學原理基礎的英雄時代，馬赫堅不可摧的懷

[10] G. 霍耳頓，<愛因斯坦早期工作所受到的影響>，李醒民譯，《科學與哲學》(北京)，1986年第3輯，頁165-178。

疑態度和獨立性，對於力學先驗論和力學自然觀的系統批判以及對經典力學基礎的深邃洞察，無一不給愛因斯坦以激勵和啓迪。與愛因斯坦交往甚密的著名科學哲學家弗蘭克（P. Frank, 1884-1966）認爲:「在狹義相對論中，同時性的定義就是基於馬赫的下述要求: 物理學中的每一個表述必須說出可觀測量之間的關係。當愛因斯坦探求在什麼樣的條件下能使旋轉的液體球面變成平面而創立引力理論時，也提出了同樣的要求。……馬赫的這一要求是一個實證論的要求，它對愛因斯坦有重大的啓發價值。」⓫ 霍耳頓指出，在相對論中，馬赫影響的成分顯著地表現在兩個方面: 其一是，愛因斯坦在他的相對論論文一開始就堅持，基本的物理學問題在做出認識論的分析之前是不能夠理解清楚的，尤其是關於空間和時間概念的意義。其二是，愛因斯坦確定了與我們感覺有關的實在，即「事件」，而沒有把實在放到感覺經驗之外或之後的位置上⓬。

儘管愛因斯坦並沒有完全接受類似於上述的觀點，儘管他後來對馬赫的激進經驗論持明確的反對態度，但是他並沒有忘記馬赫對他的積極影響。愛因斯坦先後多次指出，馬赫爲相對論的發展「鋪平了道路」。「是恩斯特·馬赫，在他的《力學》中衝擊了教條式的信念; 當我是一個學生的時候，這本書正是在這方面給了我深刻的影響。」(*E1,* pp. 9-10) 在創立狹義相對論的過程

⓫ P. Frank, Einstein, Mach and Logical Positivism, P. A. Schilpp (ed.), *Albert Einstein: Philosopher-Scientist,* New York, 1949, pp. 271-286.

⓬ G. Holton, *Thematic Origins of Scientific Thought,* Harvard University Press, 1973, pp. 219-259.

中，他由於閱讀了休謨和馬赫的著作而獲得了批判性的思想，一舉把時間的絕對性和同時性的絕對性從潛意識中排除出去，從而取得了決定性的進展⑬。

在創立廣義相對論的過程中，馬赫對於慣性本質的理解、關於加速度相對性的看法、從物理學中消除力的思想無一不使愛因斯坦深受啓發。愛因斯坦在1918年〈關於廣義相對論的原理〉的論文中特意提出了「馬赫原理」，以強調馬赫的主張。這就是，一個孤立物體的慣性是沒有意義的；慣性必須歸結爲物體的相互作用；慣性結構是由宇宙中質量的分布決定的；一個物體的慣性力是這個物體同遠距離物質的相互作用。其實早在1913年6月25日，愛因斯坦在致馬赫的信中就寫道，如果在日食時能觀測到星光被太陽的引力場彎曲，「那麼您的有關力學基礎的天才研究——不顧普朗克不公正的批評——將獲得光輝的證實。因爲一個必然的結果是，完全按照您對牛頓水桶實驗的批判的含義，慣性來源於相互作用。」(*E1,* p. 74) 雖然馬赫對相對論很有保留意見，但是愛因斯坦還是實事求是地稱他爲「相對論的先驅」。事實上，馬赫確實名副其實。馬赫原理與加速度相對性的結合啓示了廣義相對性原理和等效原理；克服馬赫關於慣性系的悖論要求廣義協變；馬赫消除力的觀念導致廣義相對論的非動力學形式。馬赫甚至在黎曼 (G. F. B. Riemann, 1826-1866) 之前，就把多維幾何學看作是數學物理學的工具。難怪愛因斯坦認爲：「馬赫已清楚地看出古典力學的薄弱方面，而且離開提出廣義相對論已經不

⑬ 李醒民：＜簡論狹義相對論的創立＞，《思想領域中最高的音樂神韻》(李醒民等主編)，湖南科技出版社 (長沙)，1988年第1版，頁 144-173。

遠」;「倘使在馬赫還是精力充沛的青年時代，……馬赫也許會發現相對論，這並不是不可能的。」(*E1*, p. 88)

馬赫——這位從孔德實證論到邏輯實證論的中途人物——在《力學》及其他著作中所闡述的科學哲學思想也直接或間接地影響了一批量子物理學家，特別是哥本哈根學派的一些主要成員。玻爾（N. Bohr, 1885-1962）的科學思想中不乏馬赫思想的成分，這很可能是通過有關哲學家的著作以及同事而間接受到了影響。玻恩（M. Born, 1882-1970）認爲實證論在科學中是一股生氣勃勃的力量，可觀察性原理是一條發人深省的原理，它促成了相對論和量子論的建立。海森伯（W. Heisenberg, 1901-1970）有實證論的傾向，在創立量子力學時採用了馬赫的實在原理，拋棄了原子軌道概念，而代之以可觀察的原子的光輻射，並認爲馬赫的思想途徑無疑促進了從普朗克發現以來的物理學的發展。約爾丹（P. Jordan, 1902-1980）是一個極端的「馬赫主義」者，公開聲稱他是馬赫的信徒；他承認他的物理學建立在馬赫的概念之上，這後來證明最有助於理解量子力學和相對論。泡利（W. Pauli, 1900-1958）深受馬赫的影響，因爲馬赫是他的法定教父，他的父親也是一位馬赫的狂熱追隨者和積極支持者。與哥本哈根學派學術思想不相同的薛定諤（E. Schrödinger, 1887-1961）也採納了馬赫的科學方法論，他後來甚至皈依了馬赫的要素一元論。甚至連馬赫的無情反對者普朗克也曾說過「馬赫實證論」的某種「功績」。有一些學者甚至認爲馬赫對量子論也作過直接貢獻。例如，馬赫1870年前在原子理論方面應用「n維離子」思想，預見了後來薛定諤和其他量子物理學家的工作。馬赫1895年在一封信中就化學運動表明了不連續性的觀點，並且在他1896年出版的《熱學》中作了記載，這一點很可能對普朗克有影響。據此，有人認爲把馬赫稱作量子力學之父是恰如其分的(*EM*, pp. 310-316)。儘管我們不一定同意這個具體的結論，但是馬赫的科學思想，尤其是他關於科學探索的認識論和方法論進路，卻無疑對量子論的發展有某種啓示作用。我發現，馬赫的不連續思想提出得還要早一些。他在《認識與謬誤》中一個不顯眼的注釋中這樣寫道:

> 當我還是一個原子理論的贊成者的時候，我試圖用氣體分子的原子構成相對於另一個的振動來説明氣體的線光譜。我在這裡遇到的困難啓示我（1863 年）得到這樣一種觀念：非感覺的事物並非必須要在我們三維感覺空間中來描繪。我也以這種方式闡明了不同維數空間的類似物。(*KE*, p. 329)

不管怎麼說，馬赫批判經典力學所依據的哲學有弱點，因而不能完全適應相對論和量子論發展的需要。因此，普朗克和愛因斯坦等人先後背離了馬赫實證論哲學，並對馬赫進行了批評。但是，在世紀之交物理學革命的前夕和初期，馬赫的批判性思想無疑對物理學的革命性變革起了啓蒙作用和推動作用。從這種意義上講，馬赫在《力學》中對經典力學的批判，可以說是物理學革命行將到來的先聲。

第三章　馬赫主導哲學思想概覽

一叢梅粉褪殘妝，

塗抹新紅上海棠。

開到荼蘼花事了，

絲絲夭棘出莓牆。

——宋・王淇・〈春暮遊小園〉

自從馬赫 1895 年在維也納大學的就職演說中首次宣布他不是哲學家以來，馬赫其後在文章和通信中多次申明他既不是哲學家，也沒有所謂「馬赫哲學」。例如，他在《感覺的分析》中就這樣寫道：

> 我僅僅是自然科學家，而不是哲學家。我僅尋求一種穩固的、明確的哲學立場，從這種立場出發，無論在心理生理學領域，還是在物理學領域裡，都能指出一條走得通的道路來，在這條道路上沒有形而上學的煙霧能阻礙我們前進。我認為做到這一點，我的任務就算完成了。(*GJ*, p. 38)

馬赫在該書中重申：「再說一遍，並沒有馬赫哲學這樣的東西。」

(*GJ*. p. 283) 在這裡，我們究竟應該怎樣正確理解馬赫的「自白」呢？

§3.1 馬赫哲學總體透視

誠如石里克所說：「那些自己不要求成爲哲學家的哲學家並不是最不成器的哲學家。……歷史早已作出評價：馬赫事實上既是科學家，又是哲學家，而且他在哲學史中的地位，歷史已經頗爲明確地作出定論了。」❶ 然而，馬赫並不是傳統意義上的（職業或專業）哲學家，他是作爲科學家的哲學家、或作爲科學家的科學哲學家、或作爲科學哲學家的科學家、或哲學化的科學家，或一言以蔽之曰：哲人科學家❷。他的哲學也不是傳統哲學家的有體系的、有專門名詞（或生造術語）的、與科學無緣的哲學，他的哲學是科學家的科學哲學（請注意：它不等同於哲學家的科學哲學），卽是與科學的基本問題（如科學的本質、目的和對象等）水乳交融、血肉相關的科學哲學，是科學家喜聞樂見的、能從中得到啓迪的科學哲學。歷史表明，正是這些沒有被冠以哲學家頭銜的科學家的哲學思維成果，大大推進了人類思想的發展，成爲思想史上的一個個路標。

馬赫是在兩種不同的意義上理解和使用「哲學」一詞的。當他否定它時，他是把它與「形而上學」等同的，如康德的「物自

---

❶ M. 石里克：<哲學家馬赫>，洪謙譯，《自然辯證法通訊》（北京），第10卷（1988），第1期，頁16-18。

❷ 李醒民：<論作爲科學家的哲學家>，《求索》（長沙），1990年第5期，頁51-57。

體」學說，貝克萊的以神的存在爲原因的學說。當他肯定它時，他意指的是「科學方法論和認識心理學」❸，是認識論或「專門科學結果的批判的統一」(*SM,* p. 166)。馬赫不接受哲學家的桂冠，主要不是出於謙虛，而是爲了與傳統哲學家劃清界線，以免遭到這些有體系的人的過分攻擊，以便能夠接近並吸引科學家。馬赫拒絕馬赫哲學的花環，也不是輕視哲學，而是爲了強調回答科學家普遍關注的重要問題，並不需要一種專門的哲學。也許馬赫嘲笑了傳統哲學，但是帕斯卡爾 (B. Pascal, 1623-1662) 的名言說得好:「能嘲笑哲學，這才眞是哲學思維。」❹不過，馬赫晚年對哲學表現得寬容多了。他認爲哲學家和科學家儘管有個人差別，「但幾乎都是朝著一個地點會聚的」(*GJ,* pp. v-vi)，並把從十分普遍的哲學考慮特殊的科學概念作爲一種進路予以承認 (*KE,* p. xviii)。

馬赫是從科學經過科學史走向科學哲學的，他的哲學思想也是從科學前沿的研究中生發和提煉出來的，這本身就決定了它的獨創性和新穎性。但是，馬赫在形成自己的哲學時也吸收了眾多哲學家和諸種哲學流派的思想和觀點；加之經驗事實給他規定的外部條件不容許他在構築自己的哲學時過分拘泥於一種認識論體系，而他面對的問題又迫使他必須從不同的視點關照，這樣他便不得不採取一種卓有成效的「機會主義」觀點，在諸多的兩極保

---

❸ E.N. Hiebert, Ernst Mach, C.C. Gillispie ed., *Dictionary of Scientific Biography,* Vol. VIII, New York, 1970-1977, pp. 595-607.

❹ 帕斯卡爾:《思想錄》，何兆武譯，商務印書館 (北京)，1985 年第1版，頁6。

持必要的張力❺。鑒於這種複雜的現實狀況，那些僅從自己體系出發的「哲學揣度人」，那些抓住片言隻語就恣意發揮引申的「哲學幻想家」，那些東拉一句、西扯一段就胡拼湊的「哲學裁縫匠」以及出於階級仇恨和戰鬥激情的「哲學革命者」，便依據自己的「職業」特點、環境氣候和喜怒哀樂，給馬赫貼上各種哲學家之「主義」和各種哲學派別之「論」，以及這些「主義」和「論」的種種排列組合的標籤，把馬赫塗抹得也許自己也不認識自己了。這種哲學上的「對號入座」、「瞎子摸象」、「兩軍對壘」式的簡單化、庸俗化、政治化的作法，長期以來害夠了我們的學術研究。其實，馬赫也許早就覺得他的話「常常被人誤解」，他已有言在先：

> 這些批評家還責難我沒有將我的思想適當地表達出來，因為我僅僅應用了日常語言，因此人們看不出我所堅持的「體系」。按照這種說法，人們讀哲學最主要的是選擇一個「體系」，然後就可以在這個體系之內去思想和説話了。人們就是用這種方式，非常方便地拿一切流行的哲學觀點來揣度我的話，把我説成是唯心論者、貝克萊主義者，甚至是唯物論者，如此等等，不勝枚舉。關於這點，我相信自己是沒有過錯的。(*GJ*, p. 38)

雖說馬赫哲學沒有一個完整的體系和自造的術語，但只要認

---

❺　李醒民：<善於在對立的兩極保持必要的張力——一種卓有成效的科學認識論和方法論準則>，《中國社會科學》(北京)，1986年第4期，頁143-156。

眞研讀一下他的原著並冷靜加以思考，馬赫哲學的結構和脈絡還是明晰可辨的。馬赫哲學的目標很明確，這就是把認識論從思辨的、空泛的哲學議論提高到科學的層次上加以研究。爲此，他把他的哲學奠定在要素一元論（廣義的）或感覺一元論（狹義的）的根基上，其主題自然便落入經驗論的範疇 —— 馬赫的經驗論是感覺經驗論。與目標相聯繫，馬赫哲學的特色充分表現在他的進化認識論和思維經濟原理上。這一切進而作用於馬赫哲學反形而上學和統一科學的總意向，這種總意向也反作用於馬赫哲學的根基和主題等。不用說，作爲哲人科學家，馬赫哲學的本體是科學家的科學哲學，即科學方法和探索心理學，但是深厚的人文精神和強烈的社會責任感又驅使他在社會科學中漫遊，從而形成了馬赫哲學的側枝 —— 社會哲學和與自然主義聯姻的人道主義。馬赫哲學不是僵化的知識之學，而是鮮活的智慧之學和沉思哲學，從而顯示出其現實的和特有的精神氣質。馬赫哲學彷彿是一株「枝枝相覆蓋，葉葉相交通」❻的哲學之樹 —— 一株拔地而起、枝繁葉茂的智慧之樹！列寧斷言馬赫哲學是「大雜燴」，「是一些矛盾的沒有聯繫的認識論命題的堆砌」（*WP*, p. 221），只能說明他對馬赫哲學並無眞正的、全面的、深入的研究把握。在本章，我們擬圍繞馬赫的主導哲學思想，即馬赫哲學的根基和主題作一概括的瀏覽。

---

❻ 漢樂府<孔雀東南飛>。

§3.2 根基：要素一元論及其真諦

「要素」一詞是馬赫的要素一元論的核心概念。在馬赫看來，構成世界的要素並不是完全獨立的，但是爲了分析和研究的方便，可以將其劃分爲三組：外部要素或物理要素，用符號ABC……表示，它們是那些通常被稱之爲物體的，由顏色、聲音等組成的複合體；內部要素或生理要素，用符號 KLM……表示，它們是那些叫作我們身體的，在前一類複合中以某些特點爲優異標誌的一部分複合體；內心要素或心理要素，用符號 $\alpha\beta\gamma$……表示，它們是由意志、記憶印象等等構成的複合體。這樣人爲的劃分，對應著科學研究的三個領域——物理學、生理學和心理學。馬赫認爲，通常人們把組成自我的複合體 $\alpha\beta\gamma$……KLM……與組成物質世界的複合體 ABC……置於對立的地位。但是，有時只把 $\alpha\beta\gamma$……視爲自我，把 KLM……ABC……視爲物質世界。初看起來，好像 ABC…… 是離自我而獨立的，並且是與自我相對立的。可是，這種獨立性只是相對的，一經細究，就消失了 (*GJ*, p. 7)。

按照馬赫的觀點，「要素是構成物理的（同時也是心理的）世界的最簡單的基石」，它是「到目前爲止我們不能再作進一步分解的成分」即「最後的組成部分」(*GJ*, p. 33, 4)。雖然要素依照聯繫的方式，時而表現爲物理要素，時而表現爲心理要素，然而「這些要素總是一樣的，僅僅是一個種類的。」「一切要素都是等價的。」(*GJ*, p. 49, 250)「我們物理經驗和心理經驗的暫定的基本共同的組分，我們稱之爲要素。」(*KE*, p. 203)

從形式上看，馬赫的要素概念與原子假設有某種共同之處；但是從實質上看，馬赫的要素比原子更廣泛、更根本；更何況，實在論者或唯物論者是在本體論的意義上使用原子概念的，而馬赫提出的要素概念並無本體論的涵義。

馬赫雖然暫定地賦予要素以終極的基元地位，但他並沒有陷入獨斷論，沒有把要素視爲至高無上的、神聖不可侵犯的寶物。馬赫指出，在物理學和心理學會合之時，各種各樣的原子論和單子論都無能爲力，但要素是世界要素的觀念卻消解了疑難（且有經濟功能），取得了成功。要素說

> 這個基本見解，雖然不自命為萬古不滅的哲學，但現在在一切經驗領域裡都可以採取它；因此，這個見解費力最小，比其他見解都更為經濟，適合於現時的知識總和。並且，這個基本見解明白它自己的功能是純經濟的，因而對於其他見解最能寬容。它並不闖入現在流行的見解還適用的領域。它也隨時準備著以後經驗領域擴大時讓位於更好的見解。(*GJ*, p. 25)

馬赫進而強調指出：要素不是最終的，「它們正如煉金術的原素和今日化學的元素一樣，是嘗試性的和初步的」，也沒有必要把研究的每一個片斷都歸諸於它們❼。

馬赫的要素說是與笛卡兒（R. Descartes, 1596-1650）的

❼ P. K. Feyeraband, Mach's Theory of Research and Its Relation to Einstein, *Stud. Hist. Phil. Sci.*, **15**(1984), pp. 1-22.

廣延和思維對立的二元論、萊布尼玆的單子論和多元論以及後來的亨普爾（C. G. Hempel, 1905-）的兩個面（理論面和觀察面）❽格格不入的，他在要素的基礎上建構了一元論的世界觀卽要素一元論。馬赫這樣寫道:

> 誰想把各種科學集合而成為一個整體，誰就必須尋找一種在所有科學領域內都能堅持的概念。如果我們將整個物質世界分解為一些要素，它們同時也是心理世界的要素，卽一般稱為感覺的要素，如果更進一步將一切科學領域內同類要素的結合、聯繫和相互依存關係的研究當作科學的唯一任務，那麼我們就有理由在這種概念的基礎上形成一種統一的、一元論的宇宙結構，同時擺脫惱人的、引起思想紊亂的二元論。(*GJ*, p. 240)

馬赫還明確指出，他的「物理現象和心理現象的一元論」，並不是兩個不同的世界，「而只涉及對二者相互依存方式的觀察」。他繼續說:「我之所以也達到了這種一元論，是因爲我認爲生命的統一性先於自我和客我的區別。」(*ZZ*, p. 80) 在這裡，馬赫的要素一元論與他的自然主義和進化認識論關聯起來了。

馬赫意識到他的要素一元論「陳述不夠明確」，他相信這是「可以完全克服的」(*ZZ*, p. 69)。但他堅決拒絕把自我與世界、精神與物質、主體與客體、屬性與實體絕對對立的二元論的世界

---

❽ J. Bradley, *Mach's Philosophy of Science*, The Athlone Press of the University of London, 1971, p. 17.

觀。他認爲「心物二元論是人爲的，是不需要的」，「主體和客體的對立並不存在」。「表象會多少摹寫事實這個問題，像其他一切問題一樣，是個自然科學的問題。」(*GJ*, p. 32, 252) 他在批評笛卡兒的二元論時說：

> 二元論代表了從純粹的唯物論到純粹的唯靈論過渡的整個範圍，這取決於我們如何估價物理的和心理的東西，即把一個看作是基本的，把另一個看作是派生的。與任何自然的觀點相反，二元論的對比變得如此劇烈，以致排除物理的東西和心理的東西的所有接觸；這便產生了像「偶因論」(occationalism) 或「先定的和諧」(pre-established harmony) 這樣的怪物。(*KE*, p. 5)

馬赫有時也把「感覺」、「感覺的複合體」與「要素」和「要素的複合體」相提並論，因此他的要素一元論也被稱之爲感覺一元論。但是他提醒人們注意：「只有在這裡所指的聯繫或關係中，只有在這裡所指的函數的依存關係中，要素才是感覺。在另一種函數關係中，要素同時又是物理對象。我們用附加名詞『感覺』表示要素，只是因爲所指的要素作爲感覺（顏色、聲音、壓力、空間、時間等等）對大多數人更熟悉得多，……」(*GJ*, pp. 12-13) 但是，馬赫還是覺得感覺一詞「包含著任意性的、片面性的理論」(*PSL*, p. 209)，他寧可只談更中性的詞「要素」。這是因爲在馬赫看來，感覺的概念容易被人誤以爲，被感知的對象總是通過感知者的行動爲某一主體所了解的。但是，自我並不是一種具有任何物質性的主體，而僅僅是要素的複合。馬赫不同意下述看法:「有人以爲世界是由一種神祕的東西構成的，這些神祕的東西與另一個同等神祕的東西卽自我相互作用，從而產生了所能經驗到的感覺。」(*GJ*, p. 23)

在某種程度上，要素一元論旣是馬赫對自己科學研究成果的總結和概括，也是爲了科學統一而作出的嘗試。馬赫受到費希納心物平行論的影響，但他依據經驗不同意費希納關於物理的東西和心理的東西是同一實在的兩個方面，而認爲二者之間沒有任何鴻溝。馬赫指出：物理的東西和心理的東西不存在「本質的差異」和「對立」，「也不存在內部和外部」，而存在著「要素的簡單的同一性」；二者之間的界限，「是按照臨時考察的方式來區分的」，「完全是實用的和約定的」(*GJ*, p. v, 35, pp. 238-239)。馬赫斷言：「心理的東西和物理的東西在原則上是不可通約的(incommensurable)」❾這一看法，只不過是「從原始文化那兒得到的、迄今還未完全消除的偏見的遺跡」(*KE*, p. 360)。馬赫認爲，他的這一觀點和作法也「會成功地開闢科學研究的新道路」(*GJ*, p. 239)。

馬赫雖然不自命爲哲學家，但他並不滿足於科學專業的狹窄

---

❾ T. S. 庫恩在文獻 Commensurability, Comparability, Communicability, *PSA*, Vol. 2, 1982. 中認爲，他和費耶阿本德首次(1962年)在科學哲學中使用「不可通約(性)」的術語，學術界也是這樣公認的。其實，愛因斯坦早在 1946 年寫成的<自述>中就說過，評價科學理論的「內部完美」標準是一種「不可通約的質的相互權衡」。(P. A. Schilpp ed., *Albert Einstein: Philosopher-Scientist*, New York, 1949, p. 23.) 馬赫使用該術語是在《認識與謬誤》(1905)一書中，考慮到他在1895年就此作過講演，他比庫恩早用該詞就達67年。

界限。他有一種強烈的願望，就是要尋找一條在各個學科都行得通的道路，要尋求一種在科學領域中轉移時無需立即放棄的普適觀點。馬赫發現，對於純粹物理學家來說，物體這個觀念會使他在研究中易於辨明方向，同樣追求實用目的的人也可以從自我這個觀念得到切實的支持。可是，到了物理學和心理學會合之時，把這一領域的觀念移到那一領域內，就顯得要不得了。在馬赫看來，人類的科學知識無非是來自物理學、生理學和心理學三個領域，這三個領域的區分並非題材不同，而只是審查同一個世界的方法論視角（或探求的方向，或對感覺的態度）不同而已，是出於研究方便的考慮。實際上，「物理學研究與心理學研究並沒有根本的不同」，「只有它們的結合才能構成一門完備的科學」(*GJ*, p. 14, 262)。馬赫引入要素概念，正是爲了消除設置在各門學科之間人爲的鴻溝和藩籬，把科學統一起來，因爲「正是這些要素構成最廣義的物理學和自然科學的心理學的橋樑」(*GJ*, p. 284)。馬赫對感覺分析的貢獻，就是按照這個進路所作的有益而成功的探索。也許正是對要素概念的科學起源和科學功能的洞察和徹悟，費耶阿本德甚至多少有點偏頗地認爲，馬赫的要素一元論不是哲學學說，而是科學理論❿。也恰恰是對這一點的不了解和不理解，列寧才認爲「『要素』是一個無意義的術語，它只是把問題弄糊塗」，「使它離開正確的途徑」。「玩弄『要素』這個字眼，顯然是一種最可憐的詭辯，……是妄圖用一個比較『客觀的』術語來掩飾唯我論眞面目的唯心主義。」(*WP*, pp. 40-41, p. 50)

---

❿ 同❼。

§3.3 主題: 感覺經驗論及其內涵

經驗論把感覺經驗視爲知識的唯一的源泉和最後的檢驗標準，把經驗科學視爲知識的理想形態。以此觀之，馬赫哲學無疑落入經驗論的範疇。因爲他這樣講過:「關於自然的科學知識的唯一直接源泉是感性知覺。」(*PTH*, p. 363)「最能促進科學思想的因素是逐漸擴展的經驗範圍。」(*PSL*, p. 223) 在馬赫看來，近代科學就是在經驗論的進路中發展起來的:

> 近代科學不是從思辨，而是盡可能從事實力求構造它的世界圖象的。它求助觀察證實它的構造。……把在理論上構想的或理論上猜測的某種東西交付觀察直接證實，卽使之變得讓感官可以觸知，始終是特別有吸引力的。(*PSL*, p. 310)

當然，馬赫的經驗論也有他自己的特點。如果說經驗論在培根 (Francis Bacon, 1561-1626) 身上找到了它的先知，在洛克 (J. Locke, 1561-1626) 身上找到了它的公眾領袖，在休謨身上找到了它的批判家的話，那麼在馬赫身上則找到了它的承前啓後者。哲人科學家馬赫把經驗論納入科學的軌道，提高到科學的層次，並把感覺作爲經驗論的核心概念，對其進行了深入的科學分析，因此馬赫的經驗論可稱之爲「感覺論的經驗論」或「感覺經驗論」，在某種意義上也可稱之爲「科學經驗論」。

據布萊克默研究，馬赫是以三個物理學和心理學定義爲「感覺」劃定範圍的。在 1872 年，感覺是與呈現 (presentation) 或觀念區分的。在1886年，感覺被貼上要素的標籤，囊括了所有實在；但是感覺也爲與人體相關的那些要素保留著。在第三個定義中，他在「可度量的感覺」與「不可度量的感覺」之間作了區分，這個定義從1860年代起日益強固了他的觀點 (*EM*, p. 65)。不管怎樣，我覺得馬赫最常用、定義得比較嚴格的還是第二個。馬赫在 1875 年就這樣簡短而明確地陳述如下:「現象可以分解爲要素；就這些要素被認爲與身體的一定過程相聯繫並爲這些過程所決定而言，我們稱它們爲感覺。」(*GJ*, p. 13) 在1886年出版的《感覺的分析》中，他數次作了類似的定義。在1905年，他這樣寫道:「就我的物理發現物的總和而言，我能夠把這些分析爲現在不能再分析的要素：顏色、聲音、壓力、溫度、氣味、空間、時間等等。這些要素依賴於外部和內部的環境，當包含著後者並且僅包括後者時，我們可以稱這些要素爲感覺。」(*KE*, p. 6)

馬赫給感覺在認識論中以很高的地位，他的簡單而基本的感覺彷彿是「經驗原子」。他認爲感覺比形式邏輯或數學定理和假定更可靠，他並不把分析眞理看作是神聖不可侵犯的。米澤斯 (R. von Mises) 在剖析馬赫的經驗論的科學概念時說得好:

感覺印象不是靠不住的，而且它們並不欺騙我們：只有通過感覺印象的世界才是給予我們的世界。我們全都試圖使自己適應這個世界，就是要用先前收集的經驗來補足必然不完全的實際現時的觀察。無論在什麼領域作出的一切斷言，只有在它們能夠被證實的程度上，即是說在它們最終能夠被還原爲同感官知覺有關的諸

① R. von Mises, Ernst Mach and the Empiricist Conception of Science, in *PP*, pp. 245-270.

陳述的程度上，它們才是有意義的⑪。

由此可見，馬赫的經驗論不僅把感覺置於科學認識的起點（唯一源泉）和終點（最後檢驗），而且把科學認識的對象限於感覺世界，否認在感覺之外或之後的形而上學的「物自體」之類的東西。馬赫之所以重視感覺的分析，之所以把科學的主要範圍限於感覺的分析，這是由於他「深信全部科學的基礎，特別是物理學的基礎，須等待著生物學、尤其是感覺的分析作進一步的重要闡明。」(*GJ*, p. i)

馬赫不僅對感覺分析作出了科學貢獻，而且這種分析本身就具有認識意義。例如，他從生理學和心理學的角度，詳細地分析了感覺、記憶、知覺、觀念的逐步形成過程，感覺與直覺和概念的關係等等 (*KE*, Chapter Ⅱ, IX)。他把這種分析稱爲「探索的心理學」，這是他的《認識與謬誤》的重要主題。他的《感覺的分析》，也是對感覺所作的物理學的、生理學的和心理學的分析。這兩本書都具有豐富的科學認識論的內容，是他把經驗論提高到科學水平上的標誌。此外，他還站在經驗論的立場上，以當時的科學成果爲背景，以語義分析和句法分析相結合的方法爲工具，通過對感覺要素的內在結構的分析，來揭示感覺的認識功能，消除形而上學哲學家們在感覺概念解釋上的歧義和對立。馬赫的這一探索，在對感覺這一重要概念的哲學解釋中，無疑具有不可忽視的「劃界」意義。這對於那種僅僅將感覺作「唯物」和「唯心」的機械語義分析的哲學家來說，無疑是極有意義的矯

---

⑪ R. von Mises, Ernst Mach and the Empiricist Conception of Science, in *PP*, pp. 245-270。

正⑫。馬赫的這一作法，顯然對其後的邏輯經驗論是一種啓示。

作爲哲人科學家的馬赫，即不願盲目地追隨某個有體系的哲學家，而是博採衆家之長；也不想自己去構造龐大的哲學體系，而是面對現實問題隨機應變地作「機會主義」的處理，因此他的經驗論（廣而言之，他的哲學）內涵豐富，外延廣泛，幾乎包容了經驗論的主要變種的成分，也融進了非經驗論的諸種因素。

一、馬赫常常被普遍地看作是實證論者，是孔德實證論和邏輯實證論的中途人物或所謂第二代實證論者。布萊克默給衆說紛紜的實證論下了種種定義，並細緻地分析了馬赫的實證論的內涵（*EM*, pp. 164-169）。他認爲馬赫的實證論是自我定義的實證論（至少就科學而言，實證論是科學的方法論，它不僅不是哲學，而且其目的使所有的哲學成爲多餘的）、宗教反對的實證論（唯物論的和無神論的哲學）、部分的狹義實證論（孔德哲學）和十足的廣義實證論（把認識論的現象論和科學主義即相信科學技術進步的合乎需要性結合起來的哲學）。石里克⑬更是明確揭示出，包括孔德和馬赫在內的實證論的特徵是反對形形色色的形而上學。馬赫和孔德都一致認爲，超越經驗的、超越我們知覺以外的知識，設想得到某種存在於經驗彼岸的「物自體」的知識是不可能的。實證論的其他基本之點是把經驗和完全的「所予」，也就是和我們意識的內容等同起來，即與作爲這種直接經驗的對象，例如作爲呈現於我們頭腦中的感覺、回憶、感情等等同起來。

---

⑫ 郭貴春：<語義分析方法與馬赫>，《自然辯證法研究》（北京），第5卷（1989），第2期，頁73-74。

⑬ 同❶。

馬赫拒絕實證論的標籤，他也不要作實證論哲學家。在他的所有著作中，只有一處對孔德作了重要涉及，即關於人類智力發展的「三階段論」(*KE*, p. 72)。直到晚年，他才在一篇文章（1910年寫成，1919年發表）中心照不宣地接受了普朗克授予他的頭銜，埋怨普朗克並沒有對他的「實證論作出正確判斷」⑭。馬赫之所以被吸引到實證論，是因爲他相信實證論能爲科學提供可靠的基礎。馬赫不願接受實證論者的名號，是因爲實證論在許多人的心目中具有壞的內涵，是因爲他確實超出了孔德的實證論（他不欽佩孔德）。事實上，他的思維經濟原理和進化認識論已賦予實證論以新的涵義。他的實證論意向與孔德截然不同⑮：他力圖改造自然科學，使科學能夠被理解爲一種統一的事業；孔德則以改造社會科學爲己任，以物理學爲範例建立所謂的社會物理學；而其後的邏輯實證論則致力於改造哲學，使哲學科學化。此外，馬赫實證哲學是感覺取向的，而孔德這位「社會學」術語的發明人則蔑視內省心理學。

二、按照傳統的解釋，馬赫哲學也就是屬於現象論這樣一類經驗論哲學。科恩（R. S. Cohen）指出，馬赫的現象論立足於對感覺外觀的依賴，把科學說明的本質看作是協調現象之間的函數關係⑯。門杰說馬赫把自己限制在現象之內，拒絕尋找現象或資料的客觀原因，馬赫哲學常常被稱爲現象論(*SM*, p. xiii)。沃爾特斯（G. Wolters）認爲，馬赫的現象論即是我們的一切知

⑭ 同⑧，頁206。

⑮ 同⑪。

⑯ R. S. 科恩：《當代哲學思潮的比較研究》，陳荷清等譯，社會科學文獻出版社（北京），1988年第1版，頁19-20。

識都是由感覺材料構成的觀點；現象論表達了馬赫的世界觀，而且對心理學和物理學這樣的異質領域的科學研究有特殊的方法論作用，但不是馬赫科學哲學的基礎；馬赫的科學哲學有實踐基礎[17]。杉山滋郎認爲馬赫的現象論意謂用直接可測量的諸量的函數關係來描述各種現象，並以此作爲科學的目標[18]。熊谷陽一認爲馬赫哲學是非主觀主義的現象論[19]。也許布萊克默的分析最爲詳盡了：馬赫是認識論的現象論者，他把知識限制於觀念和感覺，認爲我們只能知道（或經驗、或確信）觀念和感覺；他也是本體論的現象論者，他把實在限定於觀念和感覺內，並用關係的實在擴充它；他還是指稱現象論者，他認爲有意義的指稱是被有意識地經驗的或能夠被有意識地經驗的東西，即指稱隱含實在，至少隱含感覺的存在或現象的存在；但馬赫不是內在現象論者，他通常不認爲在意識中顯示出的感覺都是眞實的，他十分不情願容許在科學中談論未意識到的感覺，例如他反對赫茲訴諸「潛運動」作爲物理學的合理進路；馬赫現象論的科學目的概念復活了貝拉明（C. Bellarmine, 1542-1621）的現象論立場（*EM*, pp. 31-35）。

我覺得，馬赫的現象論主要並不體現在他的哲學本體論和認

---

[17] G. 沃爾特斯：＜現象論、相對論和原子：爲恩斯特・馬赫的科學哲學恢復名譽＞，蘭徵等譯，《自然辯證法通訊》（北京），第10卷（1988），第2期，頁16-20。該文是根據作者寄給李醒民的打印稿翻譯的。

[18] 杉山滋郎：＜十九世紀末的原子論論爭和機械自然觀＞，李醒民譯，《科學與哲學》（北京），1982年第6輯，頁173-200。

[19] 熊谷陽一：＜馬赫的哲學意圖＞，郭悅悅譯，《哲學譯叢》（北京），1984年第2期，頁47-53。

識論中，而充滿在他的科學研究綱領和科學觀中。按照馬赫的觀點，科學家研究的對象只能是外觀(appearance，亦可譯顯現、現象)或現象 (phenomena)，他拒斥超現象的推理或推測。他說:

> 我堅持的一件事就是，在自然研究中，我們僅處理外觀相互關聯的知識。我們想像在外觀背後的東西僅存在於我們的理解中，對我們來說僅具有記憶技巧或公式的價值，因為它們是任意的和不相關的，所以它的形式隨我們文化的立場而改變。(*HR*, p. 49)

以此出發，他把空間和時間不是視爲獨立的實體，而是看作現象相互依賴的形式；他的質量定義也是竭力建立現象的相互依賴和消除形而上學朦朧的結果。馬赫認爲，要是「否定整個現象世界」，科學「將給我們提供一個十分人爲的世界圖解，我們在這個世界圖解中幾乎辨認不到實在」；對於否定者來說，「正巧熟悉的感覺世界突然在他們眼中變成了最大的『世界之謎』。」(*PTH*, p. 297)

馬赫的現象論的科學觀把「研究現象的相互依賴視爲自然科學的目的」，認爲「自然科學的目標是現象的關聯」(*HR*, p. 9, 74)。馬赫把物理學理論分爲力學物理學和現象論物理學 (*PTH*, p. 333-335)，他偏愛以熱力學和能量學 (energetics) [20] 爲範型的現象論物理學。他長期以來持有這樣的觀點：我們能夠發現

[20] 李醒民：<奥斯特瓦爾德的能量學和唯能論>，《自然辯證法研究》(北京)，第5卷 (1989)，第6期，頁65-70。

普遍的現象論的定律，力學現象作爲特例可以分類在這些定律之下。力學並不是用來說明這些現象論定律的，它只是作爲探索現象論定律的指示器（*PTH*, pp. 328-329)。

馬赫的現象論也與他的其他哲學思想相關。他認爲揭示現象的唯一方法是通過感覺經驗，關於外部世界的交流唯一可靠的基礎是對現象進行觀察。他用他的進化認識論和經濟理論證明現象論是有正當理由的，只有現象論才能給科學以所需要的確定性，從而有利於人這個種族的倖存和昌盛。此外，「如果我們一旦使自已明瞭，我們僅僅關心查明現象的相互依存，那麼一切形而上學的曖昧都會消失。」（*SM*, pp. 275-276）馬赫直至晚年還堅信，現象論的物理學不僅是所嚮往的科學目標，而且也是可靠的科學方法和實驗物理學的唯一恰當的方法。

三、操作論是1920年代至1930年代由布里奇曼提出的一種實證論哲學，它斷言科學的表述僅在它們能轉換爲一系列操作術語時才有意義。布里奇曼是在馬赫關於質量概念的測量定義的啓發下提出操作論的。所謂「操作」，他意指某類實驗。由於實驗能夠被分解——至少粗略地——爲感性知覺，因而布里奇曼的立場與馬赫十分類似。其實，早在1883年在〈論靜電學的基本概念〉的講演中，馬赫就表明，電的「度規概念」(metrical concepts) 是「在思想中精確摹寫事實」的「工具」(*PSL*, pp. 107-108)。在《熱學》中講到概念時，馬赫已明顯具有操作論的概念觀的胚芽。他敏銳地察覺到，「包含在概念使用中的操作羣常常是複雜的」，要實際擁有該概念，就必須「徹底進行」這樣的「操作」。「正如技術操作可以用來檢驗給定對象或構造新對象一樣，概念也可以這樣在檢驗或構造的意義上被使用。」(*PTH*, pp. 381-

382) 他甚至一般地認爲:「語詞引起的感性活動可以由許多操作組成，其中一種操作可以包含另一種操作。」(*GJ*, p. 248)

四、工具論也許可以看作是強現象論在經驗領域後退的產物。馬赫也具有工具論的傾向，他把科學理論視爲在世界和生活中定向的工具。他也正是在工具論而非實在論的意義上承認原子和分子可以作爲「描繪現象的」「經濟的工具」(*PSL*, p. 207)。

五、馬赫的感覺經驗論也浸透著描述論 (descriptionalism 或 descriptionism) ㉑，這充分體現在他的科學觀中。在馬赫看來，「所謂描述科學必定依然主要滿足於重構個別事實」(*SM*, p. 582)；「科學的任務不是別的，僅是對事實作概要的陳述」，理論物理學就是「用要素作一般描述的問題」(*GJ*, pp. iv, 260)。馬赫充分注意到描述在科學中的意義和功能:

> 科學知識的交流總是必須包括描述，即在思想中摹擬事實的摹本，用來代替它的客體，省去新的經驗的麻煩。此外，為了節省教育和獲取的勞動，人們力圖簡明而扼要地描述。這實際上是自然定律意謂的一切。(*PSL*, pp. 192-193)

在這裡，馬赫事實上把描述視爲全部經驗的濃縮和凝結。像現象論一樣，描述論在馬赫思想中占有重要地位，布萊克默甚至認爲，馬赫作爲哲學家的最大成功是說服幾代人在哲學上有傾向性的科學家，贊成貝拉明描述和關聯現象的科學的現代版本。

㉑ 這是我杜撰的一個術語，英語詞典似無這個詞。

(*EM*, p. 170) 確實，在十九世紀末，由於熱力學的成功和馬赫哲學的影響，現象論和描述論的理論被視爲最高級、最尖端的理論。

馬赫對描述本身有比較詳細的論述。他認爲「描述是在思想中建立事實」(*PSL*, p. 252)，「計算描述是可以想像的最簡單的描述」(*KE*, p. 240)。他把描述分爲兩類 (*PSL*, pp. 236-258; *PTH*, pp. 363-370)：直接描述是僅僅使用純粹概念工具的事實的言語交流，間接描述是在某種程度上使用了在其他地方已經給出的系統描述，甚或還沒有精確地作出的描述，如光象波動或電振動。於是，所謂的理論或理論觀念都落入間接描述的範疇。馬赫指出，用直接描述代替間接描述似乎不僅是可取的，而且是必要的，直接描述不包含非本質的東西，它把自已絕對限制在對事實的抽象理解中。此外，馬赫還認爲，科學是描述而非說明，描述要優於說明。

六、馬赫的經驗論也是呈現論而非表象論㉒的。所謂呈現論，是認爲心智所知覺的東西就是對象本象，是在沒有任何中介介入的情況下直接感知的；所謂表象論，則認爲心智所知覺的東西是心智之外的物質對象的心理影像即表象。十九世紀，孔德在社會科學，馬赫在自然科學，都嘗試把科學的基本假定從表象論的認識論轉移到呈現論的認識論。馬赫宣稱我們的科學研究僅能以感覺世界爲基礎，認爲感性知覺是在我們之外存在的（超越意識的）物體對自我所起的作用的觀點是不必要的，因爲我們對於所謂外在陳述只能以感覺爲根據。因此，感覺和感覺的複合能夠

㉒ 參見第一章㉓。

而且必須是關於外在世界的那些陳述的唯一對象，根本不需要假定一種在感覺之後潛在的、不可知的實在。正如布萊克默注意到的，馬赫的現象論在描述和說明兩方面是呈現論的。像因果實在論一樣，它把表觀的物理客體等同於感覺；像樸素實在論一樣，它在描述自然時是呈現論的；但是與樸素實在論和因果實在論不同的是，它拒絕把力或動力作爲原因，而贊同用術語「定律」、「數學函數」或「事件的規則序列」來說明（*EM*, p. 11)。

七、前已述及，馬赫對以詹姆斯等人爲首的美國實用主義哲學的誕生和發展，有著強烈的智力親緣關係。馬赫哲學本身也具有實用主義成分。例如，馬赫拒絕大多數人對眞理的理解，即眞理是一個斷言與過去、現在或將來的實在或事件之間的可靠符合。他偏愛實用主義的眞理觀，即爲眞的斷言是滿足「人的目的」、「人的生物學需要」或有利於「人種或人類種族倖存」的斷言（*EM*, p. 28)。但是，當詹姆斯輕率地推斷說，基督教滿足大量人們的「生物學需要」，因而在實用主義的意義上至少對那部分人爲眞時，馬赫對此表示強烈不滿，因爲它褻瀆了馬赫的無神論和反對有組織的宗教的立場。馬赫的眞理觀雖然包含有傳統實在論的眞理符合說（思想對事實的適應）和內在實在論眞理融貫說（思想對思想的適應）的因素，他甚至還講過「所有的進步旨在使理論更符合實在」(*KE*, p. 356) 的話，但他還是不大偏愛實在論的眞理觀：「即使物理學家關於某些個人的物理感覺經驗的最簡單思想也並不完全符合實在：思想通常比經驗包含較少的實在，它僅僅是實在的圖示的表象，具有偶然的、未事先考慮的條件。」(*KE*, p. 137) 馬赫本人則認爲：「知識和錯誤從同一心理源泉流出，只有成功才能告訴是知識而不是錯誤。」(*KE*, p. 84)

這顯然帶有實用主義的色彩。

§3.4 馬赫的經驗論是狹隘的或極端的經驗論嗎?

馬赫的要素一元論和感覺經驗論具有過分強烈的經驗論色彩，這種經驗論儘管在當時的科學和哲學背景中起過除舊布新的作用，但是由於其對感覺和觀察的偏窄理解，對理論化和形式化的忽視或輕視，以及對現代科學高度抽象的人爲特徵的低估，因而難以適應相對論和量子論的發展。這是馬赫主導哲學思想的保守性和局限性之眞正所在。但是，不少人在沒有認眞研讀馬赫的情況下，僅憑道聽塗說來的結論或片面的印象，誤以爲馬赫的經驗論是狹隘的、極端的。這實在是誤解（作者在此之前也有誤解）了馬赫!

馬赫主導哲學是一種徹底的或激進的經驗論，但並不是狹隘的或極端的經驗論。馬赫大概沒有忘記經驗論先知培根的遺訓（理性在經驗論的知識見解中是不可或缺的）和綱領（新經驗論者是採花釀蜜的蜜蜂，而不是理性論者蜘蛛和老經驗論者螞蟻）[23]，也恐怕了解實證論鼻祖孔德機敏的洞見和預示（人類精神必須要有某種理論，才能進行觀察）[24]，尤其是現實的科學實踐也

---

[23] H. 賴興巴赫：《科學哲學的興起》，伯尼譯，商務印書館（北京)，1983年第1版，頁66。

[24] A. 孔德：<實證哲學教程>，《現代西方哲學論著選輯》(上冊)，洪謙主編，商務印書館（北京)，1993年第1版，頁20。

不容許他完全倒向無論哪一「極」，因此馬赫的經驗論哲學雖然激進和徹底，但並不極端和狹隘。其理由如下:

一、馬赫主導哲學包含著反經驗論即理性論的成分，這種成分有時顯得足夠強烈，以致萊伊「覺得馬赫更加接近理性論」[25]，以致費耶阿本德認爲馬赫哲學是「辯證理性論」[26]。儘管我不贊成他們二人的結論，但他們所言並不是毫無根據的。馬赫確實曾經說過理性高於感覺，理論優於觀察的話:

> 然而，我們具有一種感官，就它能理解的關係的範圍而言，這種感官比其他任何感官都要豐富。它就是我們的理性。這處於感覺之上。只有它才能發現關於世界的永久的、充分的觀點。(*PSL*, p. 105)

> 與觀察(因為總是有大量的、複雜的附屬環境的影響)實際上能夠保證的相比，理論則更簡單、更精確地描述事實，只有理論符合明確的、決定性的理想。理論的這種精確性能使我們通過一系列相等或不等的步驟，演繹出具有深遠意義的與該理論一致的推論。(*KE*, p. 357)

不僅如此，馬赫還認爲，爲了發現世界秩序，科學家通過諮詢實驗、本能的思想實驗和直覺等探索原理；原理定義了一種思維風格，以此概述或理想化已知事實。馬赫還把直覺乃至詩人的

---

[25] A. 萊伊：《現代哲學》，轉引自列寧:《哲學筆記》，林利等譯校，中共中央黨校出版社（北京），1990年第1版，頁595。

[26] 同[7]。

想像都歸屬於科學研究合理性的原則之下，詩人的想像是心理發展的開端，是假設和理論形成的源泉。他早已洞察到當代科學哲學「觀察滲透理論」的命題:「幾乎任何一個觀察都已經受到理論的影響」(*KE*, p. 120)。他甚至認爲:「沒有某種先入之見，實驗是不可能的，因爲它的形式是由先入之見決定的。」㉗

二、馬赫主導哲學溶進了非經驗論即約定論的因素。在這裡，我們要強調一個常常被人忽略的事實: 馬赫是約定論的先驅之一 —— 彭加勒則是約定論的創始人和集大成者㉘ —— 馬赫的約定論思想已具有彭加勒經驗約定論的部分內容。

從第二章可以看到，馬赫的約定論思想早在他對經典力學概念框架和力學自然觀的懷疑和批判時就初露端倪。他在1872年就明確指出，他在處理熱和電時的不同觀點的理由「純粹是歷史的，完全是約定的」，因爲基本事實的選擇也是一個「方便」的問題 (*HR*, pp. 44, 57)。在《力學》中，他已明確地揭示出，牛頓力學中隱含著約定成分; 物理學各個分支的劃分部分是「約定的」，要除去「其基礎是歷史的、約定的或偶然的概念」，可借助比較物理學達到 (*SM*, pp. 596-599)。馬赫也認爲:「心理的東西和物理的東西之間的界限，完全是實用的和約定的。」(*GJ*, p. 239) 不僅學科劃分是約定，馬赫表明科學中的一些術語、名、概念、測量單位等也都包含著約定。例如，他說:「所有合適的和不合適的術語 —— 在科學中存在著大量的不適合的和怪異的組合 —— 都建立在約定的基礎上。」(*PSL*, p. 342)「名

㉗ 同❽，頁188。

㉘ 李醒民:《彭加勒》，東大圖書公司印行 (臺北)，1994年第1版，頁99-142。

(name) 是約定的產物」,「溫度數建立在任意約定的基礎上」,「測量單位是一種約定地確立的比較的事實」(*PTH*, pp. 68, 63, 370)。但是馬赫看到, 比較普遍的概念可以「擺脫約定的限制」(*KE*, p. 327)。馬赫像古希臘原子論者留基伯 (Leucippus, 約前 500-440)、德謨克利特 (Democritus, 約前 460-370) 一樣, 也持有感覺的質是約定的觀點:「亮、暗、光和顏色不能被敍述。這些具有正常視力的人經驗的感覺只能被命名, 即借助於普遍承認的任意約定或自然想起的約定來稱呼。」[29]

三、馬赫對經驗論的方法論即歸納主義持有強烈的保留意見。我們在《熱學》中讀到:「無論誰埋頭於研究或研究的歷史, 他確實不會相信, 發現是按照亞里士多德 (Aristotle, 前 384-322) 或培根的歸納圖式即枚舉相互一致的例子作出的。假如他是如此作的話, 那麼發現事實上就是十分容易的事情。」(*PTH*, p. 402) 在馬赫看來, 在科學探索或科學發現中,「形式邏輯的三段論法, 甚至歸納邏輯都不會有多大幫助, 因爲智力情境本身從來也不會完全重複。」(*KE*, p. 146) 在這裡, 馬赫坦白地表達了他的非歸納主義乃至反歸納主義的觀點 (*KE*, pp. 225-237):

> 三段論和歸納都不能創造新知識, 而只是確信在我們的各種洞察之間沒有矛盾, 表明這些洞察是如何關聯的, 並把我們的注意力引向某個特殊洞察的不同方面, 教給我們在

---

[29] E. Mach, *The Principles of Physical Optics, An Historical and Philosophical Treatment*, translated by J. S. Anderson and A. F. A. Young, Dover Publications, Inc., 1926, p. 1.

不同形式中辨認它。……相當奇怪的是，大多數涉及到探索方法的探索者仍然把歸納視為主要的探索方法，彷彿自然科學無所事事，只不過是直接分類敞開擺在周圍的個別事實而已。並非我們希望否認也是重要的東西，而是它並未窮盡探索者的任務：他尤其必須發現相關的特徵及其關聯，這比分類已知的東西更難。對自然科學來說，「歸納科學」的名字因而是不正確的。

馬赫進而揭示出，「歸納科學」只是從早已過時的傳統和仍在堅持的習俗來看是可以理解的。其實，被用不恰當的名字「歸納」來稱呼的心理操作，是一個相當複雜的心理操作過程。它不是邏輯過程，而是抽象和想像的過程，這種可以導致發現激勵的操作過程與歸納毫不相干。馬赫通過分析得出結論說：

完備的歸納並不比三斷論提供更多的經驗拓廣。通過把個別判斷提高到一個類判斷，我們僅僅使我們的知識更簡明，我們僅僅更扼要地表達了它。另一方面，不完備的歸納雖然先於知識的擴展，但因此也包含著錯誤的危險，從一開始就預定要受到檢驗、校正甚或拒斥。我們較容易得到的一般判斷絕大多數是通過不完全歸納得到的，僅有極少數是通過完備歸納得到的。用這種方式形成的一般判斷不是片刻的事情，也不是僅僅發生在單個個人中。所有同代人，所有階層，事實上整個幾代人都協同校正這樣的歸納。

四、馬赫多次爲科學的抽象本性辯護，強調普遍概念和數學概括在科學中的巨大作用。馬赫也許從力學發展的幾個階段（觀察事實、抽象概括、演繹和形式發展）中就認識到，眞正的科學都必須具有抽象的和數學的本性。比如，早期力學探索者的任務是建立重要的事實，其後的追隨者則是在此基礎上用數學物理學的方法演繹地、邏輯地製作它們。在馬赫看來，抽象的、理想化的描述理論才是唯一合理的「終極科學」(end science)，只是數學化的科學才是名副其實的科學。馬赫雖然堅持「我們能夠從世界上知道的一切東西必然是由感覺表現出來的，這些感覺能夠以精確陳述的方式擺脫觀察者個人的影響」，但是他接著就表明：「我們能夠想要知道的一切都是以數學形式表示的問題的解、由感覺要素相互之間函數相關的斷言給出的。這種知識窮盡了『實在』的知識。」(*GJ*, p. 284)

五、作爲思想家的馬赫像亞里士多德和彭加勒一樣㉚，也極度重視、推崇、讚美思想和觀念。他說:「思想能夠被喚起和結果實，就像一塊田地由於陽光和雨露而結果實一樣。」「最令人愉快的觀念不是從天上掉下來的，而是從已有的概念中產生的。」(*PSL*, p. 366, 226）他把「沒有伴隨思想的經驗」視爲「異己的」，認爲「一個面對感覺經驗而沒有思想的人是迷糊的，不能完成最簡單的任務」㉛。他以詩人的想像、以詩一般美麗的語言這樣贊頌觀念和思想:

觀念不是生活的全部。它們只是用來照亮意志道路的短暫

㉚　同㉘，頁231-234。

㉛　同❼。

> 的光華。但是作為我們有機進化的精妙反應，觀念具有至高無上的重要性。沒有什麼理論能否認我們感到觀念的力量在我們身上所引起的根本變革。我們甚至不必為這種進程找證據，我們只須立刻確信它。……我們覺得生活的真正珍珠在於不斷變化的意識內容，而個人僅僅是一條把這些珍珠串在一起的無關緊要的象徵性的線。因此，我們準備把我們自己和我們的每一個觀念當作宇宙進化的產物和主體；我們必須堅定地、無阻擋地沿著未來將向我們敞開的道路前進。(*PSL*, pp. 233-235)

請仔細品味一下，這能出自極端的或狹隘的經驗論者之口嗎？在這裡，聯想起亞里士多德「思想是至高無上的」箴言，回憶起彭加勒「思想是漫漫長夜中的閃光」的妙語，我們怎能不吟咏出「身無彩鳳雙飛翼，心有靈犀一點通」[32]的詩句來呢？

六、馬赫在論述有關具體問題和關係時，注意在對立的兩極保持張力，而沒有囿於經驗論一極。在談到科學的功能及理論和經驗的關係時，馬赫說：「科學的功能就是代替經驗。一方面，科學必須依然停留在經驗範圍之內，另一方面，又必須趕快超出經驗之外，經常地期待著確認，經常地期待著駁倒。科學不關心既不可能確認、也不可能反駁的東西。……理論和經驗的比較，將隨著我們的觀察手段的改進而擴展得越來越遠。如果沒有和經驗相聯繫的觀念，單單經驗只會使我們感到陌生。觀念如果適合於最廣闊的研究領域，並給最大量的經驗作出補充，那就是最科

---

[32] 唐・李商隱：＜無題二首＞(其一)。

學的觀念。」(*SM*, pp. 586-587) 在談到事實和觀念或觀念和觀察的關係時，馬赫講了一段頗有辯證法色彩的、在對立的兩極保持了必要的張力的話：

> 英國哲學家惠威爾 (W. Whewell, 1794-1866) 指出，對於科學的形成來說有兩件事是必需的，即事實和觀念。只有觀念只會導致空洞的猜想，而僅有事實也不會產生有組織的知識。我們看出，一切取決於使現存的概念適應於新事實的能力。過於迅速地屈從於每一個新事實會妨礙穩定的思想習慣的形成，而過分僵硬的思想習慣又妨礙觀察的自由。如果我們能夠在這種鬥爭中，在判斷和預斷（成見）之間的妥協中使用該關係，那麼我們理解事物的範圍就會擴展。(*PSL*, pp. 231-232; *PTH*, p. 358)

類似的論述在馬赫的著作中還可順手拈來。例如，在談到觀察與理論的關係時，馬赫說得好：「我們稱思想對事實的適應爲觀察；我們稱思想的相互適應爲理論。觀察和理論也是無法截然分開的，因爲幾乎任何一個觀察都已經受到理論的影響，觀察要是足夠重要的話，反過來也作用於理論。」(*KE*, p. 120) 在談到思想與實驗的關係時，他說：「思想與實驗的密切結合建立了現代的自然科學。實驗產生思想，思想然後進一步被轉向與實驗再次比較和修正，這樣便產生新的概念，如此反覆不已。」(*KE*, p. 146) 他還告誡人們，不要以爲單獨一個實驗或觀察就能確認觀點的正確性 (*KE*, p. 89)。他指出，儘管經驗最初導致了某些幾何學命題的知識，但科學的幾何學則是直覺、物理的經驗和概念的理想化三個因素合作的結果 (*GJ*, pp. 150-151)。

七、馬赫本人也不同意把他的思想劃入狹隘的或極端的經驗論範疇。他在爲自己被誤解而辯護時講得言之有理:

> 有人從其他方面發現，我的觀點可以從過分重視感性和相應不了解抽象作用和概念思維的價值得到理解。須知，若不重視感性，自然科學家便不會有多大成就，而重視感性，並不會妨礙他建立明晰而精確的概念。恰恰相反！近代物理學的概念在精確性和抽象程度方面可以與任何其他的科學概念相比，同時還表現出一個好處，卽人們總能輕而易舉地、確定無疑地追溯到建立起這些概念的感性要素。對於自然科學家，直觀表象與概念思維之間的鴻溝絕不是很大的、不可跨越的。我們可以順便指出，我絕沒有輕視物理學的概念，而是在過去幾乎四十年中，在許多方面都比以前更徹底地從事於評論這些概念。(*GJ*, p. 280)

不管怎麼說，馬赫的主導哲學畢竟是偏向感性、偏重經驗的。馬赫在當時採取激進的或徹底的經驗論立場並不是無緣無故的 (也許是合理的): 這既是他抵禦新康德主義的先驗論和黑格爾思辨的自然哲學的影響的需要，也是他反對力學神話 (力學先驗論和力學自然觀) 的要求。而且，正如馬赫的自我辯護詞所講的，以感覺和經驗作爲自然科學的出發點和基礎，本來就無可厚非，倒是非常合乎情理的。弗蘭克在談及這一點時說: 馬赫哲學的價值不在於它幫助物理學家在工作中怎樣前進，而在於它提供了一種保衞物理學大厦，反對外來攻擊的手段，把物理學放在無懈可擊的位置上。事實上，普朗克在提及馬赫實證論時也看清了這一點:「要給它以充分的榮譽，因爲面對著威脅性的懷疑論，它再次樹立起一切自然研究的唯一合法的出發點 —— 感性知覺。」㉝連人文學者馬克思也一般地說:

> 感性必須是一切科學的基礎。科學只有從感性意識和感性需要這兩種形式的感性出發，因而只有從自然界出發，才是現實的科學。㉞

事實上，正如馬赫所言，感性知覺和概念思維之間的鴻溝並不很大的。馬赫的實驗心理學方程是這樣的: 感覺 + 精神 = 感性知覺。因此，科學中的智力因素在馬赫那裡並不是在實驗之後添加的，而本來就像麵包中的酵母一樣，早就融匯在一起了㉟。

㉝ P. Frank, The Importance of Ernst Mach's Philosophy of Science for Our Times, in *PP*, pp. 219-234.

㉞ 馬克思:《1844年經濟學哲學手稿》，人民出版社（北京），1985年第1版，頁85。

㉟ 同❽，頁169-170。

第四章　略論馬赫的思維經濟原理

雪裡猶能醉落梅，
好營杯具待春來。
東風便試新刀尺，
萬葉千花一手裁。
——宋・黃庶・〈探春〉

「思維經濟原理」(principle of economy of thought) 是馬赫一條重要的認識論和方法論原理，是他的頗有特色的創造物之一。馬赫亦稱其爲「思維經濟概念」、「智力經濟理論」(theory of mental economy)、「智力經濟觀念」，它也被人簡稱爲「經濟原理」、「經濟理論」、「經濟學說」、「經濟思想」等。這個原理伴隨著馬赫度過了近半個世紀的智力生涯，無時無處不體現在他的講演和論著之中，以致皮爾斯這樣寫道:「恩斯特・馬赫博士具有哲學家能夠具有的最大毛病之一，那就是至死都要騎著他的馬，他關於科學中的經濟原理就是這樣作的。」❶

---

❶ E.N. Hieber, Ernst Mach, C.C. Gillispie ed., *Dictionary of Scientific Biography,* Vol. Ⅷ, New York, 1970-1977, pp. 595-607.

§4.1 思維經濟原理的提出

思維經濟原理是馬赫在1868年發表的〈液體的形狀〉的講演和其後不久出版的《能量守恒》中首次正式提出的。他在講演中把液體表面張力原理和裁縫最大限度節省布料的吝嗇而明智的商業原則加以對照:

> 你們看, 我們吝嗇的商業原則充滿著意義。它使嚴肅研究的結果對物理學富有成效, 就像蘇格拉底 (Socrates, 前469-399) 乾巴巴的問題對科學富有成效一樣。如果該原則在想像中似乎缺乏的話, 那麼更多的思想便是它結出的果實。但是, 請告訴我, 科學為什麼要為這樣一個原則而羞愧呢? 科學本身更像商業嗎? 用盡可能少的工作, 在盡可能少的時間內, 以盡可能少的思維, 獲得盡可能多的永恒真理部分, 難道不是科學的任務嗎?

馬赫在上述言論的「科學」一詞所加的注腳中進一步明確指出:「科學可以被視爲最大值或最小值問題, 可以嚴格地被視爲商業事務。事實上, 自然探索的智力活動與日常生活進行的活動並非像通常設想的那樣大相逕庭。」(*PSL*, pp. 15-16)

在 1872 年出版的《能量守恒》中, 馬赫討論了科學定律、法則和公式所具有的「經濟價值」。他進而還指出說明的經濟功能:「除了以概要的形式收集盡可能多的事實外, 自然科學還有另一個問題, 這實質上也是經濟的。它把比較複雜的事實分解爲盡可能少、盡可能簡單的事實。我們稱此爲說明。」(*HR*, p. 55) 馬赫在該書的〈注釋〉中表示:「在科學中，我們要關心方便和節省思維。」「科學具有經濟和節約問題。」(*HR*, p. 88)

在馬赫的心目中，思維經濟原理是我們文明的特殊形式的一條基本原則，難怪他始終盡心竭力地關注和倡導它。1882年5月25日，馬赫在維也納帝國科學院年會上發表了題爲〈物理探究的經濟本性〉(*PSL*, pp. 186-213) 的講演，集中而全面地論述了這一原理。其後，在《力學》的〈科學經濟〉一節 (*SM*, pp. 577-595)，在《熱學》的同名一章 (*PTH*, pp. 359-362) 等處，他廣泛地探討了思維經濟原理的起源、涵義、功能、實質以及與概念、語言、數學推理、因果性、目的論、進化論、心理現象、反形而上學等等的關係。在馬赫提出的認識論和方法論諸原理中，思維經濟原理是他論述得最多、最充分的原理。

馬赫的思維經濟原理既不是憑空臆想的產物，也不是靈機一動的結果。它的提出既得益於對前人和同代人思想的深思，也淵源於馬赫本人長期從事教學和研究工作的經驗。

1864年至1867年間，當馬赫在格拉茨大學任教時，他結識了該校的經濟學教授赫爾曼，他們過從甚密。在赫爾曼的影響下，馬赫認識到科學的精神活動也是一種經濟的思維活動，科學也有一個經濟問題或節約問題。正當馬赫想用赫爾曼經濟理論的中心概念（經濟概念）解決科學理論的動力學問題，即哪些要素決定假設和理論的變化和進步問題之時，赫爾曼本人則在努力用自然科學的方法論考察經濟原理所引起的一些經濟問題。這兩位科學家都相信，人和自然的分離只能人爲地達到：就像霧在陽光下消散一樣，在人和迷信與虛妄信念創造的其餘一切之間劃的那可憐的界線也必定在科學的光芒下消失。自然（在超人存在這個古老的不健全的意義上）的經濟構成了經濟學說最優美、最壯觀的部分。我們知道只有一個自然，而人作爲由衆多個體合作進行創造的存在物，在其中占據一個微不足道的地位。人類勞力、我們的建築物、機器等的節省都同植物的生命器官、動物的感官和心智器官之起作用和創造的經濟相仿❷。

少年時代的馬赫就對拉馬克的生物進化理論深信不疑，他永遠也無法使自己擺脫建立在獲得性遺傳基礎上的潛在的進化認識論。後來，達爾文的進化論進一步堅定了他的信念，加深了他的認識。馬赫看到，如果按照達爾文學說對我們的啓發，將整個心理生活——包括科學在內——看作生物現象，並把達爾文的生存競爭、物種進化的自然淘汰理論應用於這些現象，那麼思維經濟原理就會有一個廣闊的基礎和新的科學闡明。馬赫指出，科學的生物學工作爲充分進化的個人提供了一個盡可能理想的自我定向的方法。無論是在科學家之間還是在科學理論之間，都存在著生存競爭。只有那些堅持思維經濟的科學家所創造出來的簡單、方便、經濟的理論，才能在鬥爭中倖存下去。另一方面，我們最初的知識是一種本能的、經濟的產物。通過交流，才能把個別人的經驗集中到一起而變成許多人的經驗。知識的交流的必要和每個人（因爲個人的生命有限）力求用最少的腦力花費來組織經驗，迫使我們把知識組織成經濟的形式。我們接受其他個人的經驗，實際上是以往全部世代的經驗。這個過程類似於把千萬年積累的經驗傳遞給生物，使得這些經驗作爲遺傳禀性傳達給後代的過

---

❷ R. 哈勒爾：<詩人的想像和經濟：科學理論家馬赫>，周昌忠譯，《科學與哲學》（北京），1984年第5輯，頁88-101。

程，彷彿是知識繁殖一樣。馬赫以因果性爲例提出，因果觀念是本能地、不自覺地發展起來的，是在人種發展過程中完善起來的。所以原因和結果是思維的東西，具有經濟的職能（*SM*, p. 581）。事實上，達爾文的進化論和馬赫自己的經濟理論充滿了整個馬赫哲學，但它們在不同的地方是以不同的方式被使用的，值得人們留心加以研究。

馬赫關於思維經濟的見解，也是從他的教學經驗中、從他的實際研究工作中發展出來的。早在1861年，當他開始以無薪講師的身份開課的時候就有了這種見解。他說，教育的目的只是爲了節省經驗，這樣一個人的勞動就可以免去其他許多人的勞動。進而，人們力求簡要地、概括地進行描述，也是爲了節省教育和探索所需要的勞動。當時，他還以爲自己是唯一懂得思維經濟原理的人，後來他發覺這個原理永遠是，也必然是所有思考科學研究過程的本性的研究工作者共同具有的。在科學研究中，馬赫具有把複雜的、含混的關係歸納爲簡單概念的令人讚嘆的才能，他從中發現這裡表達出的經濟觀念（別處也稱之爲理性機巧）是知識進步史中的富有成果的手段。馬赫認爲，思維經濟原理可以採用十分不同的形式來表述。例如，他從科學史研究中發現，在哥白尼和伽利略的工作中顯示得非常清楚的那種簡單性和美的基調，就具有經濟的特徵；牛頓的哲學思維規則本質上也是受經濟觀點影響的，儘管思維經濟原理當時並沒有被明確表示出來。

§4.2 思維經濟原理的涵義和精神實質

馬赫在不同時間、不同場合、針對不同問題、從不同的角度多次闡述了他的思維經濟原理。這個原理的涵義是相當寬泛的，據布萊克默對馬赫原始文本的表述所作的分類（*EM*, pp. 173-174），其涵義大體有以下諸方面：

一、思維的經濟：人的生命和能力有限，只有通過巧妙的思維經濟和謹慎的積累，經濟地整理無數人的共同經驗，個人才能獲得名副其實的知識。

二、精力的經濟：認識論的現象論可使人們耗費最少的精力，也就是對現有的知識狀況來說，它比任何其他方法都更經濟。

三、功和時間的經濟：科學家向自己提出的任務是：用盡可能少的勞動，在盡可能短的時間內，用盡可能少的思維，獲得盡可能多的眞理。

四、方法論的經濟：用以獲得知識的方法本質上是經濟的。

五、作爲數學簡單性的經濟：簡單性的要求對於專家和新手當然是不同的問題。首先，微分方程組的描述是充分的；其次，用基本定律逐漸構造是需要的。

六、作爲縮略的經濟：科學的系統化有它的長處和短處。事實的表述總是要犧牲其完備性的，而且這種表述絕不比適合目前的要求更精確。

七、作爲抽象的經濟：我們在思想中複製事實總是抽象，這裡又有經濟傾向。

八、作爲不完備的經濟的邏輯：經濟的要求比邏輯的要求更多，可以說，邏輯只是作爲否定的規則。

九、本體論的經濟：主要的事情是取消不必要的二元存在（「外觀」和「實在」）。

十、自然界中沒有經濟：不能說物理過程中的經濟，因爲沒有可能在眞實的事件之間作出選擇。

十一、語言的經濟：語言，這個交流的工具，本身就是一種經濟的發明。

布萊克默的分析比較全面地揭示了馬赫思維經濟原理的本來涵義，有助於我們加深對這一原理的理解。不過，他的分析似乎使人不得要領，無法把握思維經濟原理的精神實質，這顯然難以洞見到該原理的深層意蘊。那麼，思維經濟原理的精神實質究竟是什麼呢？我們也許可以從以下幾個方面窺見一斑。

一、思維經濟是科學的目的。馬赫認爲，科學的目的，就是用思維對事實的摹寫和預測來代替經驗，科學的這種貫穿其整個生命的經濟功能是一望卽知的。在科學知識的形成、傳授、交流中，都可以看出其經濟傾向。例如，科學（語言數字、代數符號、化學符號、公式等）本身就是一種經濟手段，數學模型、假設的運用，也是爲了簡化對事實的摹寫。在科學的細節中，經濟性質更加明顯。例如，在自然界中並沒有折射定律，只有各種不同的折射情況，折射定律是我們爲在精神上摹寫這一事實而設計出來的簡明規則。馬赫指出，從經濟的角度看來，高度發展的科學，卽是那些可以把事實歸結爲少數性質相似的要素的科學。力學、物理學和數學就是這樣的學科。在力學中，我們僅限於處理空間、時間和質量，預先建立的數學的經濟功能對它很有幫助。物理學也有不少思維經濟的例子：轉動慣量可以使我們不必對各個質點分別考察，力函數可以使我們不必對力的各個分量一一進行研究，高斯折射光學可以使我們不必對折光系統中的每一個折射面單獨探討。至於數學，它可以被定義爲計算的經濟。數學以最概括、最經濟的方式，用已知結果的舊有演算去代替新的演算。依靠數學，可以使我們獲得精神上的完全解放，因爲數學的力量就在於迴避不必要的思想和奇蹟般地減少思維操作。正是基於對科學經濟功能的全面考察，馬赫得出結論說:

> 可以把科學看成一個極小值問題，這就是花費盡可能少的思維，對事實作出盡可能完善的描述。(*SM*, p. 586)

二、思維經濟是方法論的原則。馬赫說過，我們必須承認，任何一種科學成果，如果沒有方法，並非在原則之點上不能達到。但是，由於人的生命短促，人的記憶能力有限，任何一項名副其實的知識，除了借助作爲方法論原則的思維經濟，都是不能得到的。在馬赫看來，思維經濟之所以能作爲一條方法論原則，也是由人的思維形式的本性決定的。我們在思維中摹寫事實時，從來不是把事實全部摹寫出來，而只是摹寫其中對我們重要的那個方面；而且，我們總是從比較穩定和熟悉的複合開始，然後再用不常見的複合補充那些複合，加以校正。這種摹寫過程永遠是一些抽象，這裡具有經濟傾向。進而，在從眾多的事實中歸結出少數性質相似的要素（概念）和尋求它們的共同特點（定律）時，人們也總是自覺地或本能地體現出思維經濟的要求。事實上，概念和定律所包含的內容總是少於事實本身，因爲它們不是把整個事實重新產生出來，而只包含那些對我們是重要的東西，其餘部分則有意識地、或根據需要加以省略。這種以最少的思維花費，從一給定領域中獲得概觀以及用某個單獨思維過程來表示這一領域中所有事實的傾向，實際上是一種經濟的傾向。馬赫強調，思維經濟原理是區別科學認識方式和非科學認識方式的特徵原則，「科學方法具有經濟的本性」(*PTH,* p. 336)。首要的是，一個事實領域的歷史、方法論猜想、研究和表示與其說是知識的純偶然的增進，還不如說是科學地證明爲合理的。因此，發現的方法和表示的系統方法都服從經濟原則，即用定律取代事實是一重經濟，在心智中把實驗定律凝結成理論時又是一重經濟。在這種意義上，馬赫的作爲方法論原則的思維經濟，既是科學發現的邏輯，也是科學研究的心理學。

三、思維經濟是評價科學理論的標準。在馬赫看來，我們對事實描述或摹寫得越經濟、越簡單，那麼就對事實的認識越深入、越完善，這樣的描述或摹寫在科學研究上起的作用也越大，它也具有較高的價值。最有助於思維經濟的概念，即是能普遍適用於最廣闊的研究領域，並且給最大量的經驗作出補充的概念，也就是最科學的概念。馬赫洞察到，事實領域的科學的和有條理的描述，在比較節約、比較經濟地利用我們的精神能力方面，優於同一領域的偶然和非系統的觀點；一門科學的系統化形式，是可以用許多不同的方式從同一原理中推出來的，但是必定有一些演繹系統比其他的演繹系統更符合思維經濟原理，符合得好的系統就是好系統。馬赫指出，理論的經濟性或簡單性是相同的，但對內行說來認爲簡單的理論在外行看來也許就是複雜的，不過這是一個實際問題而不是原則問題。「經濟將給我們一個最有價值的取向目標，由此引導我們的科學行爲。」(*PTH,* p. 361)

四、思維經濟是反形而上學的武器。馬赫多次強調：科學的任務僅是對事實作概要的陳述，這必然會導致我們排除無法用經驗檢驗的形而上學假定，因爲它們是多餘的，並且會破壞科學的經濟性（*GJ*, pp. iv-v, iii)。馬赫在這裡所說的形而上學，是既無法確認又無法駁倒的東西，科學是不關心這些東西的。馬赫正是以經濟原理作爲拒斥形而上學的武器的，因爲形而上學恰恰是多餘的思維作料，通過節約思維可以去掉它。爲此，馬赫提出了他的現象論的研究綱領，建議拋棄那些無法感知的、形而上學的「實體」概念。也正是出於思維經濟的考慮，馬赫給質量和力下了操作式的定義，以消除牛頓定義的形而上學的朦朧。

五、思維經濟是關於知識（認識）的生物經濟學。在這裡，馬赫把他的思維經濟原理放在進化論的基礎上，從而形成了所謂的生物經濟學。馬赫這樣寫道：如果人們按照達爾文學說對我們的啓發，將整個智力生活——包括科學在內——看作生物現象，並在這種現象上應用達爾文關於生存競爭、物種進化和自然淘汰的理論，那麼〔思維經濟〕觀點就會立即得到廣闊的基礎，從新的科學方面得到闡明（*GJ*, p. 40)。馬赫注意到：

> 當人類心智憑藉其有限的能力企圖單獨地反映世界上豐富多彩的生活，而其自身只不過是這個世界的一部分時，它永遠不可能希望窮盡這一認識，因此人們不得不經濟地思維。於是，各個時代的哲學都表達了同樣的趨勢，即通過少數基本的思想來把握實在的根本特徵。(*PSL*, p. 186)

事實上，人類爲了生存和發展，就必須與我們的環境處於某種和諧的關係之中，爲此就需要以經濟的方式達到一個世界圖象：

> 我們不僅僅是為經濟而經濟；而是為了占有，並最終享用占有。科學經濟的目的是為了向我們提供一個盡可能完備的世界圖象——相關的、一致的、平靜的、不因偶發事件而擾亂的世界圖象。科學趨向這個目的越近，它就越有能力控制對實際生活的擾亂，從而更有力地服務於它原初的意圖。(*PTH*, pp. 336-337)

在馬赫看來，人們最初的知識是一種本能的、經濟的產物。知識的交流和每個人力求用最少量的腦力花費來組織他的經驗的必要，迫使我們把我們的知識組織成經濟的形式。要把成千上萬人的知識加以整理和積累以形成眞正的知識，沒有完美的思維經濟也是不行的。科學正是這樣通過思維經濟逐漸培育和發展起來的，它源於生活，服務生活，從生活出發。而且，科學理論之間也存在優勝劣汰的競爭，從而使得科學理論越來越經濟，因爲經濟的理論生命力較強。

§4.3 思維經濟原理的歷史命運

在馬赫提出思維經濟原理前後，其他一些哲學家和科學家也先後獨立地提出了類似的思想。例如，阿芬那留斯寫了《哲學——按照費力最小的原則對世界的思維》(1876)，基爾霍夫在《力學》(1874) 提到「全面而又極簡單的記述」，克利福德等人也談到這個問題。麥考馬科1895年在《公開論壇》上發表論文，指出科學思維經濟觀念與亞當・斯密（Adam Smith, 1723-1790）的思想是很接近的。情況正如馬赫所說，哲學家和科學家

「他們互不相識，走上了這樣一些道路，這些道路儘管還存在著許多個人方面的差別，但幾乎都是朝著一個地點會聚的」(*GJ*, p. vi)，這種會聚現象是「當代哲學的本性」(*KE*, p. xxxii) 的充分表現。

尤其是，在世紀之交與馬赫同屬批判學派的彭加勒和迪昂，對馬赫的思維經濟原理推崇備至。彭加勒在《科學與方法》(1908) 中寫道:「著名的維也納哲學家馬赫曾經說過，科學的作用在於產生思維經濟，正像機器產生勞力經濟一樣，這是十分正確的。」他像馬赫一樣地認爲:「思維經濟是我們應該追求的目標」,「是科學的永恒趨勢，同時也是美的源泉和實際利益的源泉。」❸ 彭加勒主要是從簡單性的角度理解思維經濟原理的，並給它賦予了科學美的內容，這也是他對思維經濟感興趣的原因。迪昂在他的《物理學理論的目的和結構》(1906)中，也表示贊同馬赫關於「整個科學的目標就是用盡可能少的智力操作來代替經驗」的觀點。他這樣寫道:「構成理論的抽象和推廣的雙重工作帶來了雙倍的思維經濟: 當用一個定律代替許多事實時，這是經濟；當用一小批假設代替一大堆定律時，這又是經濟。」他指出:「這就是物理學家爲什麼首先要把無數眞實的或可能的事實濃縮到一個定律中，爲什麼要形成許多定律的極其濃縮的綜合即理論的原因。」❹

---

❸ H. 彭加勒:《科學的價值》，李醒民譯，光明日報出版社（北京），1988年第1版，頁361，365，358。

❹ P. Duhem, *The Aim and Structure of Physical Theory*, translated by P. Wiener, Princeton University Press, 1954, pp 55, 327.

馬赫的思維經濟原理對幾代科學家都產生了影響。例如，電子論研究專家亞伯拉罕 (M. Abraham, 1875-1922) 被理論物理學家最優美、最有用的工具 —— 拉格朗日解析力學 —— 在微觀體系中的可靠性震動了。他以偏愛馬赫的語調說:「這個結果不僅作爲對認識論的貢獻是有意義的，而且作爲比較經濟的描述也是有意義的，……」❺

維也納學派的領袖石里克對馬赫的經濟原理評價很高。1926年 6 月12日，在維也納市政府爲紀念馬赫誕辰九十周年而建立的銅像的揭幕儀式上，石里克發表了一篇簡短而中肯的演講。他在提及馬赫「排斥形而上學的概念最後似乎也以他的經濟原則爲根據」時說:

> 我們看到，馬赫在這裡，如同在許多其他地方一樣，總是企圖把科學概念從多餘的累贅中解放出來，同時把科學的真正意義用簡樸的形式表達出來。以這種方式形成的那樣動人的、簡潔而純樸的世界觀，以它的特別充滿朝氣的光芒發出動人的色彩，這種色彩是為蓬勃發展的科學研究的出現相聯繫的。❻

馬赫的思想也受到他的一些同行、朋友乃至追隨者的批評。

---

❺ A. I. Miller, *Albert Einstein's Special Theory of Relativity,* Addison-Wesley Publishing Company, Inc., 1981, p. 59. 該書已由李醒民譯出 (1985)，至今未出版。

❻ M. 石里克：<哲學家馬赫>，洪謙譯，《自然辯證法通訊》(北京)，第10卷 (1988)，第 1 期，頁16-18。

卡魯斯批評馬赫的系統的經濟事業沒有爲其他人承擔損失。馬赫針鋒相對地答辯說：科學經濟優於其他每一種經濟，沒有一個人在其中因它遭到損失，而且在這方面發現的方法對一切人均有用，科學的新思想是任何一個人都可以擁有的。當然，科學也能被誤用於有害的事業，但問題不在於科學經濟，而在於科學應用。彼得楚爾特認爲，經濟觀念對物理領域以及智力領域是不恰當的。對此馬赫回答說：經濟確實不能就物理過程斷言，但是在包括技術領域和科學領域在內的智力過程中，最有價值的取向目標則是經濟觀念，而且人的思想也有希望經濟地反映世界的強烈衝動和傾向。(*PTH*, pp. 359-362)

對馬赫經濟原理批評得最厲害的哲學家恐怕要算胡塞爾了。胡塞爾在他的《邏輯研究》(1900-1901) 第一卷中，批評思維經濟是科學思想的墮落，是與粗俗的或盲目的思想的結合。對馬赫主義及其思維經濟原理進行毀滅性批判的，則是列寧的《唯批》。列寧指出，思維經濟這個範疇是「荒謬的、主觀主義的」，「聲名狼藉的」，「這種十足的謬論是企圖在新的僞裝下偷運主觀唯心主義。」「只要把這樣荒謬的概念搬入認識論，那麼不用說，『設想』只有我和我的感覺存在著，是最『經濟』不過的了。」他表示贊同赫尼格斯瓦爾德 (R. Hönigswald) 和馮特的觀點，也認爲思維經濟「不是從經驗中得出的，而是在一切經驗之前就存在著的」，它「實質上是先驗的」。他還提出了這樣的論點：「人的思維在正確地反映客觀眞理的時候才是『經濟的』」，「思維的經濟性只不過是用一個笨拙的極其可笑的名詞來代替正確性。」(*WP*, pp. 170-176)

馬赫的思維經濟原理也受到一些科學家的批評。愛因斯坦認爲這個以「可疑的商業上的名稱」命名的原理「的確有點太淺薄」，馬赫的簡單性這一觀念也「太主觀」。不過，他也指出，「馬赫的思維經濟概念可能包含有部分眞理」，並在邏輯簡單性或邏輯經濟的意義上接受了馬赫的這一概念。他多次強調基本概念和基本假設要在「邏輯上比較經濟」，「力求整個理論前提的統一和簡化（也就是解釋爲一種邏輯原理的馬赫的經濟原理）」，並認爲「相對論是要從邏輯經濟上來改善世紀交替時所存在的物理學基礎而產生的」。他在1953年寫信給摯友索洛文，提到他關於總場理論的一個嘗試「可能算是極完美的了（獨立概念經濟，假設經濟）」，儘管他當時還「不知道其中是否含有物理眞理」（*E1*, pp. 212, 214, 384, 389, 495, 573）。玻恩認爲馬赫的思維經濟「是可以大加非難的」，他「不贊成」「必須把思維經濟當作科學的唯一根據」。他指出：「我們若想使思維經濟化，那麼最好的辦法就應該是完全停止思考」——有趣的是，坎貝爾（N. R. Campbell, 1880-1949）也發表過類似的評論：大量的人通過不去思維的簡單辦法就達到了思維經濟❼——不過，玻恩也表示「不否認思維經濟和結果的濃縮是很重要的」，並認爲「拉普拉斯的普適公式是〔這一傾向的〕一個正當的理想」，「哈密頓原理乃是這一傾向的恰當的表述」❽。

對於胡塞爾的責難，馬赫認爲還好的辦法是在胡塞爾完成他

---

❼ N. R. Campbell, *Foundations of Science*, New York, 1957 p. 222。

❽ 朱保如等：<馬克思·玻恩>，《科學家論方法》第1輯，周林等主編，內蒙古人民出版社（呼和浩特），1984年第1版，頁346, 347。

的著作前不作詳盡答覆，因爲胡塞爾的研究並沒有觸動他的研究結果，他眞誠地希望這些著作獲得最大的成功。他只是作了以下幾點說明。他說，作爲一個自然探索者，他喜歡從一些特殊的確定的探究出發，讓相同的東西從各方面對自己起作用，然後從特殊情況上升到一般觀點。他提出思維經濟原理就是遵循這個習慣的，因爲這種關於理論的理論，是一項十分困難的工作。他認爲自己是完全有能力區別心理問題（「盲目的」日常生活中的普通思維）和邏輯問題的，並且從兩個端點著手研究都是有意義的。不過，他也強調指出：即使所有科學部門的邏輯分析都是完善的，對它們的發展作生物學和心理學方面的研究依然是必要的。如果把思維經濟理論僅僅設想成一個目的論的、暫時的指導原則，那麼這個見解並不排斥它可以建立在一個更加深刻的基礎上，而它正是傾向這樣作的。何況，思維經濟絕不是那樣，它是一個十分清楚的邏輯理想，直到它的邏輯分析已達完善，它仍然保持著自己的價值。馬赫最後自信地說：

> 當我發現智力經濟觀念在我對它加以說明以前和以後都不斷地受到重視時，我對個人成就的估價就必須低一些，但是在我看來，這個思想本身倒是更由於這個原因獲得自己的價值；胡塞爾把它看成是科學思想的墮落，是與粗俗的或「盲目的」思維的結合，而我認為這恰恰是它的提高。它的成長速度已超過學者的研究，深深地根植於人類生活之中，並對人類生活產生强有力的影響。(*SM*, pp. 594-595)

對於列寧的批判，馬赫在《唯批》出版（1909年5月）之後兩個月就了解到了。據西德學者的研究，事情是這樣的：與馬赫交往甚密的物理學家和哲學家 F. 阿德勒之妻是俄國人，她把列寧的書譯成了德語，一部分是筆譯的，另一部分是她口譯給馬赫聽的。當時馬赫的反應是：一方面，他很高興，因爲他知道有這麼一回事，要不是阿德勒妻子介紹，他簡直無法知道還有這麼一件大事發生；另一方面，他認爲這本書完全是黨派爭論的著作，與他感興趣的問題相去甚遠，因此他對此書沒有發表任何意見❾。至於愛因斯坦和玻恩的批評，都是馬赫去世以後的事了，馬赫當然無從答辯。

§4.4 思維經濟原理辨正

撇開「思維經濟」這個術語是否「笨拙」、是否「可疑」不談（這不是實質問題），人們完全可以按照自己的境遇、立場、需要、經驗、知識背景乃至偏好，對它的意義和意向作出自以爲恰當的理解，並就它的優劣得失加以評論。但是，在我們看來，上述有關批評或指責似乎在以下幾個問題上對思維經濟原理存有誤解和曲解。

一、思維經濟原理是主觀的、先驗的嗎？

從前面的敍述不難看出，馬赫思維經濟原理的提出，既不是主觀的臆想，也不是先驗的虛構。它的提出是馬赫教學和研究經驗的總結，也是一個時代的人的智力成果的反映。更爲重要的

❾ 洪謙：<談談馬赫>，《社會科學戰線》（長春），1982年第2期，頁21-23。

是，作爲一位科學史家，馬赫對科學發展史作了縝密的考察，他從中洞見到科學的經濟功能和科學理論的經濟傾向，也看到科學家把思維經濟或簡單性作爲一種追求的目標。作爲一位科學哲學家，馬赫了解人類的認識史和思想史。他從中覺察到各個時代的哲學都表達了同樣的趨勢：通過少數基本的思想來把握實在的根本特徵，經濟地建構一幅簡單的、易領悟的世界圖象。思維經濟原理正是揭示了人類認識的這一總趨勢。

不用說，思維經濟原理包含有主觀性（愛因斯坦只是嫌它包含的主觀性太多了）。不過，這也是科學的主觀性和從事科學研究的科學家所具有的科學信念的主觀性的自然體現罷了。科學作爲一種現存的和完成的東西，的確是客觀的。但是，科學作爲一種尚在制定中的東西，作爲一種被追求的目的，卻同人類其他一切事業一樣，是主觀的，是受科學家的心理狀態制約的。這樣一來，把思維經濟作爲科學的目的，又有什麼理由加以過多的非議呢？另一方面，科學信念是科學家在進行科學研究之時，對自己的研究對象和研究結果事先所具有的自以爲可以確信的看法，它有時也以方法論的原則和評價理論的標準的面目出現。儘管有些科學信念一開始並未得到實踐的檢驗，也許有的科學信念根本就無法用實踐檢驗，但是科學家還是堅信它們，事實上它們也往往不會使科學家受騙。科學信念是科學研究中的重要因素，它決定著科學家研究的方向和所要達到的目標，也是科學家孜孜不倦地從事研究的動力之一。由此可見，科學和科學研究中的主觀因素和「先驗」（相對於實驗檢驗之後的「後驗」而言）因素是不可避免的，甚至是不可或缺的。作爲科學方法論原則和評價理論標準的思維經濟，應該享有它作爲科學預設的合法地位。何況，馬赫在提出思維經濟是科學目的的同時，也強調思想對事實的適應和思想對思想的適應等等原理——思維經濟原理不是唯一的和排它的。

至於人類思維具有經濟的傾向，在某種程度上的確是人類思維的本性或本能（當然後天學習無疑會加強這一傾向，並使之變爲有意識的）。這乍看起來是先天的，實際上卻是生物漫長進化和人類精神長期發展的結果，是人類已往經驗在人的遺傳基因上的積澱。這種對某一具體個人說來具有先天因素的傾向，對整個人類而言則依然是後天的。正如前面所述的，馬赫當時就認識到這一點（現代科學也許會愈來愈多地證實這一事實）。而且，他在更普遍的意義上認爲:

> 在精神上確實存在著一個統攝新經驗的「觀念」，但是那個觀念本身是從經驗中發展出來的。(*SM*, p. 581)

馬赫進而更明確地指出，人不僅得到自然的信息，而且也得到精神的信息，就此而言，人屬於兩個世界。我們和我們自然環境中的事物屬於同類，我們正是通過我們自己認識它們的。這種獲得概念工具的過程是十分複雜的，最初還是在沒有反思和意識的情況下發生的。如果我們在學習過程的某個階段上變得有意識了，那麼我們便發現我們已有一幅相當完整的世界圖象。但是，這種關於世界的概念當然不是先驗的（我們的「本能知識」可能使人認爲它是先驗的），而這激起了巨大的信心。這個世界圖象無非是經驗財富，它像物質財富一樣，也是把許多人的工作集中在一個人身上，從而得以節省和解放智力⑩。

這還未觸及問題的要害。某些批評家指責馬赫的思維經濟原理是主觀的和先驗的，關鍵在於馬赫認爲自然界中沒有經濟或沒有簡單性——儘管他也說過：「一切心理事實都有物理的根據，爲物理現象所決定。」(*GJ*. p. 40) 自然界是否簡單或經濟？對於這個帶有強烈「二律背反」色彩的本體論問題，人們自然會有兩種截然不同的信念和答案。牛頓認爲：

> 自然不作徒勞的事，解釋多了白費口舌，言簡意賅才見真諦；因為自然喜歡簡單性，不會響應於多餘的原因的侈談。⑪

愛因斯坦指出，自然規律的簡單性也是一種客觀事實，而且正確的概念體系必須使這種簡單性的主觀方面和客觀方面（或現象的主觀方面和客觀方面，或心理的經濟和邏輯上的經濟）保持平衡 (*E1*, p. 214)；他也正是在這個意義上批評馬赫的思維經濟「太主觀」的，因爲馬赫的天平偏向了主觀方面；不過，他也坦率地承認，他永遠不會說他眞正懂得了自然規律簡單性所包含的意思。海森伯像愛因斯坦一樣相信，自然規律的簡單性具有一種客觀的特徵，他甚至被自然界顯示出的數學體系的簡單性和美強烈地吸引住了 (*E1*, p. 217)。與此相反，玻恩卻認爲：「經濟的

---

⑩ 同❷。

⑪ I. 牛頓：《自然哲學之數學原理 · 宇宙體系》，王克迪譯，武漢出版社（武漢），1992年第1版，頁403。

不是自然界，而是科學。」⑫ 普利高津則強調指出，不僅人對自然的看法經歷了一個向著多重性、暫時性和複雜性發展的根本變化，而且科學的興趣正從簡單性向複雜性轉變⑬。

出現這種眾說紛紜的局面是一點也不奇怪的，因為自然界是否簡單或經濟這個本體論問題本身，本來就是一個既不能證實也不能證偽的名副其實的形而上學問題。我們用什麼來證明它呢？我們只能用科學，用科學定律和理論。即使我們所發現（恰當地講，應是「發明」）的定律和理論是簡單的，那也只是說明科學本身是簡單的，無論如何不能說明自然界是簡單的。還是彭加勒對這個問題處理得比較謹慎、比較巧妙。他說：自然界的簡單性問題不是一個容易解答的問題。自然界不一定是簡單的，但是我們卻可以相信它是簡單的而去行動，只有這樣科學才是可能的⑭。

二、思維經濟是要人們停止思維和隨心所欲地設想嗎？

這是對馬赫思想的明顯曲解。思維經濟並沒有要求科學家減少觀察的數目和停止思維，也沒有說科學家可以隨心所欲地胡思亂想或憑空杜撰事實和理論。事實上，馬赫本人就是一位勤奮的觀察家和思想家。他從小就對遠處的東西看來變小和磨房風車的轉動感到驚奇；即使到了高齡，他還強烈地迸發出對觀察和理解事物的毫不掩飾的喜悅心情。像這樣一位在眾多學科領域辛勤耕耘，以批判力學自然觀和力學先驗論為己任，以追求科學統一理

---

⑫ 同⑧，頁346。

⑬ 湛墾華等編：《普利高津與耗散結構理論》，陝西科學技術出版社（西安），1982年第1版，頁201，203。

⑭ 同③，頁111-115。

想爲奮鬥目標的嚴肅的科學家，怎麼會讓人們停止思維和隨心所欲地設想呢？馬赫講得很明確:「由於物理學家總是把他的思想轉向實在，因此他的活動有別於自由的虛構。」(*KE,* p. 137)

馬赫的思維經濟是針對科學的最終結果（科學共同體智慧的結晶）和科學家追求的目的而言的，並不是針對科學理論體系形成的具體過程和個別科學家的發現（或發明）過程而言的。前科學的知識和不成熟的科學，一般說來並不是經濟的、簡單的，但是發達的科學則必然簡單或經濟。思維經濟作爲方法論的原則和評價理論的標準，引導或啓發科學家選擇較爲實際的道路和較爲方便的途徑，以達到經濟或簡單的結果，但並不是說科學家就可以不費氣力、不走彎路、順手就能拈來科學之果。作爲研究者的馬赫當然深知，「科學研究只能通過曲折的道路達到向直觀認識直接顯示出來的東西」(*GJ,* p. 250)，他的方法論只是希望人們少走彎路而已。

因此，思維經濟原理並不是要求科學家停止思維或隨心所欲地設想，而只是引導科學家更積極、更有效地思維，從而達到經濟、簡單的結果。再者，思維經濟也不是科學的唯一根據，事實上，除此而外，馬赫還提出了其他一些方法論原理和具體的科學方法（第六章將述及）。所有這些都是相輔相成的，它們構成了馬赫的科學方法論系統，在科學家和科學哲學家中產生了一定的積極影響。

三、思維在正確地反映客觀眞理的時候才是經濟的嗎？

情況並非總是如此。眞的不見得是經濟的，正確性並不等價於經濟性。就科學理論而言，正確性是對它的最根本的、也是最起碼的要求，而經濟性則是對它的更進一步、更高一級的要求，二者在層次上是不同的。事實上，馬赫也是這樣評價科學理論的：觀念適應事實即是實驗確認，觀念彼此適應即是理論之間無邏輯矛盾且彼此融貫，在此基礎上才要求理論要簡單、經濟。況且正確性也是一個相對的概念。

正如我們前面已提及的，馬赫已經洞察到，一門科學的系統化形式可以是多種多樣的，它們儘管都正確，但必有一些更爲經濟。愛因斯坦則進一步揭示出：

> 對應於同一個經驗材料的複合，可以有幾種理論，它們彼此很不相同。但是從那些由理論得出的能夠加以檢驗的推論來看，這些理論可以是非常一致的，以致在兩種理論中間難以找出彼此不同的推論來。(*E1*, p. 115)

例如，在達爾文關於物種由於生存競爭的選擇而發展的理論中，以及在以後天性遺傳假設爲根據的發展理論中，就有這種情況。洛倫茲的電子論和愛因斯坦的狹義相對論更是一個典型的案例。這兩種理論在數學形式和觀察預言上是等價的，它們都是正確的。但是前者用了十一個特設假設，顯得牽強、複雜，後者僅用了兩條公理（基本假設經濟），就構成了簡單、優美的完整體系⓯。正因爲如此，電子論雖然是經典物理學的最後傑作，最終還是被人們遺忘了，僅有歷史的價值。

正是面對科學理論的這種現實狀況，馬赫和愛因斯坦才分別

⓯ 李醒民：<簡論狹義相對論的創立>，《思想領域中最高的音樂神韻》，李醒民等主編，湖南科學技術出版社（長沙），1988年第1版，頁144-173。

把經濟原理和邏輯簡單性原則作為科學的目的、方法論的原則和評價科學理論的內部標準（相對於實驗檢驗這一外部標準而言）。邏輯簡單性原則可以說是思維經濟的深化和集中化，因為它要求的只是科學理論的根基，即邏輯前提（基本概念和基本假設）的經濟。也許正是在這個意義上，愛因斯坦覺得馬赫的思維經濟原理「太淺薄」。其實，馬赫不僅把有用的形式邏輯附屬於他的現象論和經濟學說，而且在某種意義上，後者也是他的邏輯理論，他只不過是沒有像愛因斯坦那樣認識得更為明確而已。

四、思維經濟原理太淺薄嗎？

從思維經濟原理的十一個涵義，從它的精神實質的五個方面，我們業已初步看出，該原理並不「淺薄」（就更不「荒謬」了！）。在這裡，我們擬再深入剖析一下，以便洞察到它的眞諦和底蘊。

我們再次強調，馬赫的經濟原理既是探究的心理學，也是探究的邏輯。愛因斯坦大概是沒有完整地閱讀馬赫的著作，誤以為經濟原理僅僅是心理的經濟。例如，他在1919年左右寫信給蘇黎世法醫學家倉格爾(H. Zangger, 1874-1957)，也表達了這樣的看法：「為思想而思想 —— 像音樂一樣！這就是我為什麼從來也不喜歡馬赫的作為基本的心理的動力之經濟原理。」⑯ 馬赫在回答胡塞爾的指責時就表示：思維經濟「不僅僅是目的論的、暫時的指導原則」，「它是一個十分清楚的邏輯理想」(*SM*, p. 594)。而且，馬赫還在「闡明經驗內容智力轉化的過程」的意義上使用

⑯ G. Wolters, Mach and Einstein in the Development of the Vienna Circle, *Acta Philosophica Fennica,* **52** (1992), pp. 14-32.

了「邏輯經濟」(logical economy) 一詞 (*KE,* p. 137)。馬赫進而還認為:「甚至在邏輯分析已達完備之後,它〔思維經濟〕依然保持自己的價值。」(*SM,* p. 594)

事實上,馬赫的經濟原理的確具有超出邏輯分析之外的某些價值。「馬赫剃刀」(請容許我這樣稱呼)不僅超越了「如無必要,毋增實體」的「奧康(William of Occam, 約 1300-1350) 剃刀」, 而且波普爾認為, 也超過「貝克萊剃刀」——先驗地從物理科學中取消一切本質主義解釋(即清除一切非感覺的實體)——因為它容許在某些情況下就其簡單性區別各種互相競爭的假設⑰。馬赫自已也意識到這一價值,他認為在從同一原理以不同方式推出的諸種演繹體系中,必有某一個更符合經濟原理(*SM,* p. 594)。而且更重要的是,馬赫實質上已形成了後來愛因斯坦所提出的「邏輯簡單性原則」⑱的雛形:

> 當人們成功地發現獨立判斷——所有其他東西都能夠作為邏輯推論從中演繹出來——的最小集合時,才在一個領域達到相容判斷的經濟的和有機的協調之理想。例子是歐幾里得 (Euclid, 約前 330-275) 幾何學。(*KE,* p. 130)

馬赫認為力學也是符合高度經濟理想的科學,因為它把所有事實僅僅還原為極少數的要素(時間、空間和質量)。馬赫的剃刀確實是夠鋒利的,它不僅要剃掉形而上學的實體,而且要剃掉無聊

⑰ K. 波普爾:《猜想與反駁》,傅季重等譯,上海譯文出版社(上海),1986年第1版,頁244-245。

⑱ 同⑮。

的、多餘的術語、概念、假設、定律、原理乃至假問題。當然，馬赫也注意到，像任何抽象和系統化一樣，「在科學經濟的系統化中，既有優點也有缺點，如事實的表述中犧牲了完備性，並且不具有滿足瞬時需要的精確性等。」儘管「思想與經驗之間的不一致性將繼續存在下去」，但是馬赫相信，「只要二者同時追求它們的行動方向，這種不一致性就會不斷減少。」(*PSL*, p. 206)

馬赫不僅認爲邏輯經濟是比邏輯分析（達到邏輯相容或無矛盾）更高的要求，而且還把邏輯經濟與科學美相提並論。他說:「被比較的判斷一開始就是相容的，以致於似乎不需要適應。至於是否對和諧有進一步的要求，那要取決於思想者的個性以及他在審美表述和邏輯經濟方面需要什麼。」(*KE*, p. 129)

馬赫在指出經濟原理的邏輯方面的同時，似乎更看重它的心理方面。他從力學前史和早期史中洞察到，尋求力學規律的最初嘗試的傾向是神話的、魔鬼的和詩的，到哥白尼（N. Copernicus, 1473–1543）和伽利略時代已追求簡單性和美，追求確定性和經濟。馬赫在談及人們把自己追求的心理動機外化爲自然的目的時說:

> 十分自然的是，在相當不嚴格的認識論批判時，心理動機被形象化並被賦予自然本身。上帝或自然界力求簡單和美，接著力求嚴格的、合法的關聯和確定性，最後力求所有過程的經濟，即力求用最小的努力達到最大的結果。(*KE*, p. 355)

馬赫不僅肯定人們追求思維經濟的心理動機是正常的和自然的，

而且指出消解智力煩惱也是人的生物學需要：「使思想經濟、和諧和有條理，被感到是一種生物學需要，這種需要遠遠超過對邏輯一致性的要求。」(*KE,* p. 128) 思維經濟這種生物學需要不只是本能的需要，它是科學合理性的基本假設，這種合理性使理解和領悟成爲可能。

翻開科學史和哲學史，我們不難看到其中奔騰著人類追求理論的簡單性和思想的經濟性的不可遏止的潮流。畢達哥拉斯（Pythagoras, 約前 584-497）的萬物皆數、奧康的剃刀、牛頓的節約原理、馬赫的思維經濟、彭加勒的力戒特設假設和科學美、愛因斯坦的邏輯簡單性原則、惠勒（J. A. Wheeler）的質樸性思想……，就是這股潮流上幾朵有代表性的浪花。相比之下，可以說，除了在某些細節和某些方面稍有遜色外，馬赫思維經濟原理涵蓋之廣泛、內容之豐富、意蘊之深遠、眞諦之微妙，迄今也許依然是「前不見古人，後不見來者」⑲的，難怪費耶阿本德稱其是「知識進步史上一個理論富有成果的開端」⑳。摧毀這個開端，是踐踏人類文化遺產的粗暴行爲；繞開這個開端，是不利於創新的非明智之舉；只有批判地（這也是馬赫本人的慣常作法）從這個開端邁步向前，才能在追求科學簡單性和經濟性的搏擊中作出新的壯舉。

---

⑲ 唐・陳子昂：<登幽州臺歌>。

⑳ 同❷。

第五章　馬赫的進化認識論和自然主義

新年都未有芳華，
二月初驚見草芽。
白雪卻嫌春色晚，
故穿庭樹作飛花。
——唐・韓愈・〈春雪〉

進化認識論 (evolutionary epistemology)❶ 是指從進化論的立場出發研究人類認識之起源、發展、性質、界限等的一門科學。它被認爲是認識論中的眞正的哥白尼革命 —— 從哲學認識論轉向認知科學。進化認識論的先驅是斯賓塞 (H. Spencer, 1820-1903)，他首次表明對於個體是先天的東西對於種族則不是。奥地利動物學家洛倫茨 (K. Z. Lorenz, 1903-) 在1941年從動物行爲的研究中得出，在個體發育上是先驗的東西在系統發育上是後驗的，並提出生命進化是一個認識過程的思想。心理學家坎貝爾 (D. T. Campbell) 多年後才繼承了這一傳統，於1974年首次使用「進化認識論」一詞。他還把波普爾關於生命進化與科學進步是一個類似過程的思想加以發揮，提出自然選擇認

❶ 史然：〈進化認識論：科學與哲學的新綜合〉，《自然辯證法研究》(北京)，第7卷 (1991)，第7期，頁29-35。

識論。他認爲生物進化、科學進步、人的學習過程和創造性思維過程都遵循變異—選擇或試錯模式，並把生命進化與文化進化視爲一種問題求解方式的十個階段的連續統。接著，以福爾默(G. Vollmer)的《進化認識論》(1975)爲開端，里德爾(R. Riedl)、武克蒂茨(F. M. Wuketits)等一小批學者(主要是德、奧學者)的相關論著相繼問世。《哲學家索引》雜誌從1985年把「進化認識論」列爲索引中的一個主詞目。

由於進化認識論誕生僅有二十年左右，加之它是一個涉及生物學、心理學、生理學、人類學、社會學、語言學、哲學等諸多學科的綜合研究領域，研究難度較大，因此至今仍未形成比較完整的體系和共有的範式，而只是形成了研究的主題、綱領和設想。例如，武克蒂茨提出了進化認識論的五個公設，福爾默提出了要回答的七個問題和解答要點，里德爾提出了七個基本假定。綜觀他們的論述，可以勾勒出進化認識論的大致圖景：生命體具有天生傾向(disposition)系統，它是自然選擇的結果，最好摹寫實在的知覺和思維模式被自然選擇，從而自然範疇與精神範疇部分同構；生命認知是無意識的、機會主義的過程，其基本方法是試錯法，因而認知總是不完備的；生命在對環境的適應中是目標取向和成功取向的，生命進化是一個不斷的認知過程；理性的基礎是天生的即遺傳的，基於生物學的結構與功能，生物學的進化是心理和精神進化的前提；可以用自然科學和多學科的綜合方法研究和解決認識論問題。

「自然主義」一詞出現很早，其意義幾經變遷，但科學哲學中的自然主義(自然化科學哲學、自然主義認識論、進化的自然主義等)的討論和研究則是最近十多年的事。自然主義力求用科學方法把認識論建成一門科學理論，其基本觀點是：世界是一個自然的統一體，人及其思想都是自然的一部分；人類的行爲完全是自然現象，人的認知是一種自然的能力，是由其他物種的更一般的能力漸進發展而來的；不要求還原論，但卻認爲要了解人的認知能力等，須從動物或其他生命開始；堅持反人類中心論和可錯主義；對科學理論的統一、哲學理論的統一、科學和哲學理論的統一都作出承諾（因爲整個自然秩序是統一的）；採取進化論的立場闡釋認識論❷。由此不難看出，自然主義和進化認識論的觀點有不少共同之處，其涉及範圍多有重疊和交叉，尤其是它們都把進化論作爲主要的和重要的立足點。

馬赫是自然主義和進化認識論的名副其實的和當之無愧的先驅，這一點至今似乎還沒有人公開指出和明確強調❸。而且，我猜想，進化認識論（這方面的原始文獻基本都是德文的）只所以在德、奧誕生和發展，恐怕與馬赫思想的影響不無關係（我迄今未看到有人提出這一猜想，而我手頭缺乏確鑿的證據）。在本章，我們將全力發掘和闡釋馬赫這一被遺忘或被忽視的寶貴思想。

§5.1 馬赫與進化論和認識論

馬赫的父親是一位熱情的達爾文主義者，馬赫從小就在家庭

---

❷ 《國外自然科學哲學問題》，邱仁宗主編，中國社會科學出版社（北京），1990年卷，頁63-78；1991年卷，頁1-104。

❸ 有人在1970年注意到馬赫的生物學知識論（當時還沒有「進化認識論」的說法），參見 M. Čapek, Ernst Mach's Biological Theory of Knowledge, in *PP*, pp. 400-420.

和學校受到進化論思想的薰陶。當他剛剛步入科學生涯時，達爾文的偉大著作給他以強烈的震撼和激勵，使他終生成爲進化論的堅定信奉者和傑出運用者（儘管他不滿意自然選擇的弱肉強食的「不道德」特徵）。他不僅把進化論作爲他的經濟學說的基礎，而且把它作爲一種新視角和新方法，考察他所關注的認識論問題乃至整個科學哲學，從而發現了新境界和新天地。

馬赫是達爾文及其進化學說的眞誠讚美者。他在1883年就任布拉格大學校長的演說中說：達爾文具有沉著、冷靜的品格，他出自對眞理的誠摯和熱愛，依靠縝密的觀察和細緻的思考，揭示了有機界優勝劣汰、適者生存的新特徵。馬赫看到，達爾文的思想提出的時間不長，但卻激勵著各個領域的研究：

> 自從達爾文首次提出他的進化論原理僅僅過去了三十年。可是，我們已經看到，他的觀念已牢牢地根植於人類思想的每一個分支，不管這些分支多麼遙遠。無論在那門學科，在歷史、哲學甚至在物理學中，我們都可以聽到這樣的口號：遺傳、適應、選擇。我們既談論天體之間的生存鬥爭，也談論分子世界的生存鬥爭。(*PSL*, p. 217)

當然，馬赫也沒有迷信達爾文理論（達爾文本人也指出了它的長處和缺點），像對待自然科學的任何理論一樣，他也把進化論視爲工作假設，認爲它可以被改變，可以被弄得更精確。但是他卻充分肯定了進化論的巨大價值：「我曾親眼看見達爾文的著作在我的年代不特給予生物學，而且給予一切科學研究以強大的推動力，所以在我看來進化論的價值當然就更大得多了。」(*GJ*, p.

63)

馬赫對進化論作爲研究綱領的功能和價值的預見，在一百多年後得到強有力的回應。胡克（C. A. Hooker）在論述他的「進化的自然主義實在論」時說：進化的觀點將影響全部哲學理論的解釋；進化立場對於發展一般認知理論和意識理論，對於發展科學認識論（包括知覺和方法論），對於語言理論和科學動力學理論具有重要意義❹。

作爲一位在科學前沿探索的研究者和在眾多學科領域探尋的漫遊者，馬赫對認識論或（他所說的）認識心理學很有興趣，甚爲關注。他說：

> 科學家儘管絲毫不是哲學家，甚或不想被人稱為哲學家，但他强烈地需要揣測他藉以獲得或擴展他的認識過程。這樣作的最明顯的方式是仔細審查在一個人自己的領域和比較容易接近的鄰接領域裡認識的成長，尤其是檢測指引探索者的特殊的動機。對於接近這些問題的科學家來說，由於常常體驗到進行解答的緊張和以後達到的放鬆，這些動機應該比其他人更為明顯。(*KE*, p. xxxi)

馬赫在回答一位有著過分樸素要求的物理學家時說，並非每一個物理學家都是認識論者，並非每一個人必須是或能夠是認識論者；但是，專門研究要求完整的人，因而也要求認識論。在馬赫

❹ C. A. Hooker, An Evolutionary Naturalist Realism, *A Realistic Theory of Science*, State University of New York Press, 1987, pp. 255-273.

看來，在工作假設指導下思考的物理學家通過把理論與觀察精確加以比較，也能成功地校正他的概念，他們沒有機會爲認識心理學操勞。但是，無論誰希望批判知識論或教關於它的其他理論，他就必須了解它和思考它 (*HR*, p. 12)。

馬赫就是在這樣的思想背景和心理動機下，用進化論作爲思想武器，沉思他所孜孜以求的認識論問題，達到了人類精神的又一個富有成果的開端。

§5.2 先驅者的先知

雖然馬赫並未低估在科學發展的適當階段，對方法論的認識工作加以系統化和秩序化的價值，但是他卻沒有形成進化認識論和自然主義的完整體系或詳盡綱要，他的觀點散見於他的各種講演和論著中。在剖析馬赫對經典力學的批判和他的思維經濟原理時，我們已涉及到他的有關看法，這裡我們擬把他的有關觀點歸類整理，逐一加以論述。

一、世界或自然（界）是一個自然的、統一的整體

在馬赫看來，萬物歸一，世界就是一個大寫的「一」，即「自然界是一個整體」。人以及人的思想都是自然界進化、發展的產物，是「自然界的一部分」(*GJ*, pp. 260-261)。馬赫在回答「人爲什麼有兩隻眼」這個問題時說:

> 他可以正確而精確的觀看自然；他可以達到這樣的理解：他自己，以及他的所有正確與不正確的觀點，還有他的上

> 層政治，都只不過是自然界的短暫的片屑；用摩菲斯特❺的話來說，他是部分之部分，而且下述詩句是毫無道理的：「人這個微觀宇宙的傻子，頻頻把他自己視為一個整體。」(*PSL*, p. 88)

類似的思想在馬赫的著作中俯拾即是。例如，他說：「科學家和他的整個思維，如同任何其他東西一樣，都僅僅是自然界的一部分。在科學家和自然界的其他部分之間不存在眞實的、不可逾越的鴻溝。」(*GJ*, p. 250)

人是自然界的一部分，思想又是人的思想，思想是自然界的一部分就是順理成章的了。旣然如此，思想也就與自然界的其他事物並無二致。馬赫這樣寫道：

> 現在也許很清楚，新思想並不是突然湧現出來的。思想像每一自然產物一樣，需要時間成熟、生長和發展；因為人以及他的思想也是自然界的一部分。一種思想緩慢地、逐漸地、費力地轉變為不同的思想，很可能像一個動物物種逐漸轉變為新物種。許多觀念是同時出現的。它們為生存而鬥爭，與魚龍、婆羅門和馬所作的無異。(*PSL*, p. 63)

因此，馬赫的意見很明確，旣不必要人爲地在自然界內設置屏障，也完全可以用相同的方法處理它們：「自然界並不是由兩個完全不同的部分——無機界和有機界——構成的；也沒有必要用

---

❺ 摩菲斯特（Mephistopheles）是歌德《浮士德》中的惡魔。

截然不同的方法對待這兩個領域。不過，自然界具有許多方面。自然界像纏結在一起的亂線團，我們必須時而從這個線頭，時而從那個線頭追尋查找。」(*PSL*, p. 217) 馬赫甚至認為，像磁鐵吸鐵、重物下落這類自然界的目的和意圖與人的行為沒有什麼大的不同。我們使自然服務於我們的目的，同時自然也利用我們達到她的目的 (*PSL*. pp. 13-16)。

馬赫的這些自然主義思想不僅具有西方的整體論、進化論的成分，而且也帶有東方的或中國的有機論、「天人合一」的色彩（馬赫熟悉東方文化和中國文化）。此外，反人類中心論的思想也貫穿在他的自然主義中。除了上述有關言論外，馬赫還認為人和動物在身體上和心理上並無本質的不同。誠然，人的心理生活豐富，且在一段時間內變化較劇烈，興趣較廣泛，善用比較間接的和微妙的手段達到目的，長於利用同胞的經驗等，但是二者的差別畢竟是量上的而不是質上的，其顯著不同之處只不過是人給自己穿上了衣服。這樣一來，通過人的心理活動可以推測動物的心理，從動物的行為也可以洞察人早期原始意識的形成。因此，馬赫得出結論說：「生物學和文明史同樣是心理學和認識論的可靠的、互補的源泉。」(*KE*, p. 51) 洛倫茨不正是通過動物行為的研究而成為進化認識論的先行者嗎？

二、思想適應事實和思想彼此適應是生物反應現象

在馬赫看來，思想或觀念也是有機生命的表現，它像達爾文針對有機體的情況所設想的那樣，以相同的方式變化和適應，即符合自然選擇和最適者生存的原則。馬赫在 1867 年發表的〈光速〉講演中首次提出這一看法，即「思想也像動物一樣為生存而頑強鬥爭」(*PSL*, p. 63)，這一看法也貫穿在1883年出版的《力

學》中。1883年10月18日，馬赫在任布拉格大學校長時，發表了題爲「論科學思想的變化和適應」(*PSL*, pp. 214-235) 的就職演說，詳細而生動地論述了所謂的思想適應事實原理和思想相互適應原理及其生物學意義。在1896年出版的《熱學》和1905年出版的《認識與謬誤》中，他又各專列一章 (*PTH*, pp. 350-358; *KE*, pp. 120-133) 討論這個論題。

按照馬赫的觀點，如果我們生活在具有不變均一性的穩定的現象環境中，我們思想就會逐漸適應周圍的環境，並無意識地反映它們。當事實與思想發生矛盾時，問題便產生了，從而促使人們調整或改變思想，以適應新的觀察領域和擴大的經驗範圍。幾乎每個新的事實本身都帶來繼續適應的過程，而這種繼續適應的過程是在判斷過程中體現出來的。馬赫較爲仔細地描繪了這一適應過程:

> 思想對於經驗的適應大部分是在感性事實引導之下，不自覺地和隨意地完成的。這樣的適應足以應付大多數發生的事實；可是如果我們遇到一種和我們習慣的思想進程相矛盾的事實，同時又不能立即發現導致新的分化的決定性因素時，那麼就會產生一個問題。新的、不常見的和奇異的事實是作為引人注意的刺激而起作用的。只有關於實用的考慮或單純理智的煩惱才能創造排除這種矛盾的意志，創造新的思想適應的意志。有意識的思想適應或科學研究就是這樣產生的。(*GJ*, p. 246)

馬赫還注意到，「思想在充分適應事實時，就自然而然地摹寫了事實，補充了部分給予的事實。」(*GJ*, p. 263)「那些通過長期經驗已變得最為熟悉的觀念，正是闖入每一個觀察到的新事實的概念之中去的觀念。因而在每一個事例中，它們都捲入自我保存的鬥爭，逃脫不了無法迴避的變化過程的也恰恰是它們。」(*PSL*, p. 228)

不管是大自然實際改變了她的面目並把新事實展示給我們，還是我們有意無意地改變了觀點，我們智力水平的擴展都誘使我們思想變化，這些都存儲在人類的記憶寶庫中。當人們用這些記憶寶藏展開和闡明他們的思想時，即在思想中觀察和實驗時，這時即使沒有感覺經驗的直接參與，早期的事件也會以各種組合聚集在意識裡，適應的過程仍將繼續進行。這種過程僅限於理論本身，馬赫稱之為思想相互適應，它與思想適應事實是全然不同但又不能截然分開的，而且後者幾乎總是被前者伴隨著。馬赫認為，在充足的思想也常常是不完全地適應事實的情況下，如果思想處於衝突之中，那就出現思想相互適應的機會。發現的過程幾乎總是通過這兩種適應過程的一系列變化而完成的 (*PTH*, pp. 356-357)。因為「經驗是通過思想對事實的不斷適應而增長的。思想的相互適應產生了我們想像是科學的理想的、簡化的和一致的體系。」(*KE*, p. 15)

馬赫清醒地認識到，思想適應事實和思想相互適應相應於有機體對環境的適應和有機體的部分的相互適應 (*KE*, p. 223)，這是一種「生物性反應」和「生物性過程」(*GJ*, p. 281)，其生物學意義是十分明顯的。在馬赫看來，人受到為自我保存的鬥爭的支配：他的全部活動都是為了用較豐富的應變能力達到較低等有機體在較簡單的生活條件下完成的反射。每一個回憶，每一個觀念，每一點知識，就其在所指出的方向上促進人而言，本來就對人的生存和發展具有價值。兩種不可分割的適應過程，本來就是爲了滿足人的「生物學需要」和「生物學利益」(*KE*, p. 120)的，那怕只是爲了消除思想矛盾而減輕精神痛苦的張力 (tension)。誠如馬赫所言:

> 思想相互適應和思想適應事實對生命有用。如果思維過程變得充分强烈，思想之間的不一致正擾亂人心，以致人們將力圖解決衝突，即使僅僅為了消除智力不安，即使沒有包含實際利益。(*KE*, p. 122)

這兩種適應過程既無起點，亦無終點。只要經驗活動沒有停止，只要思維活動仍在進行，它們就會永無休止地繼續下去。人以及人爲的和爲人的科學就是在這樣的適應過程中進化和發展的。這也是馬赫的意思。

三、科學是一種生物的、有機的現象

馬赫認爲，科學無論就其起源、目的而言，還是就其行爲、進化而言，都是一種類似生物的、有機的現象。他說:「我們的整個科學生活在我們看來好像只不過是我們有機體發展的一個方面。」「我們在科學領域中的行爲一般而言只不過是我們在有機體生活中的行爲的副本。」(*PTH*, p. 358, 117)

「全部科學起源於生活的需要。」(*SM*, p. 609) 馬赫從自然主義和進化論出發，把科學的起源和歷史看成是人類進化史的一部分，把科學看成是人類生活的實際表現形式之一。科學伊始於人類半自覺地和無意識地獲得的關於自然的知識，這首先是爲了生存需要和物質利益。外部世界是極其複雜的。生物如果不將來自外界的多樣的刺激加以轉換，使之成爲具有劃一形式的刺激，就不能生存下去。在漫長的進化過程中，出現了能夠將多種刺激相互聯繫和綜合起來去適應外界的動物乃至人類。人在概念思維適應外部環境方面，以及借助語言交流來彌補個人經驗之狹隘方面，與其他動物區別開來。這種原始的獲取知識的活動構成了今日科學思想的堅實基礎，我們對於這種本能的知識並未自覺地、有目的地作出貢獻。這種本能的知識顯示出巨大的權威和邏輯力量，迫使我們從熟悉的經驗中有意識地獲取知識和排除錯誤，這是通過思想對事實的適應和思想對思想的適應過程來實現的。在人類的強大智力本能、有意識的探索和廣博的概念思維能力後來逐漸建構起科學的成功表述和明晰的、抽象的、可交流的術語中，包含著人類早先本能獲得的認識，它們成爲人類的永恒財富。

這一切僅是科學產生的土壤，科學的眞正起源來自社會。由於文化的進步、生產的發達和分工的出現，使一部分人從單純的謀生中擺脫出來，把概念思維轉向特定的專門領域，從而緩慢地形成了各門科學的系統知識和體系。科學思維和科學就是這樣由最初極其單純的維持生命的活動開始，而持續不斷地達到生物進化活動的頂點的。例如，數常常被稱爲「人類精神的自由創造」。然而，如果我們追溯一下數的本能的開端並考慮一下產生對數的需要的環境，那麼才能更好地理解它。其實，在這個領域的頭一批東西是由生物的和物質的條件無意識地促動的。只有當它們存在並常常證明是有用的，它們的價值才能得以鑒賞。只是在智力用這樣相當簡單的形式訓練後，它才能產生比較自由和有意識的發明，以適應當下的需要。幾何學也起源於實際生活的需要，認識空間的眞實性和不變性在生物學上對人的存在是必不可少的。馬赫得出結論說:

> 科學顯然是從生物的和文化的發展中成長起來的，而且作為這種發展的最不必要的支脈。然而，今天我們毋庸置疑，它發展到在生物上和文化上最有用的要素。科學接管了用充分有意識的、有條理的較快變化代替暫時的、無意識的適應的任務。(*KE*, p. 361)

而且，馬赫也是從生物學和進化論的角度理解科學理論的進化的。思想具有進化和變異的痕跡，科學理論也遵從自然選擇、適者生存的規律，它們在兩個適應中或被修正、或被拋棄、或被完善、或被接受。科學理論的適應領域及其法則所取的形式都是每個時代認識水平的反映，並隨著認識水平的變化而變化。

馬赫注意到，「自然探索者的智力活動與日常生活中進行的活動並非像通常設想的那樣大相逕庭」(*PSL*, p.16)，「從最具體的日常思維的觀念到最抽象的科學觀念之間存在著連續的過渡」(*KE*, p.17)。科學思維是從日常思維中脫胎出來的。在馬赫看來，日常思維的目標是概念完成和部分觀察到的事實的完善。從部分的資料到對事實作一系列的完成，對於日常思維和科學思維來說是共同的。然而，二者之間也有一些相區別的顯著特徵: 日常思維至少在其開始服務於實際目的，並且首先滿足肉體需要; 科學思維以比較強有力的智力運用形成它自已的目的，並力圖通過消除所有的智力不安滿足它自己。日常思維並不服從於純粹的知識，因此它具有前科學思維的缺陷。科學思維只是十分緩慢地才擺脫掉這些瑕疵的，其進步在於不斷地校正日常思維。然而，隨著文明的成長，科學思維反作用於只服務於實際目的那些思維方式，日常思維日益變得受限制，並被由科學所滲透的技術思維所取代。日常思維甚至早期的科學思維必然與思想對事實的相當粗糙的適應有關，而思想相互之間並不完全一致。因此，思想的相互適應是進一步要解決的任務，以便獲得充分的智力滿足。這種最後的努力是把科學思維與日常思維區別開來的顯著標誌，它包含著思維的邏輯澄清，雖說遠遠超過了這一目標（*KE*, pp. 1-2）。

馬赫在不同時間提出了幾種不同的科學的目的。布萊克默把它分爲三種：⑴科學的「內在的」目的，卽尋求現象的相互關聯和對事實作概要的陳述；這類似於貝拉明的觀點，它有助於二十世紀科學哲學的變革。⑵科學的「中間的」目的，卽盡可能獲得一幅穩定的世界圖象，以減少對實際生存的干擾；這顯然是受到赫兹的啓發而提出的，它很可能影響到普朗克的科學觀。⑶科學的「外在的」目的，卽科學的生物學任務是爲個人提供盡可能完善的定向工具，科學家和學者也要爲生存競爭而鬥爭；這是來自拉馬克和達爾文的思想，它與現代實用主義的理論很符合。布萊克默認爲，馬赫傾向於把科學目的描繪爲最終有助於滿足生物學需要，卽科學的外在目的和最後的正當理由在於人種的倖存和幸福的達爾文功能，內在目的只有在於它對外在目的有貢獻的意義上才是正當的，而且馬赫的經濟理論偏向於使意義從內在目的向外在目的轉移（*EM*, pp. 169-170, p. 28）。馬赫不贊同斯賓塞「科學爲生活，而不是生活爲科學」的看法，他認爲科學爲生活，同時科學也爲科學；前者滿足實際生活的需要，後者滿足興趣要求和解除無知的煩惱；二者都是人類追求科學知識的本能的活動❻。因此，馬赫不完全是「爲科學而科學」意義上的科學熱愛者，也不是培根「知識就是力量」意義上的科學熱愛者，他是達爾文意義上的科學進化論的倡導者和闡釋者。

四、人生來不是一塊「白板」，而具有天生的傾向和「觀念」，它們是生物進化的產物

在馬赫的這一思想中，把當代進化認識論的先天性存在公設、先天性產生機制公設和認知「載體」公設的基本主張都囊括在內。馬赫說：

> 不僅人類，而且每一個達到充分意識的個人，在他自身都會發現他並非深思熟慮地投入的世界觀。他作為自然的和文明的贈品接受了這種世界觀：每一個人都必須從這裡開始。思維者只不過從這種觀點出發，擴展它，校正它，盡其可能地利用他的祖先的經驗並避免他們的錯誤，簡而言之：審慎地獨自走相同的道路。(*KE*, p. 4)

在這裡，馬赫所謂的「自然的贈品」顯然意謂本能的或先天的東西，它是人類遺傳的產物。馬赫不同意洛克的「白板說」，他針鋒相對地指出：

> 要把一切心理過程都歸結為個人生活時期獲得的聯想，也

❻ 洪謙：<介紹馬赫的哲學思想>，《哲學研究》（北京），1957年第3期，頁112-134。

許是一個錯誤。無論在什麼發展階段，我們都遇不到作為一種 tabula rasa（白板）的心理東西。(*GJ*, p. 185)

他還這樣寫道：「僅僅一時追求實用目的的人（這樣的人也常常包括學者、正在做研究工作的物理學家，甚至還包括一時不想批判地思考的哲學家）絕不會放棄他本能獲得的自然世界觀，這種世界觀是自動地指導他的活動的。」(*GJ*, p. 287)

在這方面，馬赫在吸收魏斯曼（A. Weismann, 1834-1914）關於生殖基素的偶然變異和選擇學說的基礎上，對拉馬克獲得性遺傳和赫林的「無意識記憶」進行了批判性的反省，他區分了哪些行爲是本能的，哪些是習得的，哪些本能反應能夠作爲「無意識記憶」從祖輩遺傳下來，那些則不能。馬赫觀察到，新孵出的小鷄立刻開始很有把握地啄它看到的一切，這種空間直覺是本能的和先天的，但是它必須自個兒從經驗中學習什麼適宜於啄吃。小孩怕黑暗和怕鬼並非源於幼時常聽的故事，而是天生的。

馬赫以因果關聯的必然性概念爲例作了說明。他認爲這一概念大概是由我們在世界上自願的活動以及由這些活動直接產生的變化創造出來的。「因果觀念之所以具有巨大的權威性，是由於它們是本能地、不自覺地發展出來的，是由於我們淸楚地感覺到，個人對於因果觀念的形成是毫無貢獻的。我們的確可以說，我們對於因果性的感知不是通過個體獲得的，而是在種族發展中完善起來的。」馬赫由此得出結論說：「在心智中實際上存在著統攝新經驗的『觀念』；但是這個觀念本身是從經驗中發展而來的。」(*SM*, p. 581)「我們是帶著固定在我們心智中的預先準備好的經驗去認識新事件的」，「在大腦中存在著某些特徵的相互依賴」(*PSL*, p. 199)。馬赫的言外之意是，對個人來說是先天的東西，對種族來說則是後天的。這裡所謂的「先天的」，是獨立於所有個體的經驗的，而它卻是種族經驗在人的機體上的澱積。

馬赫對康德先天知性概念和先驗範疇的修正和改造——把先驗論的轉變爲進化論的——也表現在對時空直覺的理解上。按照馬赫的觀點，「空間直覺是天生的。」(*GJ*, p. 99)「我們的空間概念根植於我們的生理構成。」「像空間直覺一樣，時間直覺也是以我們遺傳的身體組織爲條件的。我們要擺脫這些直覺只能是白費氣力，但是在採納天生理論時，我們並未斷言在誕生時刻已完全發展得充分清楚了；我們也沒有放棄考慮它們如何與生物學需要相聯繫，或者後者是如何影響它們的系統發育和個體發育的發展的。」馬赫甚至認爲，只要從生理學上考察空間，它的點能用大腦中的位置來描述，即在大腦中被定域。空間感覺對應於這些位置的感官感覺。人們當然將假定，空間觀主要是由天生的有機體預先形成的，不過爲個體的發展留有廣闊的範圍 (*KE*, p. 299, 331, 260)。

馬赫發現，人有一種在思想中摹寫和預測事實的習慣，以及用敏捷的思想之翼補充緩慢經驗的習慣，還具有天生的實驗傾向和求知慾望，從而使人類半自覺地和無意識地獲得了關於自然界的最初知識。人們的這些衝動並不是來源於現象本身，也不屬於我們的意志的範圍，它似乎是作爲出自外部的、同時控制思想和事實的一種能力或規律而面對我們。馬赫進而揭示出：

這些原始的心理功能牢牢地根植於我們有機體的組織之中，並不亞於運動和消化能力根植的牢固程度。誰能否認我們在它們之中也感到這種基本的能力——作為我們祖先的傳家寶遺傳給我們的、長期慣常進行的邏輯上的和心理上的能力。(*PSL*, p. 190)

五、所有的知識和理論都是可錯的、暫定的、不完備的，其形成具有偶然性

既然知識乃至科學都源起於生物對外界的反應、試錯和適應，科學理論也像生物一樣處於不斷的生存鬥爭和自然選擇的態勢，知識和理論表現出上述特徵就是順理成章的事了。馬赫在談到認識和謬誤時說，我們自己的或傳達給我們的判斷若對它所關聯的物理的或心理的發現是恰當的，我們便稱它是正確的，是知識；若判斷不成立，我們便稱其爲錯誤。知識和錯誤來自同一心理來源，錯誤在於對觀察環境注意不當，只有成功與否才能區別二者。用矯正的方式清楚辨認出錯誤能夠有益於知識。馬赫考慮的結果是:「相同的心理功能，在同樣的規則下起作用，在一種情況下導致知識，而在另一種情況下導致錯誤；只有反覆的、詳盡無遺的審查才能使我們避免錯誤。」(*KE*, p. 90) 關於熱學這個物理學部門的建立，馬赫是這樣描繪「熱理論的概念的進化」的:

緩慢而躊躇地，通過嘗試和錯誤，一點一滴地進展著，我們關於這些現象的知識只是十分逐漸地達到它的現今規模和相對的穩定性的。(*PTH*, p. 6)

正由於在漫長的認識的過程中錯誤在所難免，正由於科學處在永無休止的進化之中，「因此我們所有的思考必然被看作是暫定的 (provisional)，結果就依然是成問題的，主要要用未來的研究校正。」馬赫於是斷言:「自然科學的命題僅僅具有假設的意義。」(*KE*, p. 412，475)

馬赫通過科學史研究早就注意到「科學是未完成的、可變化的」，他讓人們「早早適應」這一事實。他在引用了赫拉克利特 (Heraclides， 約前 533-475) 的名言「人不能兩次踏入同一河流」後一針見血地指出:「試圖用教科書固定美好的瞬間總是要失敗的。」(*HR*, p.17) 在談到演化的科學 (becoming science) 時，馬赫這樣寫道:

> 物理科學並未自命是一個完備的世界觀；它只是宣稱它正在為未來的這樣一個完備的世界觀而工作。科學研究者的最高哲學恰恰是對不完備的世界概念的這種寬容以及對它的偏愛，而不是對表現完美的但卻是不適當的世界概念的偏愛。(*SM*, p.559)

這樣可錯的、暫定的、不完備的科學知識體系的結構必然具有歷史的偶然性。馬赫在力學史的研究中就洞察到，力學科學目前的形式建立在歷史的偶然性之上，偶然的環境把特定的方向給予力學發展的進程。熱學中溫度數系統的提出也是幾個幸運的境遇的結果。馬赫的觀點很明確:

> 科學的發展大都是由前史深處中的十分原始的觀念開始

的，今天絶沒有終止。數目更多的、通常也更困難的新問題出現了，取代了已被解決的問題或被鑒別是假問題的問題。知識是在十分曲折的道路上獲得的，個別的步驟儘管以先前的步驟為條件，但它們也部分地由純粹偶然的物理的和心理的環境來決定。(*KE*, p. 222)

§5.3 自然主義和人道主義的聯姻

馬赫的科學哲學和科學觀具有強烈的自然主義傾向。馬赫的頗具特色和獨創的進化認識論即是自然主義思想在認識論和科學中的具體運用和體現，實際上也是進化的自然主義。自然主義也可以說是馬赫對待世界（當然包括人、人所形成的社會和人爲的最系統的知識體系 — 科學）的一種平實的態度和探究進路。正如第七章將要討論的，馬赫對人、對社會則持滿腔熱忱的人道主義立場，人道主義不僅是馬赫的社會哲學的立足點和探究方式，更重要的是他對人具有慈善的心腸、博愛的情懷和充滿希望的信念。

「自然主義和人道主義應該是我們的箴言。」❼ 馬赫正是把自然主義和人道主義作爲箴言銘記在心，並使之珠聯璧合、相得益彰，從而放射出理性的光華，在人類思想史和文明史上寫下了新的一頁。馬赫即使不是在全部思想史上，也是在整個科學史上使自然主義和人道主義成功聯姻的最偉大的哲人之一。對於這種聯姻的意義，也許馬克思的下述言論給我們提供了理解的鑰匙:

❼ H. Feigl and M. Brodbeck ed., *Readings in the Philosophy of Science*, New York, 1953, p. 18.

我們在這裡看到，徹底的自然主義和人道主義，既不同於唯心主義，也不同於唯物主義，同時又是把這二者結合的真理。我們同時也看到，只有自然主義能够理解世界歷史的行動。❽

這種共產主義，作為完成了的自然主義，等於人道主義，而作為完成了的人道主義，等於自然主義，它是人和自然界之間、人和人之間的矛盾的真正解決，是存在和本質、對象化和自我確證、自由和必然、個體和類之間的鬥爭的真正解決。它是歷史之謎的解答，而且知道自己就是這種解答。❾

❽ K. 馬克思：《1884年經濟學哲學手稿》，人民出版社（北京），1985年第1版，頁124。

❾ 同❽，頁77。

第六章　馬赫的科學方法論和探索心理學

梅子黄時日日晴，
小舟泛盡卻山行。
綠蔭不減來時路，
添得黄鸝四五聲。
——宋・曾幾・〈三衢道中〉

馬赫不僅是地理世界的旅遊愛好者，也是智力世界的漫遊者和探詢者。在他的凌雲健筆之下，有這樣生動而形象的描繪：

> 無論誰漫遊一個美麗的國家，都知道遊覽者的樂趣隨著他的遊歷而增長。從遠處的山坡俯視林木繁茂的山谷，是多麼令人愜意！在那邊的蓑衣草中，明淨的小溪把自己隱藏在哪裡？要是只有我熟悉那座山背後的風景多好！甚至兒童在他第一次漫遊時也這樣想。這對於自然哲學家來說也成立。（*PSL*, p. 17）

馬赫接著寫道，頭一批問題引起探詢者注意是由於實際的考慮，求知的欲望驅使他深入後續的問題，這種高尚的興趣遠遠超越了實際生活的需要。他把地理旅遊者和智力漫遊者作了比較：當旅遊者登上新的頂峯，他就對整個地區的各種美景一覽無餘；當漫遊者發現一個謎的答案，許多其他謎的答案便會落入他的手中。

馬赫風趣地把自己對鄰近的專業領域和哲學的極大與趣說成是「周末獵手」的「漫遊」(*KE*, p. xxxii)，這實在是十分貼切的比喻。要知道，馬赫不是通常意義上的專家，他具有廣闊的哲學視野和眼力；馬赫也不是粗泛的雜家，他在哲學中的漫遊絕不是淺薄的涉獵，而是大有建樹的；這一切又是在未放棄專業研究的情況下完成的。這是哲人科學家的鮮明特色！

儘管馬赫並不反對在適當的時機構造有意義的體系，但他還是喜歡以隨筆或「遊記」的形式、而不是以演繹或綜合的方法表達他的思想感受。馬赫在科學哲學（這個名詞在當時還不流行）中，或者說在他所謂的科學方法論和探索心理學中的漫遊，留下了堅實的足跡和閃光的思想——它們像是一些獨立的、半隔絕的智慧小島。現在，讓我們循著馬赫的思路，在我們先前還沒有涉足的智慧小島上作一番漫遊和探詢吧！看看馬赫的科學哲學是不是像列寧所言，是「一團糟的哲學」(*WP*, p. 93)！

§6.1 諸多科學方法論原理

馬赫十分看重科學方法論，他甚至把它與哲學等同起來，他不想自命或被人稱爲哲學家，但卻想以科學方法論者爲人所知。馬赫的方法論是多元化的。他強調指出，「每一個能夠有幫助並且實際上確實有幫助的觀念都可以作爲研究的工具而採納」(*PTH*, p. 333)，他甚至不排除「把目的論的考察方式作爲研究的輔助方法」，並認爲這種考察方式「往往是有用的並有啓示性的」(*GJ*, p. 63, 64)。馬赫的這一進路也許對費耶阿本德提出「怎麼都行」的多元主義方法論原理不無影響。

馬赫提出了諸多方法論原理，並闡明了各種具體的科學方法。在方法論原理中，除了前面已論述過的心物平行原理、思維經濟原理、思想適應事實原理和思想相互適應原理之外，尚有以下幾種:

一、實在原理。實在原理亦稱可觀察性原理，它在科學中起定向目標和檢驗標準的作用。在馬赫看來，科學只研究可觀察的東西，理論僅使用那些從可觀測現象的陳述中推斷出的命題。馬赫認爲:「只有可觀察的東西、被給予的東西的聯繫對我們才是重要的，而一切假設的、形而上學的和多餘的東西，都必須消除掉」(*GJ*, p. 21)，並指出這也是思維經濟所要求的結果。他還這樣寫道:

> 近代科學不是從思辨，而是盡可能從事實力求構造它的世界圖象的。它求助觀察證實它的構造。每一個新近觀察到的事實都完善它的世界圖象，構造與觀察的每一個分歧都指出了其中的某些不完善和某些缺漏。所看到的東西被用來檢驗所想到的東西，並被所想到的東西加以補充，除去預先看到的事物的結果外，所想的東西再次是無。因此，把在理論上構想的或猜測的某種東西交付觀察直接證實，即使之變得讓感官可以觸知，始終是特別有吸引力的。(*PSL*, p. 310)

馬赫的實在原則爲科學謀求了一個樸素的、不可或缺的基石，它在任何時候都不會失去其根本的意義，而且它確實在科學中起過某些積極作用。但是，馬赫畢竟把實在原理弄得太樸素、太具體、太狹窄了，以致把非直接觀察的東西和十分可能的經驗都作爲先驗的東西加以排除。他恐怕沒有意識到觀察概念的意義也會在科學進步的進程中發生變化，也許也沒有考慮到觀察證實具有十分複雜、十分微妙的內涵。尤其是，在量子力學所顯示出的觀察與實在的槃根錯節的關係，更是馬赫根本不可能預料到的。不管怎樣，馬赫的實在原理在去掉局限性之後，仍不會失去它的方法論意義。

二、連續性原理。做研究的理智，通過適應，一經獲得了把A和B兩個事物在思想中聯繫起來的習慣，就盡可能地保持這種習慣，甚至在情況稍微變更了的地方也是這樣。凡是在A出現的地方，就在思想中加上B。馬赫把這個原理稱爲連續性原理或盡可能泛化原理，並認爲這個規定和體現了思維經濟的原理，處處滲透在近代科學的探索中，在偉大研究者的工作中表現得特別顯著。這個原理可以在心理上使我們用觀念補充和代替經驗，塡補經驗的空隙，從而有助於思維經濟（*GJ*, p. 46; *SM*, pp. 587-588）。

三、充足分化原理（principle of sufficient differentiation）。在上述A和B的聯繫內實際被觀察的每項變異，假如大得足以察覺出來，這就干擾了我們的習慣，直至我們漸漸改變習慣不再能感覺到這種干擾，這樣我們便得到了與連續性原理相對立、並且修正了連續性原理的另一個新原理。馬赫稱其爲充足分化原理或充足規定原理，並認爲它和連續性原理只有在以下條件之下才能被滿足：我們始終把同一個N（同一神經過程）和同一個B（這個或那個感覺）對應起來，並且對於B的每個可觀察到的變化都發現N的一個相應的變化。馬赫還注意到，記憶是力求盡可能泛化和連續性的，是力求實際的充足分化的。要想達到這兩個目標，可以用同樣的方法，就是強調和突出對於思想過程和經驗的適應具有決定作用的那一部分感性表象（*GJ*, p. 46, 48, 245)。馬赫是這樣描述充足分化和連續性原理的功用的：

> 我們無法對於事實進行直接的直觀時，物理學家的思想便在盡可能遵守連續性和充足分化原理的條件下，構成一種經濟的概念反應系統。這種系統最低限度也會引導我們經過最短的途徑，達到對於那種被觀察的事物的直觀。(*GJ*, p. 252)

四、恒久性原理(principle of permanence)。馬赫認爲，我們決定探索一個領域，就預設了恒久性，否則我們將無從研究。假如我們在事物的變化中沒有發現什麼恒久的東西，那麼我們企圖在思想中反映世界的一切努力都是徒勞的。在馬赫看來，沒有絕對的或無條件的恒久性，只有相對的恒久性。顯得相對恒久的，首先是由顏色、聲音、壓力等在時間和空間方面（函數方面）聯結而成的複合體（物體），還有記憶、心情和情感同一個特殊物體（身體）聯結而成的複合體（自我）。我們之所以達到無條件的恒久性，僅僅是因爲我們忽略了構成它的好多條件，或認爲這些條件總是給予的，或者索性置之不理。馬赫強調僅有一種恒久性，即結合的恒久性或關係的恒久性，也就是給定要素的相互依賴，是它們之間的函數關係或方程，這種恒久性包括了一切發生恒久性的情況。

有了足夠穩定的環境恒久性，就相應產生了思想的恒久性。我們的思想借助於自已的這種恒久性，推動我們補充那種只觀察到一半的事實。儘管如此，

> 思想僅能適應事實中具有恒久性的東西，而且只有對這種恒久性的東西的摹寫才會得到經濟的優點。因此，追求思想連續性的理由，卽追求盡可能久的恒久性的理由，就在這裡。不僅如此，甚至這種恒久性還能幫助我們對於思想適應的結果有所了解。連續性、思維經濟和恒久性是相互依存的；它們實際上僅僅是健全思維的同一個性質的不同方面。(*GJ*, p. 252)

同時，通過把恒久性原理和觀念充足分化原理相結合，有助於思想的兩個適應，從而滿足了人的生物學需要。

恒久性原理體現了馬赫的關係實在論的思想，它不僅是自然科學的預設，而且也是與諸多原理密切關聯的方法論原則。馬赫在這裡還注意到:「自然科學家的恒久性不是絕對不變，而且他們所研究的變化也不是相當於赫拉克利特所說的無限的流。」(*GJ*, p. 283)

五、概念嬗變原理。馬赫看到，科學史充滿了概念不斷變化、發展和闡明的例子;「我們的整個精神生活，尤其是我們的科學生活在於我們的概念的不斷修正。」(*PTH*, p. 358) 馬赫指出，概念在本學科內和在與相鄰領域聯合時必然要發生嬗變:

精確的觀察和巧妙的本能是科學家完全可以信賴的導師。只要他們的概念顯得是不適用的，這些概念就會最好地和最快地被事實改正過來。但是，如果我們涉及的是研究各個不同的特殊發展進程的相鄰科學領域的互相結合問題，那麼應用一個狹隘的專門科學領域的概念是無法做到這一點的。在這種場合下，就需要創造一種適用於更廣泛的研究範圍的概念。

馬赫就此進而闡明說:「那些不同科學領域暫時的聯繫，除了提供一些不可低估的實證知識之外，還導致一種概念的嬗變。這種概念的嬗變，既能說明不同的科學，還能超出產生它們的範圍，獲得廣泛的應用。」(*GJ*, p. 240, 66)

在馬赫的科學方法論原理的武庫中，還有穩定性（stability）原理（沒有一個確定的、儘管最不完善的事實的穩定性和相應的思想的穩定性，則科學是不可能的)、一致性（uniformity）原理（我們假定自然具有一致性，我們可以自由尋找新的一致性)、補償原理（間接決定的一種方法）等，我們限於篇幅，就不一一詳述了。

§6.2 幾種重要的科學發現方法

按照馬赫的觀點，科學發現與技術發明之間的區別並不是很大的❶，每門科學都把發現關聯和結合的恒定性與反應的相依性作爲目標。科學發現往往具有偶然性和非預見性，但人的作用絕不是被動的。發現是用理智之眼「看見事實」，卽洞察到現象之間的抽象的關係，因此傳統的演繹和歸納是無能爲力的。演繹不能發現新思想，它至多只是有助於核驗思想路線，歸納（正如我們前面論述過的）也不能創造新知識。既然如此，新知識是怎樣得來的呢？馬赫的答案是：「總是來自觀察，這能夠通過感官的『外部的』觀察，或通過觀念的『內部的』觀察。」(*KE*, p. 233)

馬赫注意到，「從特殊達到較一般的情況包含著某種任意性」（*KE*, p. 468），因此傳統的發現程式是沒有的，不同的探索者往往採取不同的路線和方法。在這裡，沒有一成不變的、普適的方法指引科學家從事科學發現，成功的科學發現似乎要借助藝術家的成就。馬赫指出，科學家和藝術家之間並不存在本質的差別（*PSL*, pp. 277-281）。科學家和藝術家都認爲，持久的勞動是可取的。對一個領域的反覆審視爲有利的偶然性介入提供了機會，使所有適合於心緒的或占優勢的思想變得更有生氣，並把所有不相宜的東西歸入背景，使它們在未來不可能出現。接著，從自由的和高超的想像喚起的、豐富的、膨脹起來的大量幻想中，突然顯露出與支配的觀念、心緒或圖式完全和諧的特定形式。思想、旋律、和諧在他們自身湧現出來，他們只是保留了正確的東

❶ 嚴格地講，「科學發現」應稱「科學發明」，其理由參見李醒民：<緒論：關於科學發現的幾個問題>，《思想領域中最高的音樂神韻》，李醒民等主編，湖南科學技術出版社（長沙），1988 年第 1 版，頁1-20。

西。作為逐漸選擇的結果，這種緩慢產生的東西彷彿就是自由創造行爲的成果。馬赫因而斷定:「愛好沉思默想的數學家、作曲家、美術師和自然科學家，儘管他們的素材和目的不同，進行的方式是完全類似的。」(*GJ*, p. 267)

馬赫的科學方法主要不是證明的方法，而是發現的方法。他零散地探討了科學發現的某些「進行的方式」，下面我們擇其要者略述之。

一、類似(analogy)。類似或類比是概念體系之間的一種關係，我們從這種關係中清楚地看到，相應的要素儘管不同，但要素之間的相應的關聯則是相同的。也就是說，在觀念系統中每兩個相應概念的不相似以及每兩個相應概念對的邏輯關係上的一致都被明確揭示出來，觀念系統之間的這種關係被稱之爲類似。類似不是完全等同，僅是部分等同；它不是表面的相似(similarity)，而是深層的相似，也可以說是抽象的相似；所以可以把類似看作是相似的特例。

類似是用單一觀點征服異類事實領域的有效工具。通過事實與事實的類似方法，可以把事實的順序關聯起來，尤其是把握其中的邏輯關係的一致。通過事實與模型的類似方法，可以導致函數關係或微分方程(馬赫並不反對使用數學模型和力學模型，他只是認爲模型的成功無法對物理實在的證實作出斷定)。類似具有巨大的認知價值：它總是把任何對象的總體本質明確地擺在我們面前，它大大有助於我們提出富有啓發意義的假設，從而推動了性質或規律的發現和確立。馬赫還注意到，從類似作出推斷不是邏輯的事情，至少並非嚴格地是邏輯的事情，而僅僅是心理學的事情。找到一致能使我們把統一的概念經濟地擴展到較大的事實領域， 發現未曾料到的差異也並非勞而無功， 也可以使我們加深和豐富對已有概念的理解，因此對類似方法的價值怎麼估計也不會過分（*PSL*, pp. 236-258; *PTH*, pp. 363-370; *KE*, pp. 162-170）。

二、假設。還不能夠成立、但卻有助於我們理解一系列事實的暫定的和嘗試性的假定， 我們稱之爲假設（*KE*, p. 173）。例如，就未被觀察或查明的事物 、事實的結局 、事實的定律的形式，人們都可以作假設。科學假設的形成是本能的和原始思想發展的進一步的階段， 並不是人爲的科學方法的產物， 這種過程在科學的萌芽狀態時就無意識地進行著。馬赫這樣描繪假設的根源:

> 感性事實旣是物理學家用思想適應經驗的一切活動的出發點，也是它們的目的。直接隨著感性事實產生的思想，是最熟知的、最强烈的和最富於直觀的思想。當人們不能立卽跟上一個新的事實時，最强有力的、最熟知的思想就會蜂擁而出，給這個事實以更豐富的和更確定的形式。這樣的過程是一切自然科學假設和思維的根源，這些假設和思維的根據則在於那種推動它們和最後使它們成為假設和思維的思想適應。(*GJ*, pp. 251-252)

馬赫還認爲，假設儘管是暫定的，但有時也能持續一個世紀乃至數千年，但是這並未改變假設的心理學的和邏輯的本性。

按照馬赫的觀點，假設的價值在於通過一種有規則的虛構，導致人們越來越接近眞理 。假設的基本功能是，「它導致新的觀察和實驗，這些觀察和實驗確認、反駁或修正我們的推測並拓展經驗。」「假設在自我消滅的過程中最終導致對事實的概念表達。」(*KE*, p. 176, 181) 但是馬赫告誡人們：爲說明新現象而提出的假設僅僅是一種心理技巧，與現象本身無關；一旦假設通過代替比較熟悉的觀念，盡最大努力推進了我們關於新事實的觀點，它的功能也就耗盡了，我們不可能從假設中比從事實本身得到更多的東西。假設猶如建築的腳手架，房子蓋好了，腳手架也就被迅速拆除了。不過，只要人們對假設的信賴不超過對事實的信賴，不把假設的內容看得比事實更有價值，那麼假設對科學進步而言就不是有害的和危險的。

馬赫指出，如果假設「不能訴諸感覺，從來也不能被檢驗」，那麼研究者便「作了超越於科學所要求他作的事情，這種職責之外的工作是一種災難」(*HR*, p. 57)。他對牛頓「我不作假設」的理解也是這樣：牛頓不臆測不能從現象中推導的東西，不思考超越於觀察的東西。馬赫相信最簡單的假設是最可能的假設，他要求盡可能限制假設的數目，並反對隨意作任意的假設。他說：「眞正基本的事實被數目同樣多的假設所取代，這的確不是收穫。」(*SM*, p. 599) 在這方面，他的看法與彭加勒的「力戒特設假設」❷和愛因斯坦的「邏輯簡單性原則」❸有相通之處。

三、思想實驗 (thought experiments)。儘管亞里士多

---

❷ 李醒民：《彭加勒》，東大圖書公司印行(臺北)，1994年第1版，頁175。

❸ 李醒民：<哲學是全部科學研究之母——狹義相對論創立的認識論和方法論分析>，《社會科學戰線》(長春)，1986 年第2期，頁79-83；1986年第3期，頁127-132。

德、斯蒂文(S. Stevin, 1548-1620)、伽利略、惠更斯等人早就在力學研究中作思想實驗了，但是明確提出「思想實驗」一詞並加以詳細論述的 (*KE,* pp. 134-147)，馬赫也許是第一人。馬赫大概是在力學史的研究中有所感悟的，也可能受到高斯（C. F. Gauss, 1777-1855）的影響——他在一篇講演中說:「正如高斯所言，我們實際上總是用我們的思想作實驗。」(*PSL,* p. 274)

馬赫認爲，人具有天生的實驗傾向，除了作有形實驗 (physical experiments) 外，還在較高的智力水平上廣泛進行思想實驗。計畫者、空想家、小說家、社會烏托邦和技術烏托邦的作者都用思想作實驗；精明而講究實際的商人、嚴肅的發明者和探索者也是這樣。他們都設想條件，把條件與他們的期望聯繫起來，並推測某些結果。不過前者在幻想中把某些從未出現的條件與現實統統結合起來，或者設想這些條件被與它們沒有聯繫的結果伴隨著；後者的觀念則是事實的可靠表象。事實上，正是在我們觀念中事實的或多或少非任意的表象，才使得思想實驗成爲可能的。

思想實驗很少花費什麼，它常常先於有形實驗並爲有形實驗作準備。思想實驗在任何情況下都是有形實驗的必要的先決條件。思想實驗的結果和我們在心理上與各種條件聯繫的推測是如此確定和明確，以致作者或對或錯地感到能夠用有形實驗進而加以檢驗。探索者的結果越不大肯定，思想實驗便越強烈地驅使他們進行有形實驗，以作爲其自然的繼續，從而完成和決定該結果。思想實驗能否得到確定的結論，取決於所同化的經驗的種類和範圍。如果思想實驗沒有確定的結果，那麼在思想實驗和有形實驗之間，我們便傾向於轉而猜測，即嘗試性地假定結果的近似充分條件，這是一個很自然的過程。僅僅這樣的猜測就能把一種形式給予作爲思想實驗自然繼續的有形實驗。

思想實驗像有形實驗一樣，其基本方法是變異法 (method of variation)。通過改變條件（如有可能就連續地改變），與條件相聯繫的觀念（期望）的範圍便擴大了：通過修改和特化條件，我們修正或特化觀念，從而使觀念更爲確定，這兩個過程是交替進行的。思想實驗往往也足以獨自歸謬，這種考慮在科學中起過巨大的歷史作用，伽利略便是以此否定亞里士多德的落體法則的。馬赫尤其洞察到：

> 思想實驗最容易通過悖論情境 (paradoxical situation) 發生，這些悖論情境不僅使我們對問題的本性有最充分的感覺 —— 由於悖論是造成問題的東西 —— 而且矛盾的成分將不容許思想安靜下來，並啓動了我們稱之為思想實驗的過程。(*KE,* p. 143)

因此，思想實驗不僅對各個領域的職業探索者來說是重要的，而且對於心理發展本身來說也是重要的。

布雷德利 (J. Bradley) 認爲，馬赫的思想實驗概念幾乎包括了科學中的整個智力因素，描繪了一幅眞實的科學圖象：思想海洋中的實驗島嶼；而且，馬赫使用的思想實驗和理想化對象相互關聯的觀念，也使幾何學和物理學結合起來❹。馬赫的這些思想在愛因斯坦那裡得以發揚光大和身體力行：愛因斯坦不僅是運

---

❹ J. Bradley, *Mach's Philosophy of Science,* The Athlone Press of the University of London, 1971, pp. 184-185.

用思想實驗的典範，而且也是物理學幾何化和幾何學物理化的大師❺。

四、直覺 (intuition)。馬赫十分看重直覺和直覺知識。直覺又被馬赫稱爲「感覺想像」(Anschauung 或 sensuous imagination)，它是在空時上整理了的感覺的整個系統。例如，該系統能使我們一瞥即見物體或它們相對運動的具體配置。對於能看見東西的人來說，視覺直覺是最重要的，它傳達了最多的信息。接觸同樣能夠迅速傳達排序的概觀，這被稱之爲觸覺直覺。有經驗的音樂家對於在時間上有節奏的運動和音調的分布及進展也具有一種直覺的概觀 (*KE*, p. 294, 108)。

關於直覺的起源、產生和內容，馬赫認爲直覺比概念思維本來就更古老、有更強的根基，在概念思維還相當落後的階段，直覺就首先啓動了觀念和行動，第一個清晰的觀念、概念和思想正是從直覺發展出來的。馬赫揭示出:

> 我們在自然界中觀察到的每一個事物都在我們的感覺和觀念中留下未被理解的和未被分析的印記，這些感覺和觀念反過來以其最普遍的、最顯明的特徵模擬自然過程。在這些積累起來的經驗中，我們具有珍藏的財富，它們永遠近在咫尺，其中只有極少部分具體化為能清楚表達的思想。訴諸這些經驗比訴諸自然界本身容易得多。儘管如此，它們在所表明的意義上還是擺脫了一切主觀性，這種情況賦予它們以極高的價值。(*SM*, p. 36)

❺ 李醒民:《人類精神的又一峯巔》，遼寧大學出版社(瀋陽)，1995年將出版。參見有關章節。

馬赫反對把直覺歸於先驗地存在於我們身上的觀點（先於所有經驗），他強調直覺知識只不過是經驗知識，從而具有極高的價值。正是直覺知識的非主觀的和經驗的特性，才使它具有顯著的否定本性：我們不能恰當地說什麼必須發生，但我們卻能恰當講什麼必須不發生。我們不必滿足於重視它的權威，我們要探求在什麼條件下產生直覺知識。但是我們通常發現，確立我們求助直覺知識的原則本身，反過來也構成了直覺知識起源的根本條件，這是十分明顯的和自然的（*SM,* pp. 36-37, p. 94）。

馬赫對直覺在知識形成和科學發明中的作用估價很高。他說:「所有知識的基礎是直覺，直覺除與潛在地是直覺的和概念的東西有關外，還可能與感性知覺和直覺觀念有關。」(*KE,* p. 233) 他看到直覺知識被十分頻繁地作爲研究的起點和嚮導。他認爲,「只有最強大的直覺與最巨大的抽象闡述的能力結合起來，才會造就最偉大的自然探索者」，才會「在科學中作出重要的進展」(*SM,* p. 35)。但是馬赫也清醒地意識到，我們不能用科學中的直覺創造新的神祕主義，不能把直覺看作是準確無誤的，直覺像清楚的意識一樣難免有錯。即使直覺知識的權威對於實際的發展過程也許是重要的，但它最終必須讓位給明確而審慎的觀察的原則。我們看到，當某個新的經驗領域突然打開時，就容易證明直覺是絕對不充分的（*SM,* pp. 35-36, p. 94）。馬赫的本意是：直覺與經驗和理性的結合，才能造就有意義的知識，否則科學是不可思議的。

馬赫稱讚康德及其後的叔本華（A. Schopenhauer, 1788-1860）對直覺的意義作了充分估價，但是他把康德關於直覺的先驗基礎移到經驗（當然包括個人經驗和祖傳經驗兩部分）之上。

而且，他也不滿意康德的下述名言：「沒有內容的思想是空洞的，沒有概念的直覺是盲目的。」他覺得稱直覺是盲目的和概念是空洞的並非如此絕對正確，他把它修改為：「沒有直覺的概念是盲目的，沒有概念的直覺是跛瘸的。」(*KE*, p. 294) 這一修改既顯示了馬赫對直覺的更高估價，也指出了直覺的不充分性和與概念結合的必要性。

五、幻想 (fantasy)。馬赫是一位具有濃厚詩人氣質的哲人科學家。他從科學史中和自己的研究實踐中了解到，探索者只有插上幻想或（自由的）想像 (imagination) 的翅膀，才能在科學的原野上空翺翔。因此，他把幻想作為重要的科學發明方法，在《認識與謬誤》中作了專門論述 (*KE*, pp. 72-78, 110-116)。在這方面，愛因斯坦的下述言論能與之共鳴：

> 想像力比知識更重要，因為知識是有限的，而想像力概括著世界的一切，推動著進步，並且是知識進化的源泉。嚴格地說，想像力是科學研究中的實在因素。(*E1*, p. 284)

按照馬赫的看法，觀念的自發遊戲和思想的變化的結合，從感覺和直接的需要中脫離出來並遠遠超越了它們。關於所看到的或經歷過的事情的幻想即詩，「是從日常生活重負中邁出的第一步」，「是精神發展的開端」。如果這樣的詩的幻想與感覺經驗接觸，並嚴肅地在向經驗學習的同時以解釋、修正、完善經驗為目的，我們就如孔德所言相繼得到宗教觀念、哲學觀念和科學觀念。這樣看來，詩的幻想或想像在知識的產生和科學的起源中作用可謂大矣。

馬赫在與記憶和幻覺的比較中界定了幻想的轄域，同時也闡明了幻想和想像的微妙差異。如果想像過程中的每一件事基本上在我們的眞實經驗中作爲關聯的東西而出現，我們將稱其爲記憶。如果通過許多不同的經驗，引起直覺要素之間形形色色的聯想，從而放鬆了個人的要素，那麼其他影響能夠把這些關聯中的一些東西以在先前的感覺經驗中從未發生過的方式結合起來，以致這種結合首先存在於想像中，於是我們稱這樣的觀念爲幻想。由這樣的定義不難看出，要在記憶和幻想之間劃出截然分明的邊界是不可能的。至於幻覺（hallucinatory）和幻想的區分，在前者中圖象將緊隨著依賴於未加工的感覺的興奮狀態，而在創造性的幻想中，圖象聚集在頑強再現的主導觀念的周圍。另外，相比之下，藝術家的幻想比科學探索者的幻想更接近幻覺。看來，馬赫把幻想歸屬於想像，是想像的最自由、最活躍、與經驗較少聯繫的那部分。

馬赫賦予幻想以極高的認知和方法價值。在馬赫看來，在我們能夠理解自然之前，我們必須通過幻想把握它，以便給概念以生動的和直觀的內容。所解決的問題距直接的生物學需要愈遙遠，則幻想必然也就越強烈。馬赫指出，抽象和幻想活動在新知識的發現中起著舉足輕重的作用，成功的科學發現也要借助藝術家慣用的幻想。在談到「科學研究需要相當旺盛的幻想」時，馬赫表明也能在概念中運用幻想：

一旦人們獲得了用詞、記號、公式和定義所固定的熟悉的概念，這些概念也就構成了幻想的對象。人們也能在概念中運用幻想，借助於聯想之線搜索該領域，直到人們找到

> 滿足問題條件的組合的選擇。這尤其發生在解決理論問題中，倘若人們察覺到使一切變得穎悟，並給予解答的鑰匙的概念集合的話。(*KE*, pp. 112-113)

由此可見，幻想或自由想像不僅僅活躍於形象思維中，也可以活躍於概念思維中。

但是，馬赫並未讓幻想天馬行空、獨來獨往。他清楚地洞悉到，若幻想壓倒感覺，在科學研究中也能弄出大亂子。藝術家的幻想卽使來自靈感，也必須認爲它無法脫離經驗。馬赫不認爲僅僅基於幻覺就能作出科學發現。解決問題的視野突然打開的事例並不罕見，可是仔細審查一下總能發現，在此之前進行的長期而艱苦的勞動已對整個領域作了發掘；或者人們已收集了資料，但卻無根據地受到一種特殊指導興趣的制約，而最後的發明則把它們與整體聯繫到一起。藝術可以訴諸感覺引起的幻覺，但科學需要概念，期望科學概念作爲禮物出自無意識的感官之源，這只能是無意義的。不管怎樣，馬赫畢竟把詩人的想像或幻想置於科學研究合理性的基本原則之下，視爲假設和理論形成的源泉，視爲科學發明的能動因素。科學需要幻想，幻想孕育科學——這就是馬赫的結論！

六、審美。馬赫不僅具有詩人的氣質，而且具有美學家的情趣，這也許是他能對「青年維也納」文學運動的詩人和作家產生不可抗拒的魅力的一個原因吧！他欣賞事物之美和理論之美，並把審美與思維經濟等相提並論，作爲一種方法論的工具。

關於美，甚至在古代就有兩種定義：一種定義認爲美是部分同部分、部分同整體的固有的協調；另一種定義認爲美根本不涉及部分，而是「一」的永恒光輝透過現象的朦朧的重現❻。對於馬赫來說，「任何按照固定的和遵循邏輯法則構造的事物都是尚好的、美的事物。於是我們看到，總是按照固定規則作用的自然本身不斷地產生這樣美麗的事物。」由於規則總是預先假定重複，因此重複在產生愉悅的結果中起著某種重要的作用，當然愉悅結果的本性並未因之而窮竭。而且，「只有當物理事件的重複與感覺的重複關聯起來時，它才能成爲愉悅結果的源泉。」「對稱的令人愉快的結果也是由於感覺的重複。」(*PSL*, pp. 91-92) 看來，馬赫關於美的定義是物我的統一與和諧，它既是整體的顯現，也是部分的協調。馬赫後來再次強調:「按照固定規則進行的摹寫活動具有美感效果。」「規則作爲理智的事情本身絕無美感效果，反之，只有由規則決定的同一感性動機的重複才有這種效果。」(*GJ*, p. 94)

馬赫從力學史中看到一種趨向: 研究者以簡單性和美爲追求目標而在智力上重構事實，尋求法則。科學家的這種傾向並非出自唯美主義，而是實踐往往不會讓他們受騙。馬赫看到美與眞是相通的:「理論之美在於，它在它的外觀打上了眞理的印記。它不是大腦的幻影。」(*PSL*, p. 44) 馬赫還從對稱美取決於我們眼睛構造中得出，永恒美的理論在某種程度上是錯誤的，不過我們文化和文明的形式不應修改我們關於美的概念。關於科學美，彭加勒後來的論述大大超過了馬赫❼。

---

❻ 同❶，頁8-10。

❼ 同❷，頁175-180。

§6.3 科學探索中的心理元素

前兩節論述的有關原理和方法，或多或少地也屬於科學探索中的心理元素或智力元素之範疇。馬赫在他的《認識與謬誤》、《講演》、《熱學》中都涉及到這個論題，現在我們擬把他的較爲有意義的零散論述加以整理如下。

探索動機。所有對探索的促動都誕生於新奇、非尋常和不完全理解的東西。尋常的東西一般不再會引起我們的注意，只有新奇的事件才能被發覺並激起注意。驚奇感是人類的普遍屬性，好奇是超過生物學需要的過量的心理生活，它對科學的發展具有巨大意義，整個物理科學的開端就與魔術密切相關。所謂驚奇感，就是人的整個思維模式被一種現象打亂，並迫使它脫離習慣的和熟悉的渠道。觀察自然界的異常並未獨自構成科學，消除異常也是科學的一部分，科學是驚奇的東西的天敵（*PTH*, pp. 338-349）。在這裡，馬赫對「驚奇」的理解與愛因斯坦的看法❽有異曲同工之妙。

感覺（sensation）。馬赫是把感覺放進生物學功能和關係中來考察的，強調它的生物適應和進化論意義，同時把它置於心理活動和認識的起點及終點之重要地位上。馬赫是這樣分析感覺與其他心理元素（它們共同構成經驗）的關係的：所謂感覺是就它

---

❽ 愛因斯坦說：「這種『驚奇』似乎只是當經驗同我們充分固定的概念世界有衝突時才會發生。每當我們尖銳而強烈地經歷到這種衝突時，它就會以一種決定性的方式反過來作用於我們的思維世界。這個思維世界的發展，在某種意義上說就是對『驚奇』的不斷擺脫。」(*E1*, p. 4)

們依賴於我們身體而言的，而就它依賴於其他物理特徵而言，它們是物理量，如公園的綠色、市政廳的形狀、地面對漫步者的阻力。心理分析認爲這些項目是感覺。在我們心理生活的開始，依然存在著一些清楚的、生動的記憶(memory)，只有那些強烈作用的感覺才能形成記憶，其他感覺也可間接存在於我們「記憶」中。各種各樣的感覺的記憶與當下的感覺交織在一起變成更豐富的複合卽知覺（perception）。較早經驗的記憶痕跡本質上有助於確定新經驗集合的心理路線，它們與新經驗集合微妙地編織在一起，並通過擴展該織物而同化新經驗集合，我們稱其爲觀念(idea)。這些觀念與感覺的差別僅僅在於，它們不怎麼強烈，更爲短暫和易變，而且相互之間通過聯想（association）結合起來。觀念與感覺相比不是新一類元素，它們似乎具有同一本性(*KE*, pp. 15-16)。

記憶。強烈的感覺會形成記憶，回憶的保存、聯繫和相互喚起的能力，卽記憶與聯想，乃是發達的心理生活的基本條件，不過也是初級有機體的根本性質。一般而言，記憶並不是孤立的一個，它總是由許多部分的記憶構成的，但是這些記憶能夠相互被分隔開來，並獨立地喪失。大腦的某一區域對應於某種記憶，一些甚至能相當準確地定位。記憶是一般的有機現象的一部分，卽對於周期過程的適應，從而遺傳、本能等可以被描述爲超越個體的記憶。馬赫認爲，有關記憶的物理學理解雖然不是不可企及的，但我們現在還離作出這種理解很遠。「記憶的豐富性無疑是以器官的相互作用和聯繫爲基礎，但我們認爲連記憶的殘跡也必定有某種基本的機制。並且在這裡我們只能設想，器官中的任何化學過程都會留下有利於再現這類過程的某些痕跡。」(*GJ*, p.

185)

聯想。由 ABCD 構成的感覺經驗復活了由 AKLM 構成的早先的感覺經驗，從而把它作爲一種觀念摹寫 (reproduction) 下來。由於 KLM 一般並不是由 BCD 摹寫的，我們自然地認爲公共要素A開始了該過程。首先A被摹寫，然後直接被經驗的 KLM 隨它而來或隨其他已被摹寫的同時存在的特徵而來。這個領域的所有過程都能被歸於這一聯想規律。聯想具有突出的重要性和巨大的生物學意義，因爲我們對周圍環境的任何心理適應、任何日常經驗或科學經驗都依賴它。聯想是以周圍環境的相對穩定性爲條件的，否則經驗便不可能，聯想便無用處。此外，爲了交流的目的，每一個起初被動接受的知覺在情況可能時，都必須盡可能多地被分解爲眾所周知的要素或由這些要素建立起來，這個過程是自發地通過聯想和記憶來實現的。他認爲聯想像其他有關心理過程一樣，也有先天的成分：

> 除了後來獲得的聯想以外，我們必須至少也承認先天就有的聯想。先天的衝動必定會在內省的、限於自身的心理學領域表現為先天聯想，而在生物學領域歸結為先天有機聯繫，尤其是神經聯繫。因此，最好是探究一切聯想，包括個人後天獲得的聯想，是否不依賴於先天的或由使用而得到加强的聯繫。(*GJ*, pp. 185-186)

觀念。觀念是較早經驗的記憶痕跡，用以同化新經驗的集合，它是單一具體的經驗符號，是瞬時的心理實體，它是與感覺一致的可察覺的東西。我們眞正的心理操作者是這些可察覺的圖象或觀念，而概念（concept）則是組織者和瞭望者，它告訴大量的操作者向何處和幹什麼。在簡單的情況下，智力是直接與操作者接觸的，複雜的智力活動才與概念有關。觀念本質上是由個人需要的貢獻形成的，概念則受到作爲一個整體的人類智力需要的影響，因而概念具有時代文化的印記。觀念和概念都根植於事實，但並不等同於事實，把觀念與事實混同，其嚴重程度等於把觀念與感覺混同。

概念。一個隨著概念名稱出現的、陪伴著概念操作過程的形象，絕不是概念。一般地說，那種亟須用以表示許多表象的語詞，也不能看成是概念。概念根本不是現成的表象。科學家的概念是一種確定的反應活動，它使用新的感性要素來充實事物的內容。概念「是對某種精確確定的、往往是複雜的、關鍵性的、比較的或建構的活動的衝動。」(*PSL*, p. 251）概念在邏輯方面是作爲最確定的精神產物出現的，但在心理方面其眞實的形象化的內容只是十分模糊的圖象。概念作爲「共相」不具有物理實在，但卻具有生理實在，生理反應比物理刺激具有較少的複合性。因此，概念往往缺乏直接的明晰性。

在概念和經驗之間存在著兩類關係：長度、溫度、照度等概念比較直接與經驗相關，質量、熱量、機械能則很少直接與經驗相關。親自獲得的、恰恰不是通過詞或閱讀傳達的概念，容易引起潛在地存在於概念之中的直覺和感覺，這些內容反過來也容易存貯在概念中。

從感覺和感覺的結合中產生的概念，其目的是通過最短的和最容易的路徑把人們導向與感覺完全一致的可察覺的觀念。從而所有智力活動都從感性知覺開始並返回到感性知覺，這與科學知

識的獲得在程序上是一致的。因此，科學需要概念，概念的形成對科學甚爲重要。其理由正如馬赫所揭示的:

> 由於我們不去考慮對我們的意圖來說是無關的那些事實的特徵，我們通過把事實引進概念之下而簡化了事實，同時由於我們把該類型的所有特點都包括在內而擴大了事實。
>
> 恒久性和充分分化這兩個整理和簡化的經濟原理，只有在材料用概念結合起來的階段，才能得到在自己名下應該得到的東西。(*KE*, pp. 98-99)

抽象。抽象的決定性作用在科學中是明顯的。我們無法把握現象的所有細節，這樣作也是不切實際的。我們注意的是對我們來說有趣的和相互依賴的特徵。因此，探索者的首要任務是比較不同的情況，以便強調相互依賴的特徵，而把對當下的意圖來說是偶然的、無關的東西加以消除。這種抽象過程能夠產生極其重要的發現，被不正確地稱之爲「歸納」的過程實際上是抽象起著不可或缺的作用。

意識。摹寫和聯想的能力構成意識的基礎。永遠不變的感覺幾乎不能被稱爲意識。意識不是一種特殊的心理之質或不同於物理之質的一類質，它也不是爲了使無意識變爲意識而能夠附加到物理之質上的特殊之質。意識根源於摹寫和聯想，它們的豐富、容易、速度、有生氣等等決定著意識的水平。意識不在於特殊之質，而在於質之間的關聯。感覺是至少在目前不可能還原爲更簡單、更根本的東西，它既不是意識，也不是無意識——它只有被排列在現在的經驗之中才能變成意識。

意志（will）和意圖（purpose)。意圖是一種內部壓力和意志力（volition)， 無非是那些部分進入意識並與結果的預見相關的動作的條件之總和 。所謂意志不是別的 ，「僅是部分自覺的 、 與預見結果相結合的運動條件的總體 。 我們分析這些條件， 我們見到的僅是過去的經驗的記憶痕跡和它們之間的聯繫（聯想）。」（*GJ,* p. 79）作爲一種心理能力的意志與注意力(attention) 幾無區別，它們都是身體各部分協作的特殊形式，都包括著「選擇」形式。意志在於使不怎麼重要的或暫時重要的反射行爲服從於在生命功能中具有主導作用的過程，即記下有條件的感覺和想像力 。馬赫認爲意志旣非動因， 亦非動力，斷定意志是動因或動力的人犯有原始的泛靈論 (animism) 和拜物教 (fetishsm) 的過錯， 他贊同叔本華關於意志與力量之間關係的概念。馬赫在達爾文的物種起源說和進化論中爲他的意志概念尋找根據，不過他的觀點是:

> 物種的保存僅僅是科學研究的一個實際的、很有價值的出發點，並不是最後的和最高的出發點。的確有些物種毀滅了；也的確有些新物種誕生了。因此求樂避苦的意志必然遠遠超出了保存物種的目的。值得保存物種時，這個意志就保存它；物種不再值得生存時，這個意志就毀滅它。假如這個意志只是以保存物種為目的，它就會作無目的的、惡性循環的運動，旣欺騙一切個體，也欺騙自己。(*GJ,* pp. 64-65)

馬赫的意志概念除具有實際生活和世界觀的意義外，它的一個主要特徵是創造理智，發現理智，使它爲意志服務；創造思想，使思想清晰明確，猶如探照燈一樣爲意志的活動指出方向和道路。

思想。馬赫詳盡地描繪了思想（思維）的進化過程、科學思維與日常思維的異同以及思想在兩個適應過程中的發展和變化。他指出，在聯想和記憶中，思想要素都起作用，甚至在最簡單的觀察中也是如此，這不僅是合理的，而且是必要的和不可避免的。思維既要注意在表面不同的事實中發現等價的特徵，也要注意在迄今認爲無差異的事實中看到區分的特徵。這樣一來，既可用相同類型的思想習慣理解不斷擴大的事實領域，又可以使思想習慣的變化對應於我們對該領域的事實的區分。思想實際上是由事實形成的概念，因此思想並未用事物本來的樣子占據，而是用我們關於事物的概念占據，思想的特定行爲從來也沒有包含客體的可知特性的總體，而僅僅包含屬於特定類的關係。即使最簡單的思想，也並不完全與實在符合。馬赫注意到，「在抽象的概念思維中，語言當然是不可缺少的」，但是「不用詞的思維至少部分可以實現」❾（*PTH*, pp. 376-377）。

思想與實驗的結合造就了近代科學，但是思想並不是亙古不變和一勞永逸的。馬赫用下述言論表達了他的這一看法：

> 當導致和確認思想的所有路線和動機都被清楚地提出後，思想才最完備地、最嚴格地建立起來。與先前比較熟悉和

---

❾ 愛因斯坦對此的看法是：「對我來說，毫無疑問，我們的思維不用符號絕大部分也都能進行，而且在很大程度上是無意識地進行的。否則，爲什麼我們有時會完全自發地對某一經驗感到『驚奇』呢？」(*E1*, pp. 3-4)

無異議的思想的邏輯聯繫只是這個基礎的一部分。其產生的動機充分被弄清的思想，只要這些動因還持續，就永遠不能失去；而當這些動因被辨認出衰朽了，思想就能夠被立即放棄。⑩

語言。科學理論來自通過觀察和實驗接收到的感性知覺及在思想中獨立地摹寫感知到的事實 。要使這種摹寫具有科學的特徵，則它必須是可交流的。但是，思想只有用語言表述爲眾所周知的事實的圖象時，它才能被傳達。科學只有通過許多人的經驗的熔合、通過語言才能朝氣蓬勃地成長，當聲音——起初是不自覺的聲音——變得與共同觀察到的外部世界和內部世界的事實、現象聯繫在一起，才出現了語言交流，此後這些聲音就變成了這些事實的有意識的記號。借助這些記號，便有可能在講者和聽者身上喚起此刻未觀察、但卻先前經歷過的事實的觀念，從而廣泛擴大了人們的經驗領域。語言不僅是思想交流的媒介，而且對獨自思維也具有巨大的價值。詞語包容了對某一興趣領域有重要性的一切東西，並引起與這個範圍有關聯的一切圖象，我們甚至能夠在沒有充分意識到詞符所體現的所有圖象的情況下使用該詞符。因此，語言對概念思維是不可或缺的。

問題。當思想與事實、思想與思想不一致時，問題就出現了。此時，原有的心理適應的結果陷入對立境地，使得思想在不同方向被驅使，使人們煩擾得有意識地、深思熟悉地尋求通過這

---

⑩ G. Wolters, Mach and Einstein in the Development of the Vienna Circle, *Acta Philosophica Fennica*, **52**(1992), pp. 14-32.

一混亂的線索。問題解決的方法一般而言有三種方法：分析方法、綜合方法和歸謬法。問題的多種答案並非多餘，因爲它們通常從不同的角度闡明了問題，因而十分有益。在科學發展中，問題的提出、解決甚至丢棄，都代表著科學的基本進步。丢棄了假問題，科學家便可以放下壓在他身上的沉重包袱，輕裝上陣，集中精力解決新的或有意義的問題。

洞察 (insight)。伽利略等科學大家的多產方法都可以化歸爲簡單的、但卻是有意義的洞察：一組事項的純粹周期性的改變只能構成第二組事項的周期性變化的來源，而沒有構成連續的和永久的變化的來源。一般而言，洞察是科學思想的組成部分。科學史表明，正確地還原爲其基礎的洞察或遲或早會多少變混亂，或不完善地或以曲解的形式呈現出來，甚或對某些探索者來說完全失效，只是後來才重新顯現其光輝。洞察的一次發現和表達是不夠的。把一般的思維習慣發展到所述的洞察能夠變爲共同特徵並充滿活力的地步，往往需要若干年或若干世紀。

判斷 (judgment)。判斷經常是一種對感性事實作出更完善陳述的感性表象的補充品。如果判斷能夠用語詞來表達，那麼這樣的判斷就總是在於用現成的記憶形象組成嶄新的表象，而這些記憶形象在一個人說到時，就會在心目中湧現出來。因此，判斷的形成過程是一種表象在感性事實的指導之下，由其他感性表象充實、擴大和補充的過程。如果這種過程完成，我們對於這種形象也習以爲常，這種形象便會作爲完成的表象進入意識裡面。這樣，我們就不再和判斷，而是和簡單的記憶打交道了。自然科學和數學的成長大部分是以這種直觀認識爲基礎的。

預斷 (prejudgment)。所謂預斷，就是運用於新的情況而沒有預先檢驗的習慣判斷，它是智力領域中的反射活動。預斷在智力生活中是很重要的。人沒有預斷，而是隨著新情況出現隨時作判斷，他們便無法理智地生存。科學家依靠預斷，能使思維活動得以喘息，從而大大減輕了腦力勞動。社會有了預斷，免除了大量社會活動，從而不至於解體。但是，預斷在智力生活中養育和支持我們的同時，有時也會欺騙和毀滅我們。如果預斷與事實之間產生了巨大的裂痕，而研究者依然墨守成見，就會在個人生活中出現悲劇性的混亂和災難。當人們把習慣判斷看得高於生活而替代了服務於生活的目的時，觀念危機便導致致命的錯誤。如果我們能在預斷和判斷的鬥爭中，在二者之間的妥協中使用它們，我們理解事物的範圍就會擴展。

預設（presupposition）。預設是本能的或習慣的預先假定，它是進行研究的前提條件，從而以有意識的方法的特徵銘刻於我們的思維。前述的一些方法論原理，實質上也是預設。同樣地，人們

沒有辦法證明「決定論」或「非決定論」立場的正確性。只有當科學是完備的或者我們能夠裁決這樣的問題是不可能證明的。這些是我們考慮事情的預設，這些預設取決於我們對過去探索的成功給予較大的主觀權重，還是對過去探索的失敗給予較大的主觀權重。不過，在探索時，每一個探索者必然是理論上的決定論者，卽使他涉及的僅僅是概率。……沒有一個經驗事實本身能以絕對的精確性重複，每一個新發現都暴露出洞察的裂痕，揭示出迄今未注意的相依的剩餘。因此，卽使極端的理論上的決定論者在

實踐中必定依然是非決定論者，尤其是如果他不希望因投機而使極其重要的發現變得不可能的話。⑪ (*KE*, p. 208)

在馬赫看來，因果律也是現象相互依賴的預設。他贊同休謨關於因果律只不過是心理熟悉和精神習慣。在自然界中，既沒有原因，也沒有結果，自然界只有個別存在，自然界只是存在著。因果律是一種邏輯抽象，邏輯的必然性並不等於自然的必然性。因果性研究與目的論研究並無根本區別，它與充足理由律毫無二致。原因和結果的概念在形式上是模糊的，它們包含著強烈的偶像崇拜的色彩。因果概念之所以具有巨大權威性，是因爲它是本能地、不自覺地獲得的，是人種發展的產物。

通常人們稱原因是恒定地與另一個事件（結果）相聯繫的事件，恰恰是過程的兩個特別明顯的標記被看作是原因和結果。但這只不過是相當不完善地、表面地看問題。首先，任何一個過程都不會絕對重複，沒有兩個完全相同的過程。其次，原因和結果的區分具有隨意性，因爲直接的相互依賴總是相互的和同時的，兩個相互作用而產生加速度的物體，哪個是原因而哪個是結果？再次，通常所謂的原因，經認眞分析只是諸多條件的集合中的一個或數個條件，因此依據這些條件中的哪一個被注意或被忽略，原因可以大不相同。最後，原因和結果的過程中有許多中介都被略而不提了，其實原因一般而言並不是結果的直接原因。

⑪ 列寧不理解馬赫這段話的科學和哲學意蘊以及它的啓發性意義。他奇怪地反問道：「用心地把純粹的理論同實踐割裂開來，這難道不是蒙昧主義嗎？」他同時又莫名其妙地說什麼：「馬赫之所以胡說，是因爲他在理論上完全不明白自由和必然的關係。」(*WP*, p. 193)

鑒於這種狀況，馬赫很不喜歡傳統的因果概念和因果律，他建議用現象（特徵）的相互依存關係，卽用函數概念取而代之。馬赫說：

> 我認為函數概念比原因概念優越：它的優越性在於追求精確性，而不帶有原因概念的不完整性、不確定性和片面性。原因概念實際上是一種原始的、暫時解決困難的方法。我想每個現代的自然科學家必定會感覺到這一點。(*GJ*, p. 73)

馬赫還表明，他的這一建議並不是領導一場反對因果概念的「痛苦的戰鬥」，他並不想把函數概念作為一種「宗教信仰」讓人頂禮膜拜。「如果人們沒有發現這樣作更精確、更富有啓發性，那麼他就只能保留舊概念。我旣不能夠、也不希望使每一個人都轉向我的觀點。」他還預言說：「因果概念並非總是相同的，而是在歷史進程中變化的，在未來也可能如此。」(*KE*, p. 210, 206) 在這裡，列寧不了解馬赫關於因果概念討論的科學的和認識論（探索心理學）的意向和意義，而站在舊的傳統哲學和本體論的立場上加以指責（*WP*, pp. 159-161），這實在是把認識圖象和自然本體混為一談了。在人類精神出現之前的獨立於人的世界，未被人的感性同化和未被人的理性認知的外在世界，只是一片毫無規定性的渾沌，是虛無之無，哪裡會有原因與結果可言？何況馬赫並沒有在方法論的意義上全盤否定因果概念：「因果概念只有作為暫定知識或暫定取向的工具時才有意義。在對事件作任何

精確的和深刻的研究時，研究者則必須把現象看作是相互依賴的，……」(*SM*, p. 582)

第七章　馬赫的社會哲學和社會實踐

有梅無雪不精神，
有雪無詩俗了人。
日暮詩成天又雪，
與梅並作十分春。
——宋・盧梅坡・〈雪梅〉二首（其一）

馬赫是一位偉大的科學家和偉大的思想家，但他既不是傳統意義上的（眼光狹小的）專家和（關在書齋裡的）學者，而是一位具有人文主義精神的科學家和具有科學理性精神的思想家，是一位身體力行、勇於進行社會探索和實踐的偉大戰士。馬赫從小就對一些古怪而顛倒的社會現象迷惑不解：人們怎麼能讓他們自己受一個國王的統治？世間富有的人爲何只是擁有財富？這種與人類休戚與共、與社會息息相關的品格和志向貫穿在馬赫的整個生涯，尤其是在他功成名就、具有社會感召力和世界影響之時。他堅信科學技術對文明的促進作用，他對社會的進步和人的自我完善充滿信心，他關心人類的前途和命運，他熱愛眞理主持正義，他擁護和平並反對軍國主義、民族主義和戰爭。一言以蔽之，他對眞善美滿腔熱忱，對假惡醜疾首蹙額。路德維希・馬赫公正地寫道：馬赫一生都受到一種根本衝動的支配，這就是光明磊落。他是大眾教育和進步的鬥士，當他看到眞理時，他總是毫不畏懼地獻身於眞理（*SM*, p. xx）。

本章，我們將集中論述一下馬赫對一些社會問題的看法，描述一下他的切實的行動。讀者從中將不僅看到馬赫眞實的、完整的形象，而且也會明白：列寧給馬赫無端羅織「反動」罪名，給馬赫臉上肆意抹黑，是多麼粗暴，多麼沒有道理。

§7.1 馬赫社會哲學的基礎

馬赫是一位名副其實的人道主義、和平主義和科學主義者。他的這些社會哲學思想深深根植於他關於社會進步、關於道德世界秩序理想的始終不渝的信念和深摯的社會理性論。馬赫改動了黑格爾的樂觀主義，認爲即使合理的並非總是現實的，至少它通常會變成現實的：「從理論了解到實際舉動的距離無論怎麼遠，後者終究不能夠抵抗前者。」（*GJ*, p. 20）馬赫看到，在他所處的時代，物質福利「不幸地僅爲某些人所擁有」，但他相信「可以期望未來的事情會變得更好一些」。他也表達了如下的希望：

> 文明的成果將不僅擴大到其他國家和人民，而且也擴大到發達國家的所有階層，從而我們在我們自己的同伴中找不到那些過著比原始人更糟糕、且沒有原始人真實——卽使是微不足道的長處——的生活的公民。讓我們記住，我們祖先在他們的社會體制的暴行、他們的法律和法庭、他們的迷信和狂熱下不得不遭受什麼苦難；讓我們考慮，這些東西有多少依然作為我們自己的遺產；讓我們設想，在我

> 們自己的傳下去的東西中，我們還將經受多少遺產：在借助心理學的和社會學的洞察實現道德世界秩序的理想中，這應該是我們開始熱切合作的充分動機。一旦這樣的秩序建立起來，沒有人將能夠說該秩序在世界上不存在，也沒有一個人將需要上天入地去尋找它。(*KE*, p. 361)

馬赫相信倫理和法律在建立社會新秩序中可以發揮重大作用。他指出，「把倫理建立在其正確性不能被檢驗的基礎上肯定不是理性的。」例如，把一個階層的人宣判爲奴隸，而另一個階層的人則以保護自己在這個世界上的既得利益爲目的，在這樣的地方，死後報應的道德對第一種人具有不可估量的安慰作用，對第二種人則是十分合乎一時需要的。然而，如果道德以事實爲基礎，那麼它就是健康的，就像高度發達的中國人的學說那樣。馬赫的下述言論至今仍有現實意義：

> 倫理和法律是社會文化技術❶的一部分，其水準越高，粗俗思想的成分被科學思想取代的也就越多。(*KE*, p. 75)

在這裡，馬赫不僅指明了倫理和法律對於現代社會的意義，而且也隱含著社會的進步包括精神文明的進步。他的下述言論更是把

---

❶ 請注意馬赫的「社會文化技術」(techniques of social cultures) 概念，它與當今流行的「社會技術」或「社會工程」概念是否相關？參見我用後一概念對反科學主義思潮批評的文章：＜反科學主義思潮評析＞，《哲學動態》(北京)，1990年第11期，頁 25-26,17。

精神文明與物質文明相提並論，甚至尤爲強調精神的東西的價值以及它在公衆中的傳播與普及:

> 文化的進步只有存在某些冒險性時才是可以想像的，從而只有通過部分地從勞累中解放出來的人才能普遍被推進。這對於物質文化和精神的東西二者都成立。精神的東西具有壯麗的性質，人們不能阻止它們傳播到人類負擔沉重的階層：這些人將或遲或早地認識到真實的事態，並面對統治階層而要求更廉價、更恰當地使用普通股權。(*KE*, p. 58)

§7.2 馬赫的人道主義

馬赫的人道主義的最高宗旨在於，他把全人類的利益看得高於一切，倡導社會公正、平等，呼籲社會成員互助、博愛，並在堅持個人自由的原則下反對利己主義。在談到生命進化是對不斷拓展的活動領域的適應時，馬赫提到人的活動範圍大大擴展，以致在非洲或亞洲發生的任何事情幾乎都會在他的生活中留下痕跡。他接著以詩一般的語言充滿深情地寫道:

> 讓我們看看其他人的生活，他們的歡樂，他們的痛苦，他們的幸福，他們的悲傷，有多麼大的部分在我們自己身上有所反映！只要我們環視一下周圍的環境，注意一下現代

> 文學，就能看到這一點。當我們隨希羅多德❷穿越古埃及旅行時，當我們通過龐貝大街漫步時，當我們使自己返回十字軍東侵的陰鬱時期或意大利藝術的黃金時代，時而結識一下莫里哀的醫生，時而結識一下狄德羅 (D. Diderot, 1713-1784) 和達朗伯 (J. L. d'Alembert, 1717-1783)，那會有多少經歷啊！其他人的生活，他們的品質，他們的意圖，有多大的份額我們不是通過詩歌和音樂汲取的！雖然它們只是輕微地觸動了我們情感的琴弦，但是像青少年時期的記憶在成年人的心靈上柔和地注入生機一樣，我們無論如何再次部分地體驗到他們的境況。在形成這種思想時，自我變得多麼偉大而豐富；而個人則變得多麼卑微而渺小！不論是樂觀主義的還是悲觀主義的自私自利的體系，都會由於它們的智力生活涵義的狹隘標準而腐朽。(*PSL*, p. 234)

多麼幽敻的詩人的想像力！多麼博大的人道主義者的思想情懷！馬赫在爲這段話所加的注釋中進一步強調：「我們務必不要受人欺騙而設想，其他人的幸福不是我們自己的幸福的十分顯著和十分基本的部分。正是公共資本，不能由個人創造，也不會隨他消亡。自我的形式的和實質的限度僅對最原始的實際目標是必要的和充分的，而在廣泛的概念上則是無法理解的。人類作爲一個整體猶如珊瑚蟲。把個體聯合起來的物質的和有機的黏結劑確實有

---

❷ 希羅多德 (Herodotus, 約前484- 430/420) 是希臘歷史學家，所著希波戰爭史爲古代第一部夾敍夾議的偉大史書，他最著名的一次旅行是去埃及。

用；這些黏結劑只是妨礙運動和進化的自由。但是，終極目的即整體的精神關聯通過比較豐富多彩的發展可以在更高的程度上達到，從而使自由成爲可能。」(*PSL*, p. 235) 看來，馬赫是絕不讓利己主義在人類社會中處於支配地位的，他想通過教育達到這一目標，從而使人們既有個人的自由，又有整體的協調。

馬赫看到，科學和藝術都是社會分工和社會協作的產物。只有部分人從物質的牽掛中解脫出來，有了足夠的自由和閒暇，有興趣對與應用無關的東西進行觀察和研究時，科學本身才能眞正誕生並獲得獨立。像科學一樣，藝術也是必需品滿足的副產品。馬赫接著寫道：

> 藝術和科學，任何正義和倫理觀念，事實上任何較高級的智力文化，只有在社會共同體中，只有當一部分人使其他人減緩了物質牽累時才能興盛。讓「上流社會」明確認識到他們向作工的人付出了什麼！讓藝術家和科學家想到，他們支配和提供的正是一筆龐大的公共的和共同獲得的人類財產！(*KE*, p. 61)

作爲上流社會一員的馬赫，對默默無聞、辛勤勞作的工農大眾給以發自內心深處的尊敬和贊頌，這在當時的社會環境下是多麼難能可貴！事實上，這種人道主義的平等與博愛情操，可以追溯到馬赫的青少年時代。馬赫小時候幹過農活，學過木工，他從中懂得了「對體力勞動者應有的尊重」。馬赫後來回憶說：「這種尊重體力勞動者的特點，在我和同事們的談話中就時常表露出來。」(*ZZ*, p. 73)

馬赫諳熟並熱愛東方文化，在他身上沒有絲毫的歐洲中心主義偏見和西方人的優越感。馬赫對印度文學和科學的興趣是從了解古典印度戲劇開始，經過熟悉印度人的眾神，最後被吸引到印度的數學和邏輯。他在格拉茨的一次講演中提到：「科學曾經和詩處於完全不同的關係。古代印度數學家用詩句寫下他們的定理，荷花、薔薇和丁香，美麗的風景、湖泊和山岳都在他們的問題中出現。」(*PSL*, p. 30）在涉及到希臘幾何學中的理智因素和印度幾何學中的感性因素都在各自的體系中具有決定性意義時，馬赫接著寫道:「印度人一般應用對稱與相似原理，而這對希臘人是完全陌生的。漢克爾（H. Hankel）建議把希臘人方法的精確性與印度人的穎悟結合爲一種新的表達方式，這是頗爲值得注意的。」(*GJ*, p. 95)

馬赫對埃及古代的石雕和繪畫似乎很有鑒賞力。他說在古埃及的碑石中，所描繪的對象並未摹寫單一的視覺印象，而是由各種印象組合而成。人的頭和腿以側面的形式出現，頭飾和乳房則是從正面看到的，等等。這裡有對象的中間的視角，雕刻家在形成這個視角時，保留了他認爲是基本的東西，而忽略了他認爲是無關緊要的東西（*PSL*, p. 201)。他指出古埃及人的繪畫盡可能描繪一切物體部分的眞實大小，因而彷彿把一切部分都壓到圖形平面中，就像把植物壓爲標本一樣（*GJ*, p. 180）。馬赫還把埃及文字和中國文字看作是兩條有代表性的發展路線:

> 書寫的進一步發展能夠沿著兩條不同的路線進行：或者對事物的描寫通過迅速簡化的手寫縮減為概念的約定記號，像在中文中那樣；或者以描繪難題的方式想起詞的發音之

一，圖畫轉為語音記號，像在埃及的象形文字中那樣。抽象地思維的傾向和為此目的謀求書寫的需要導致前一種方法，而寫出人的名字和一般地寫出恰當名詞的需要導致第二種方法，這便產生了文字手寫。每一種方法都有其特殊的優點。第二種方法與十分微弱的工具有關，容易聽清楚語言中的每一個語音的和概念的變化。第一種方法是完全獨立於語音的，以致日本讀者能閱讀中文，而他們在語音上講的是完全不同的語言。中文書寫幾乎是萬國語，儘管它需要隨每一個概念的變化而變化。(*KE*, pp. 59-60)

馬赫似乎對中國文化更爲熟知，對中國文明更爲欽慕，對中國的事情更爲興味盎然，他在自己的著作中多次提及中國的語言、文字、繪畫、倫理、科技、典籍等❸。他喜愛中國繪畫，部分原因在於這些繪畫不畫陰影，這與他童年時的傾向一致。他認爲中國人的倫理學說是「以事實爲基礎的」，是「健康的」、「高度發達的」(*KE*, p. 75)。他對中國古代的計數籌板便利計算的作用評價頗高。他在1882年的著名講演〈物理研究的經濟本性〉的開頭和結尾，分別提到「兩千多年前偉大的中國哲學家列子」寓意深刻的名言:「故生不知死，死不知生」和「唯予與彼知而未嘗生，未嘗死也」❹ (*PSL*, p. 186, 213)。馬赫對列子的引

❸ 有趣的是，馬赫的親密朋友波佩爾·林科伊斯也熱情地讚美中國文明。尤其是，他認爲孔子的倫理有益於西方世界:「我在我的著作《個人》中指出，孔子的倫理學對於提高亞利安歐洲人（和美國人）的文明水準是有用的。」(*EM*, p. 287)

❹ 《列子·天端第一》。

用、理解和發揮，充分顯示了他對中國先哲思想把握的廣度和深度。

馬赫對用視覺識別的漢字尤爲推崇備至、讚賞不已。他在《力學》中又一次稱頌道：

> 在中文書寫中，我們有表意語言的實例，在不同的省份發音各異，可是處處卻傳達相同的意義。假如該系統及其記號僅有較簡單的漢字，那麼中文書寫的使用可以變得很普適。省略無意義的和不需要的語法災難——就像英語多半省略它們那樣——對於採納這樣一個系統來說恐怕是十分必要的。但是，普適性也許不是這樣的文字的唯一優點；由於讀它就是理解它。我們的孩子常常讀他們不理解的東西；但是，中國人不能理解的東西，是會妨礙他閱讀的。(*SM*, p. 578)

馬赫對漢字和漢語特徵熟知的程度，由此也可窺見一斑。馬赫還在另一處強調指出：「我們所擁有的符號的邏輯外延加上中文表意文字提供給我們的思想，將使通用書寫符號的特別發明和傳播變成完全多餘的。」(*PSL*, p. 192) 東方文化深刻地影響了馬赫的思維方式，以致布萊克默認爲：馬赫的現象論和科學的「內部的」目的是「東方的」，而他的達爾文主義和科學的「外部的」目的則是「西方的」(*EM*, p. 293)。

馬赫的人道主義在他同情、支持社會主義運動的思想和實踐中得到最爲革命性的體現，他是一位堅定的人道主義的社會主義者。馬赫之所以傾向和贊同社會主義，是因爲他看到早期資本主義社會的嚴重弊端和工人階級的非人狀況，他期望社會公正，期望社會成員在政治和經濟上的平等。在這方面，他的觀點接近社會整體論和馬克思主義的意識形態。請聽聽馬赫對早期資本主義罪惡的無情揭露和對工人奴隸般的工作狀況的深切同情：

> 荷蘭人、西班牙人、葡萄牙人、尤其是英國人的「殖民的」即帶來利益的「活動」，像宗教的和現代的戰爭一樣，對即將到來的數代人來說，將構成最令人厭惡的一章歷史。(*EM*, p. 233)

> 人們也許設想，隨著這樣的作功能力的增長，只需操縱機器的一部分工作人員會從勞累的苦活中解脫出來。然而，仔細地觀察表明，情況根本不是如此：工作依然像以前那樣使人精疲力竭，亞里士多德關於沒有奴隸的、未來機器時代的夢想並未實現。J·波佩爾如此充分地解釋了這種狀況的原因：機器的龐大輸出並不是恰恰用來方便人的生計，而主要是為了滿足統治階級的奢侈需求。(*KE*, p. 57)

> 今天，在歐洲和美國，奴隸制的名義和傳統形式雖然已經中止了，但是奴隸制的實質，即少數人對多數人的刼掠卻依然保留著。(*EM*, p. 233)

> 另一方面，工人的奴隸般的狀況甚至比在君主體制或寡頭政治下更為普遍、更為暴虐。(*EM*, p. 233)

儘管馬赫與馬克思主義者都對當時資本主義世界現存的經濟和工業狀況表示義憤，但馬赫拒絕他們迷戀把有利於個人的「利己主義的」經濟原因作爲首要的惡棍，他似乎也不主張通過暴烈的階級鬥爭來達到社會公正，而主張用非暴力的聯合行動達到目的。不管怎樣，馬赫對社會的未來充滿信心和憧憬：

> 人們不會失望，有一天人類的這一部分在正確地認識到這種狀況時將聯合起來，反對那些巨頭和雇主，並要求對我們的公共財富進行比較有目的的、相互比較滿意的使用和分配。(*EM*, p. 233)

馬赫的觀點不光是講在嘴上、寫在紙上，他把它們切實地落實在自己的具體行動中。馬赫是一位眞正實踐的人道主義的社會主義者。馬赫長期與奥地利社會民主黨的負責人阿德勒父子❺保持著密切的關係。1896年，他與社會民主黨的工人一起，反對執政的基督教社會主義黨對成人教育的否定，他擔任抗議集會的主席。1899 年，他公開宣布，自願把一大筆錢饋贈給成人教育聯合會和社會民主黨機關報《工人報》。1901年，半身不遂的馬赫乘坐救護車，以個人身份出席奥地利上議院會議，投下關鍵性的

❺ 維克多·阿德勒是奥地利社會民主黨的創建者和領袖，猶太人，他與恩格斯是終生朋友，經常通信。他創辦並主編《平等》周刊和《工人報》。其子弗里德里希·阿德勒是馬赫哲學的追隨者，是愛因斯坦的同窗好友。他1912年任奥地利社會民主黨的書記，1916年因刺殺奥地利首相而入獄。1918年戰爭結束後被釋放，在奥地利爆發革命時任工人蘇維埃主席。

一票，支持把煤礦工人工時限制到九小時的法案。1902年，他作了一次坦率而成功的發言，反對執政黨在薩爾茨堡建立排它的天主教大學。1906年，馬赫被工人出身的社會主義理論家狄慈根(J. Dictzgen, 1828-1888)的思想所吸引，他敦促他的哲學信徒學習狄慈根的著作。1907年，馬赫的政活動達到高峰：他又一次堅持出席奧地利上議院會議，爲的是投票贊成選舉改革法案。他給報紙寫了幾篇文章：一篇反對種族歧視，一篇反對羅馬天主教教皇關於天主教教義的新大綱，兩篇爲維也納大學學生反對市政府的不公正行爲的運動辯護。在講德語的國家中，馬赫是支持工人階級及其政黨的爲數極少的大學教授之一。馬赫這樣一個光明正大的、爲正義和進步事業而奮鬥的戰士，竟被列寧指鹿爲馬斥之爲「反動的哲學教授」，「『最新的』反動教授」(*WP*, p. 349, 170)，這豈不是天方夜譚！

對於社會主義，馬赫保持著相當淸醒的頭腦。他擔心在未來的社會民主主義國家即社會主義國家中，集權和獨裁會造成對個人和社會的侵害，爲此他贊同有關具體的預防性措施。這是馬赫人道主義的社會主義思想最爲人道的、最有啓發意義和最富實踐意義的部分。請聽馬赫的告誡：

> J·波佩爾在他的著作《生的權利和死的義務》(萊比錫，1878)中給出了一個綱領。他的目標接近最初的社會民主主義目標，但是與它們不同的改進在於：按照他的觀點，組織體制應該限於最重要、最基本的事情，至於其他，個人自由應該受到維護。否則，即使在社會民主主義國家中，奴役也完全可能變得比在君主政體或寡頭獨裁政治的

> 國家更加泛濫和暴戾。在一本補充著作（《新國家理論基礎》，1905）中，波佩爾詳細制定了這一主旋律：多數原則是第二位的需要；受保護的個人獨立是根本的需要。在重要之點上，門杰（A. Menger, 1841-1906）的《新國家理論》（耶拿，1902）與他一致。(*KE*, p. 63)

馬赫在俄國十月革命前十多年發出的告誡，至今仍沒有失去其現實意義和魅力。無獨有偶，自稱社會主義者的愛因斯坦也在1949年發出同樣的告誡：社會主義「還可能伴隨著對個人的完全奴役」！他指出社會主義需要解決的一些極端困難的社會政治問題：「鑒於政治權力和經濟權力的高度集中，怎樣才有可能防止行政人員變成權力無限和傲慢自負呢？怎樣才能使個人權利得到保障，同時對於行政權力能夠確保有一種民主的平衡力量呢？」❻兩位哲人科學家先知在不同歷史時期發出的諄諄告誡並不是杞人憂天、無病呻吟，聯想到前蘇聯和中國的歷史，怎能不叫人慨嘆和深省！

馬赫人道主義的深層底蘊也許蘊涵在他的自由而開明的人道主義的人生觀中。馬赫通過對「自我」的分析得出結論：

> 自我是保存不了的。部分地由於這個認識，部分地由於害怕這個認識，引起了許多極其奇怪的悲觀主義的、樂觀主義的、宗教的、苦行主義的和哲學的荒誕表現。人終究不

❻ 《愛因斯坦文集》第3卷，許良英等編譯，商務印書館（北京），1979年第1版，頁273-274。我們要經常引用該書，現約定以 *E3* 代之。

能夠對於心理學分析所得出的這個簡單真理熟視無睹。這樣,人就不再會以為有那麼高的價值了。——自我就是在個人生存時也有很多變化，並且自我在睡眠時，在沉醉於一個直觀，沉醉於一個思想時，正在最幸福時，可以部分地或完全地不復存在。於是，人們就願意放棄個人不朽的想法，而不認為次要的東西比主要的東西有更高的價值了。這樣，我們就達到一個更自由、更開明的人生觀，這種人生觀會排除對於其他自我的蔑視和對自己的過高估價。以這種人生觀為依據的道德理想，離苦行主義者的理想同離驕橫的尼采式「超人」的理想一樣遠；前一種理想從生物學上看來不能為苦行主義者所堅持，隨著他的死亡也就同時消失了；後一種理想是其他人們所不能容忍的，而且也不希望人們容忍。(*GJ*, pp. 19-20)

馬赫的人道主義不僅僅面對整個人類，而且也面對整個有機界乃至無機界。馬赫自幼生長、陶醉在大自然的懷抱裡，對大自然的一草一木都有著深厚的感情。在馬赫的格拉茨的家中，養著一羣蜜蜂，還有一個小動物園。妻子喜歡獾狗，而馬赫則偏愛半馴服的麻雀。據馬赫的外孫回憶，有一次他在維也納住處的地裡挖蚯蚓，截斷用來作試驗。馬赫看到後很生氣，命令他把蚯蚓放回原處用土蓋好，並厲聲說：「要是把你切一半，看你能活多長，你答應嗎？」馬赫一直反對用動物活體作實驗，他認爲這對科學研究來說並不是必不可少的(他的態度也許有點激進)。馬赫也反對濫用和浪費能源和資源，他告誡人們，地球的資源並不是無窮無盡的。馬赫的下述言論也許是發出了當代的生態倫理學的先聲：

我們無法為未來科學劃出一道嚴格而可靠的界線，但是我們能夠預見，現今把人和世界分開的堅硬的牆壁將逐漸消失；人將不僅以較少的自私心和較强的同情心彼此相處，而且也將如此這般地對待整個有機體世界和所謂的無生命世界。大約兩千年前，中國哲學家列子也許就具有像這樣的預感，他當時指著一堆腐朽的枯骨，對他的門徒以嚴謹的、精確的口吻說：「唯予與彼知而未嘗生，未嘗死也。」(*PSL*, p. 213)

§7.3　馬赫的和平主義

馬赫終生堅持不懈地反對強權和暴力，擁護公理與和平，他是一位虔誠的和平主義者。在馬赫看來，物理學中的 force(力)在本體論的意義上是不存在的，社會上的 force（暴力）在實踐的意義上也是可以被消除的，和平能夠成爲自然的、充滿人性的狀態。在 1897 年發表的關於射彈的講演（*PSL*, pp. 309-337）中，馬赫涉及到戰爭與和平問題。他說，在當今這個世界，爲數眾多的參與戰爭的人和沉默不語的人都斷言，持久和平是一個夢，而且是一個不甚美麗的夢。我們可以把對此的判斷留給深刻的人類研究者，我們也能意識到士兵極端厭惡過於漫長的和平引起的沉滯。確實，在國際關係還沒有希望大大改善的情況下，中世紀的野蠻狀態是不可克服的。當時暴力處於至高無上的地位，蠻橫的攻擊和同樣蠻横的自衞是接連不斷的。但是，事態的暴虐反過來又迫使人們結束它，只是最終不得不靠大炮來發言。暴力統治並未迅速被廢除，只不過轉化爲其他暴力而已。我們不必使

自己沉湎於盧梭 (J. J. Rousseau, 1712-1778) 型之夢。法律問題在某種意義上將永遠是強權問題。即使在每一個人作爲一個原則問題都給予同樣權利的美國，選舉權也是對暴力的溫和代替。在這裡，馬赫對嚴峻現實的洞察可謂入木三分。儘管如此，他還是滿懷信心地認爲:

> 然而，隨著文明的進步，人們的交往將逐漸地採取比較文雅的方式，沒有一個真正了解往昔的人會真誠地希望再次倒退，不管往昔在繪畫和詩歌中可能被描繪得多麼美妙。(*PSL*, p. 336)

馬赫接著分析說，雖然舊的暴力統治還處於支配地位，但是由於它的統治正在極度地對國家智力的、道德的和物質的資源横征暴斂，在和平時期比在戰爭時期幾乎沒有減少負擔，勝利者比被征服者幾乎沒有減少壓力，因此它必然變得越來越讓人無法容忍。馬赫堅信，理性、理智、道德和理想最終是不可戰勝的:

> 所幸的是，理性不再為那些莊重地稱他們自己是上流社會的人所全部擁有。在這裡，正像在每一個地方一樣，罪惡本身將喚起理智的和道德的力量，這些力量注定要平息暴力。縱使種族和民族的仇恨盡其可能地放縱，國家的交往還將擴大並變得更加密切。與把國家分開的問題相比較，要求未來人全部能力的偉大而共同的理想將會更加顯著、更加有力地陸續湧現出來。(*PSL*, pp. 336-337)

馬赫還在講演中對戰爭進行了強烈的譴責。他一針見血地指出，社會統治階層爲了自己的私利，竟以高價懸賞第一個槍殺法國人的德國士兵和第一個槍殺德國人的法國士兵。這是對陷入極端困境的廣大民眾、廣大貧苦青年工人和農民的極度蔑視，這種蔑視在德法戰爭中表現得異常陰森可怖。

馬赫始終對軍國主義、民族主義、反猶主義、階級偏見持否定和反對態度，他在布拉格大學任職期間忠實地實踐了這一切。他從未講過挑動民族仇恨的話，一直希望各民族能相互了解、和睦相處。他的許多好朋友都是猶太人。在馬赫看來：

> 階級意識、階級偏見、民族感情和狹隘的地方主義，對於某些目的是很重要的。可是，這種見識不是眼光廣闊的科學家的特點，至少在研究的時刻不是這樣。所有這些以我為中心的見識只適合於實用目的。(*GJ*, p. 18)

在世紀之交，馬赫也許出於對中歐日益猖獗的軍國主義和民族主義的厭棄，似乎與英語世界發生了共鳴。他與卡魯斯和黑格萊爾建立了友誼，並把《光學》題獻給他們，以感謝他們在英語世界傳播他的思想。

馬赫上述清醒意識，加上他善良的、慈愛的、滿懷希望的心靈，使他未像當時大多數德、奧知識分子那樣，染上時代病——民族狂熱病。1914年8月第一次世界大戰爆發後，德國知識界在軍國主義分子操縱下，於同年10月發表了〈告文明世界宣言〉，爲德國的侵略行爲辯護。九十三位享有某種國際聲望的藝術家、科學家、牧師、詩人、律師、醫生、歷史學家、哲學家和音樂家在宣言上簽了名❼。著名科學家哈伯 (F. Haber, 1868-1934)、海克爾、能斯特 (W. Nernst, 1864-1941)、普朗克、倫琴、維恩 (W. Wien, 1864-1928)、奧斯特瓦爾德等出於種種緣由也捲入其中。這種狀況在愛因斯坦後來有些言過其實的描述中可見一斑:「德國人的罪惡，眞是記載在所謂文明國家的歷史中的最令人深惡痛絕的罪惡。德國知識分子 — 作爲一個集體來看 — 他們的行爲並不見得比暴徒好多少。」(*E3*, p. 265) 但是，馬赫在當時並未被這種甚囂塵上的民族狂熱和戰爭煽動所裹挾。雖然馬赫只是很遲才得知戰爭爆發❽，未及對此直接加以公開評論，但是他在自己最後一部著作《文化和力學》(1915) 中，譴責了「現代的金融戰爭」，認爲它「對於後代來說，是歷史上最可恥的一章。」❾

馬赫的和平主義多少帶有烏托邦的色彩，而且也具有絕對和平主義的弱點。但是，他的閃耀著理性光華的和平思想，他的愛憎分明的情感，尤其是他的積善有餘的心腸和卓爾不羣的行動，實在難能可貴，即使在今天也會令人肅然起敬、讚佩不已!

❼ O. 內森、H. 諾登編:《巨人箴言錄: 愛因斯坦論和平》(上)，李醒民譯，湖南出版社 (長沙)，1992年第1版，頁16-19。

❽ 路德維希決定不告訴他父親關於第一次世界大戰爆發的消息。爲此，他告訴其他人在給馬赫來信時不要提及這場戰爭，並且簡單地沒收一切提及戰爭的信件。

❾ E. Mach, *Kultur und Mechanik*, Stuttgart, 1915, p. 86.

§7.4 馬赫的科學主義

關於「科學主義」(scientism)，我手頭的一部詞典[10]是這樣釋義的：(1)對自然科學家來說是典型的方法和態度，或認爲是自然科學家所具有的方法和態度；(2)過分信賴自然科學方法應用於所有研究領域（如在哲學、社會科學和人文科學中）的功效。第二個釋義與所謂的「科學萬能論」[11]相通。其實，不論作爲一個整體的科學共同體，還是稍有頭腦的科學家，都不認爲科學無所不能。馬赫就對帶有弱肉強食色彩的社會達爾文主義沒有好感。這種萬能論的科學主義涵義，實際是外人強加給科學和科學家的。我這裡所指的科學主義，是指科學家對自身、對科學共同體和對作爲一個整體的科學的目的、限度、思想、方法、價值、精神氣質、社會功能、文化意義等等的看法，它在深度和廣度上都超越了具體的科學知識和理論體系本身。這種意義上的科學主義也可稱爲「科學論」。在這一小節，我們擬論述一下前面還未涉及到的馬赫的科學主義思想。

馬赫科學主義的核心思想在於，相信科學是文明社會的重要標誌，相信科學具有神奇的威力，能推動社會文明的進步，給每一個社會成員都能帶來幸福，而自身卻不要求什麼回報。他說，就想像和行爲而言，人優於動物(或文明人優於非文明人)的長處只在於達到同一目的迂迴長度不同以及發現和遵循迂迴的能力。

---

[10] *Webster's Ninth New Collegiate Dictionary*, Merriam-Webster Inc., Springfield Mass., U. S. A., 1983.

[11] 科學萬能論涵義更廣，它還包括科學能解決一切社會問題的意思。

「整個科學技術文明可以被看作是這樣的迂迴。」(*KE,* p. 43)他還以優美而暢曉的筆調寫道:

> 自然界具有神秘魔力的信念逐漸消逝了，起而代之的是新的信念，即相信科學不可思議的威力。科學並不像反覆無常的小女妖，只把財寶投入所偏愛的少數幾個人的懷抱，而是把她的財寶投入全人類的懷抱，且其慷慨與大方是任何傳奇從未夢想到的！因此，她的外行讚美者把揭示感官無法看穿的自然界的無底深淵的能力歸功於她，這顯然是十分公正的。是的，把光明帶給世界的科學能夠徹底驅除神秘的黑暗和浮華的外表，她既不需要以這樣的外表證明她的目的正當，也不需要以此粉飾她的明顯成就。(*PSL,* p. 189)

馬赫接著進一步強調了科學的公有性和無私利性的特徵:「科學事業相對於每一個其他行業而言，具有特殊的優越性，即沒有一個人由於它的財富的集累而蒙受一丁點損失。這也是科學的賜福、科學的慷慨和科學的保全能力。」(*PSL,* p. 198)

然而，馬赫並沒有陶醉於科學的勝利進軍之中，也沒有沉溺於科學的慷慨賜福中，他在當時就清醒地意識到硬幣的另一面:科學運用不周和不當也會帶來負面影響，比如環境污染、資源枯竭等等。

> 當我們考慮硬幣的另一面並觀察一下那些維持這些交通的疾速行進的人的辛苦時，事情看來就不同了。鑒於緊張的

> 文化生活，其他想法產生了：有軌電車的嘈雜聲，工廠機器輪子的飛轉聲，電燈的灼熱；如果我們再考慮到每小時需要燃燒的煤的數量，我們對這一切就不完全高興了。我們正迅速地趨近這一時刻：地球在年輕時建立起來的貯藏將在老年時逐漸耗盡。那時怎麼辦？我們將遁入野蠻狀態嗎？或者那時人類將獲得時代的智慧並學會當家嗎？(*KE*, p. 58)

馬赫對此沒有作出直接的回答。但是，從馬赫的一貫思想，他是堅決抵制反科學主義⑫者叫嚷的回到「田園詩般的」農業社會或原始社會的。與這種倒行逆施的行為相反，馬赫堅信「人類將獲得時代的智慧」，以日趨完善的「社會文化技術」和更加發達的科學來減小和防止有關弊端。

作爲一位關心社會問題和科學後果的哲人科學家，馬赫有著義不容辭的社會責任感。他在關於射彈的講演中說：

> 射擊要在盡可能短的時間內，相互在對方身上穿盡可能多的彈孔——並非總是出於可原諒的目的和鵠的，這似乎導致了現代人的莊嚴責任；現代人儘管歧見紛綸，目的絕然不同，但是同樣受到下述神聖義務的約束：要使這些彈孔盡可能地小，如果造成了彈孔，則要盡可能快地止住傷口並使之治癒。由於射擊和與之有關的一切即使不是現代生活中最重要的事情，也是十分重要的事情，因此你無疑樂

---

⑫ 同❶。

> 於花一小時去注意一下某些已做過的實驗，這些實驗的目的不是為了推進戰爭，而是為了促進科學，它們闡明了伴隨射彈飛行的一些現象。(*PSL,* pp. 309-310)

就是在這篇充滿和平主義和人道主義思想的講演中，馬赫再次提醒科學家在進行科學研究和實驗時，時刻不要忘記他們成果所可能導致的可怕應用， 不要忘記他們肩負的神聖而重大的社會責任：「凡是有機會仔細察看槍炮和射彈的驚人的完善、威力和精確性的人，都不得不承認，高水平的技術成就和科學成就在這些對象中找到了它們的體現。我們可能完全沉溺於這種印象，以致片刻忘卻它們服務的可怖目的。」(*PSL,* p. 335)

關於科學與社會的關係，馬赫認爲二者的作用是交互的。雖說科學的「實用性」在某種程度上僅僅是產生科學的智力鬥爭的伴隨物，但是沒有一個人低估科學的實用性。不過，科學並非僅僅對實際的人有用，「科學的影響滲透在我們的所有事務，我們的整個生活中；科學的觀念處處都是決定性的。」(*PSL,* p. 352)另一方面，科學是勞動分工和社會組織的產物。同時，已成立的科學也不是個人的事情，它只有作爲社會的事業才能生存。因此，與社會脫離的、完全沉浸在他的思維中的探索者也許在生物學意義上是無法生存的病態現象的人；即使最偉大的人物與其說是爲科學而出生，還不如說是爲生存而出生。然而，按照其內在衝動行動的人卻樂於爲觀念而作出犧牲，而不是力求提高他們的物質福利。這些人往往被視爲傻瓜，馬赫斷然指出，這只不過是實利主義的市儈的淺薄之見。

關於科學和宗教神學的關係問題，馬赫認爲這是一個需要認

眞考察的錯綜複雜的問題，不是簡單地想當然就能說明的。他說:

> 如果我們進入德國客廳，聽到人們講某人十分虔誠地信奉宗教，卻沒有道出名字，我們可能想像，被議論的是樞密顧問官X或Y紳士；我們幾乎不會想到是我們相識的科學家。然而。設想缺乏熱誠、偶爾在科學人員和神學人員之間引起怨恨的爭論——這在我們所處的時代存在著——總是使它們分開，也許是錯誤的。一瞥科學的歷史足以證明情況正好相反。(*SM*, p. 541)

馬赫依據科學史的考察指出，我們的確有教會反對科學和進步的長篇罪行錄。在科學與神學的衝突中，教會如此自私、如此無恥、如此殘酷地使用了世俗社會從未有過的卑鄙手段。但是，另一方面，在教會的「高尚的殉道者的隊伍」中，也有不少不亞於伽利略和布魯諾 (G. Bruno, 約 1548-1600) 這樣的傑出人物。最大的錯誤也許是假定：「科學的戰爭」一語是對宗教一般歷史態度的正確描述；對智力發展的唯一壓制來自教士；如果他們不揷手的話，那麼成長的科學便會以驚人的速度發展。

馬赫揭示出，在宗教幾乎是唯一的教育和唯一的世界理論的文明階段，爲數眾多的宗教物理學家的出現本是極其自然的事情。每一個無偏見的人都必須承認，力學科學發生和發展的時代，是神學思想占統治地位的時代。神學問題由每件事情引起，並更改每一事物，力學也因此而染上神學色彩。歐拉 (L. Euler, 1707-1783) 在最小作用原理中堅持神學觀點，認爲顯示最大和最小的東西是造物主的手工作品。物質量不變、運動量不變、功和能不滅等支配近代物理學的概念，都是在神學觀念的影響下產生的，它們只不過是與造物主的永恒性相協調的過程。在整個十六和十七世紀，乃至到十八世紀，探索者占支配地位的傾向是在所有物理學定律中發現造物主的某種特定顯示和傑作。直到拉格朗日，才徹底與神學的和形而上學的思辨決裂，他指出神學具有靠不住的、與科學不相關的本性。就這樣，神學和科學是知識兩個不同分支的思想，從它最初在哥白尼思想中萌芽到拉格朗日最終把二者截然分開，幾乎花了兩百多年時間才得以明晰。馬赫關於科學和宗教的歷史的觀點是客觀的、公正的，它比那些把宗教簡單地視爲科學死敵的片面觀點要有見地得多。但是馬赫並不篤信宗教，他就在同一處談到光沿最小光程傳播時這樣寫道:「如果我們在造物主的智慧中去尋找理由，那麼我們就拋棄了這個現象的一切未來的知識。」(*SM*, p. 554)

關於科學探索的動機，馬赫不僅給出了生物學意義的解釋（物質生存和解除理智煩惱的需要），而且也指出有意識地探尋眞理是科學探索者的強大動力和重要動機。在馬赫的心目中，「比詩更崇高、更宏偉、更浪漫的是眞理和實在」，「眞正的探索者無論在鄉間小道上漫步，還是在大城市街道上徜徉，都處處尋求眞理。」(*PSL*, p. 281, 63) 他把探索者和眞理比之爲畫家和詩人筆下的相互思慕、熱切等待並最終幽會的男青年和少女，一幅生動而形象的意境在他的筆端下展現出來:

> 真理容許她自己被人求愛，但她顯然不需要被人贏得。她有時不光彩地調情。尤是是，人們決意讚美她，而她對那

些將要太迅速地贏得她的人除了輕視，就是冷淡。當然，如果一個人在征服的努力中撞破了頭，那又何妨，另一個人將接踵而來，真理總是荳蔻妙齡。實際情況往往是這樣：她好像完全傾心於她的愛慕者，但她從來羞於啓齒承認！只有當真理異常興高采烈時，她才給她的求愛者投以鼓勵的一瞥。因為真理揣測，如果我沒有一點表示，最終小伙子根本不會追求我。(*PSL*, pp. 45-46)

馬赫對眞理的熱愛和嚮往躍然紙上！馬赫明白，眞理並非一蹴而就、唾手可得的；「爲了達到眞理，需要許多著名思想家整整一個世紀的勞作。」(*PSL*, p. 281) 這除了要與所研究的自然界和問題本身鬥爭外，還要與探索者自己頭腦中殘存的根深蒂固的舊觀念作鬥爭。馬赫認爲，正如許多被征服了很長時間的動物物種還生活在它們的敵人不能到達的偏遠地區一樣，我們發現被破除的舊觀念還活在許多人的思想中——思想像動物一樣也爲生存而頑強鬥爭。誰能否認許多被克服的思想模式還出沒於他的頭腦的偏僻角落，這個頭腦卻對射入的明晰的理性之光過分怯懦？馬赫向探索者敲響警鐘：「在他的觀念的轉變中，最艱難的戰鬥是與他自己作鬥爭。」(*PSL*, p. 63)

作爲一位啓蒙哲學家和自由思想家，馬赫敢於革故鼎新、標新立異，但是他也深知其中的甘苦。他以審愼的科學態度寫出了值得每一個眞理探求者深思的勸戒：

亞里士多德說過：「所有事物中最美妙的是知識。」他是對的。但是，如果你去設想，新觀點的發表都產生無限的美妙，那麼你就會鑄成大錯。沒有一個人因用新觀點擾亂他的同胞而不受懲罰。擅自變革關於任何問題的流行的思維方式，不是一項令人愉快的任務，尤其不是一項容易的任務。提出新觀點的人們完全知道，嚴重的困難聳立在他們的道路上。人們應以誠實的、值得贊揚的熱忱去著手探索不適合於他們的一切。(*PSL*, pp. 296-297)

§7.5 馬赫的無神論和教育思想

馬赫從小就對宗教沒有好感，後來他成爲一位堅定的無神論者和戰鬥的反教權主義者。馬赫哲學堅持以觀察和經驗爲證的原則，它必然是反形而上學和反神學的。尤其是，馬赫認爲，如果根本不存在「我」或個體的靈魂，那麼顯然就不會有個人死後靈魂的拯救或倖存；也就是說，死亡本身只不過是關係的變更或要素的分解和重新組合。沒有上帝，也沒有與上帝有關的「現象」。在當時的社會環境下，馬赫出於實際的理由通常對此保持緘默，只是在與朋友的通信中才直抒己見，或者偶爾從側面提及他的反宗教神學的觀點。儘管如此，他還是受到某些上流社會人士和心懷叵測的敵手的攻擊和暗算，使馬赫處境極爲艱難，以致馬赫在任布拉格大學校長時，難以放開手腳反對種族主義和排猶濁流。不管怎樣，馬赫的反宗教觀點還是有機會在他的《力學》的字裡行間得以顯現，他堅決地把神學觀念從科學中排除出去：

對於唯靈論者和對於地獄的安放位置左右為難的神學家來說，第四維空間是非常合乎時宜的發現。唯靈論者就是這

> 樣利用第四維的。要從一條有限長度的直線出來而不通過其端點，則通過二維空間是可能的；要從一塊有限的封閉面積出來而不通過其邊界，則通過三維空間是可能的；所以，同樣地，要從一個有限的封閉空間出來而不通過其界面，則只有通過四維空間才是可能的。甚至變戲法的人從前在三維空間裡無害地表演的戲法，現在也被第四維罩上了一道新的光環。……我自己甚至在黎曼的論文發表之前，就把多維空間視為數學物理學的幫助。但是，我希望沒有人會利用我在這個問題上所想、所説和所寫的東西作為捏造鬼神故事的基礎。(*SM*, pp. 390-391)

馬赫在反對宗教和神學的同時，也尊重、寬容他人的信仰。他在提到一些力學科學家是上帝的篤信者時說：「這些人所遵循的神學傾向完全屬於內心深處的私人生活。」(*SM*, pp. 545-546)他指出，這些人公開告訴我們的事情並不是別人強迫他們這樣作的，他們也可以對此保持緘默。他們表達的是他們自己的直率的觀點，而不是從外部強加給他們的觀點。他進而對作爲「私人事情」的宗教信仰加了明確的限制條件：「我們的宗教主張總是我們私人的事情，只要我們不把它們強加於人，不把它們作爲法庭裁判權裁決各種事務。」(*SM*, p. 559）在這裡，馬赫的限制條件是十分必要和合乎時宜的，它的高明程度遠遠超越了德國社會民主黨的「信仰自由」的主張⑬。

⑬　參見馬克思在<哥達綱領批判>中對「信仰自由」的分析批判，《馬克思恩格斯選集》第3卷，人民出版社(北京)，1972年第1版，頁23-24。

馬赫不僅在言論上，而且在行動上是宗教和教權主義的敵人。1902年，他挺身而出反對教會反動派企圖在奧地利建立「自由天主教大學」。1907年，他撰文反對羅馬教皇頒布的教義大綱。1910年，他爲《一元論者》雜誌寫了作爲訃告用的小傳，爲的是在「涅槃」之前，對奧地利的宗教反動時代不能無言。1912年，他參與了奧斯特瓦爾德領導的「退出教會者委員會」發起的脫離教會運動⓮，他是在脫離教會上宣言簽名的第一個、也是唯一的維也納大學教授，他對被教會視爲眼中釘的無神論者海克爾和奧斯特瓦爾德深表欽佩和敬意。就是這樣一位被柏林某教授稱之爲「比十足的無神論還要有過之而無不及」的反宗教神學的鬥士，其思想竟被列寧斥之爲「不僅棲身於信仰主義的羽翼下而且還達到了信仰主義⓯的思潮」，「是隱蔽起來的、修飾過的鬼神之說」，「把自然科學出賣給信仰主義」（*WP*, p. 223，184，356)。這種指皂爲白的作法實在令人瞠目結舌。

馬赫反對宗教，但他卻有著相當明顯的佛教意識。馬赫早年就表現出佛教對動物的生命和情感的尊重。他的佛教意識首次在1875年出版的《動覺理論大綱》中透露出來，他在書中反對活體解剖的科學必要性。馬赫從未廣泛地就佛教和他對佛教的態度專門寫過什麼東西，在《感覺的分析》中，他在講到「把自我視爲一無所有並把它分解爲變化的要素的一個暫時複合體」，這一見解「早已從不同方面有了準備」時，加了一個腳注說：「在過去

⓮ 李醒民：《理性的光華》，福建教育出版社，1993年第1版，頁73-75。

⓯ 「信仰主義」這個術語在列寧的手稿中是「僧侶主義」，後來由於書報檢查的關係才改成「信仰主義」(*WP*, p. 923)。

幾千年中，佛教主要從實用方面走向這個觀點。」(*GJ*, pp. 274-275) 馬赫的佛教意識的強烈表述是在他 1913 年爲奧斯特瓦爾德所寫的未發表的自傳片斷中：

> 我旣已認識到康德的「物自體」是無意義之物，也就必須把「不變的自我」看作一種幻象。當我擺脫了那使人煩惱的種種人格不朽的荒唐思想並且看到自己被引導著領悟了佛教觀念時，我所感到的幸福幾乎是難以言說的，這種幸福是歐洲人很少享受過的。自我不是不變的，而是在生命的過程中極其緩慢地變化著，在經過緩慢發展之後，遂在死亡中全然消失。有了自我的連續性，才可能有名人和小市民；它可能帶著或大或小的改變而在每一後裔中得到重生。這並不否棄佛教思想的真諦。(*ZZ*, pp. 79-80)

在馬赫晚年的通信和論著中，多次涉及到對「涅槃」(Nirvana)的探討，而很少提及基督教的術語「天國」(Heaven)。馬赫傾向於佛教思想是一個毋庸置疑的事實。

馬赫傾向佛教的原因是多方面的。從客觀上講，他受到他的朋友卡魯斯這位佛教徒和佛教學者的影響；在二兒子海因里希博士年僅二十歲自殺給他以極其沉重的打擊後，他也許從佛教中找到了某種精神解脫⑯；對第一次世界大戰前後猖獗的軍國主義和

⑯ 在海因里希自殺後不久，卡魯斯於1894年 9 月28日寫信給馬赫：「純粹的佛教是嚴肅的宗教，它之所以具有優點，恰恰是由於它把死亡和生存之罪視爲連續的。佛教是將要成爲緊接著科學宗教的宗教。……在此後十四天到三周內，您將會收到我的下一個勞動成果：《佛陀的信條》。」(*EM*, p. 287)

民族主義的憤懣，使他對佛教的和平思想和普濟眾生的情懷不免崇尚。從主觀上講，他早年的自發的生命倫理意識，他對東方文明的景仰和對東方文化的摯愛，也爲他傾向佛教提供了契機。値得一提的是，他的要素一元論和現象論，他的「力」和「自我」非存在哲學，他的因果概念，他的反形而上學，尤其是他的和平主義和人道主義思想情懷，與佛教哲學的世界觀和人生觀，諸如心物不二、萬有因果、無我學說、非暴力觀念、四無量心 —— 慈無量心（思如何予眾生以快樂）、悲無量心（思如何拯救眾生脫離苦難）、喜無量心（見眾生離苦得樂而喜）、和捨無量心（對眾生一視同仁）—— 等等都是共鳴的或相通的。

但是，馬赫並不是佛教的虔誠信仰者，更不是佛教徒。作爲哲學家的馬赫部分接受了佛教的認識論、本體論和倫理學學說，但是對於佛教中的神祕主義、厭世主義、苦行主義、禁欲主義、無所作爲等因素，馬赫是斷然否棄的。他不能接受佛教關於生活中的「不幸」比「幸福」占壓倒優勢的主張，他不認爲生活中的不幸不可避免，他不贊同佛教用消滅意欲的辦法解決問題，他相信用積極的或科學的手段可以解決人的問題，並提倡一種自由、開明的人生觀。馬赫摒棄了佛教學說的糟粕，汲取了佛教學說的精華 —— 佛的智慧和佛的良心 —— 戈姆佩爾茨也許正是在這種意義上稱馬赫是「科學之佛」（*EM*, p. 61）的。

馬赫不能說是一位教育家，也未對教育問題進行專門研究和廣泛探討，但是多年當學生和當教師的經驗，加上他對教育問題的關注，促使他不僅就教育問題發表了一系列中肯的意見，而且也促使他投入教育實踐和教育改革之中。馬赫與他人合編過一本教育雜誌，爲大中學生寫過數本教科書，以推動該時期從文科中學（以希臘語和拉丁語取向）轉到實科中學（以科學和現代語言爲主要取向）的教育改革。他在奧地利上議院所發表的唯一一次講演是要求政府增加撥款，以支持和普及成人教育。他發表的幾篇重要教育文章是〈論古典著作和科學中的教育〉(1886)、〈論熱理論的教育〉(1887)、〈論科學教育中的心理的和邏輯的要素〉(1890)，此外在有關著作中還有一些零散的評論。

十九世紀中葉，隨著工業革命和民主思想的興起，在整個歐洲和美國激起了教育改革的要求。然而，職業教育家和舊教育制度的捍衛者立足於傳統的道德和文明的價值基礎，極力維護文科中學的現狀。德國教育改革的領導者保爾森（F. Paulsen, 1846-1908）向舊教育體制挑戰，揭示了希臘語和拉丁語訓練的「人文論據」的起源，他的《學習訓練史》（1885）成爲教育改革的理論基礎。但是，改革進展步履艱難，直到1900年，新的實科中學畢業生人數仍不到20%。在這個時期，馬赫獨立地提出了與保爾森類似的思想，並與奧斯特瓦爾德結伴，爲推動德、奧教育改革而呼號。1886年，在德國多特蒙德的講演中，馬赫並不是不分青紅皂白地要求爲科學而犧牲古典語言的訓練。他說，拉丁語教育是由羅馬教會與基督教一起引入的，它長期以來也是學者的語言。拉丁語後來不再作爲交流的媒介，並不是它無力容納科學發展過程中的新觀念和新概念——它表達起來也很方便，而是由於貴族的影響，因爲貴族需要通過比拉丁語較少使人厭煩的媒介享用文學和科學成果。古典語言的教育曾經是自由的、高級的、理想的教育，因爲它在當時是唯一的教育。在今天，它對於直接與古代文明有關的專業人員來說也還是必要的，例如法學家、神學家、語文學家、歷史學家，並且一般而言對於少數不得不在古典著作和文獻中查找資料的人也是必要的。但是對一般並非與之有關的人而言，花八年或十年時間學習古典語言是得不償失的，是毫無必要的，是把非本質的和偶然的外表看得比實質內容還要高。以從古典著作中獲取文字財富，獲取經驗和判斷，獲取再創造、啓發和理智愉悅的豐富源泉爲理由，要求他們苦讀古代語言是站不住腳的，因爲他們同樣可以從良好的譯文中獲得這一切。在現代文明獲得了它的獨立性，它已提高到古代文明之上，並正在沿著新的進步方向前進。在這種情況下，古典式的教育顯然太狹隘了，大大落伍了，它在現時代完全缺乏力量。馬赫指出:

> 當我說，沒有最低限度的基礎數學教育和科學教育，一個人在他所生活的世界上依然是一個十足的陌生人時，我將不會遇到反駁。他在自然界或工業界遇到的無論什麼東西對他都毫無吸引力——因為他對它來說既無眼睛亦無耳朵——或者它對他用完全不可理解的語言講話。然而，對於世界及其文明的真正理解並不是學習數學和物理科學的唯一結果。對預科學校來說，更為本質的東西是來自這些學習的正規薰陶、理性和判斷的增强、想像力的訓練。(*PSL*, pp. 360-361)

馬赫的教育思想雖說未成體系，但還是比較豐富且相當有見地的。在馬赫看來，教育的主要目的像科學和人類活動的目的一樣，是以盡可能經濟的方式有助於滿足人的生物學需要。所謂人的生物學需要，馬赫的意思是指在集體意義上最有利人類種族在道德和文明水平上的幸福與進步。教育的特殊目的只不過是保全經驗，即教育提供了一種迅速而有效的學習和交流方式，以學會許多人現在知道的東西和前世人們過去知道的東西。這樣一來，我們就不必僅僅借助自己有限的、耗時的個人經驗、試驗和錯誤來學習。

馬赫通過他童年時代的經歷和他的「無意識記憶」信念得出結論，對兒童進行早期教育是不妥當的，甚至是有害的。兒童缺少成功的可能會轉而使他抗拒某種類型的學習，就像他小時討厭學習希臘語和拉丁語一樣，或者他學習的東西可能消滅、弄混他通過本能知道的東西。馬赫反對兒童玩具，尤其是精心製作的商品化玩具。玩具使兒童在構造事物時變得笨拙、躊躇，延誤兒童向成人發展。美麗的童話也是如此，它們導致白日夢，使兒童把幻想與現實混同起來，干擾通向因果進路的發展。馬赫的這些觀點與當今流行的觀點和作法截然不同，到底哪個有理，恐怕一時難以說清。

關於傳授教育的方法，馬赫認爲最經濟的方式是間接方式。直接教科學的最終結果即概念、公式、數學方程和函數不是最經濟的，它們不應教條式地引入，概念應從事實中提出，抽象應從材料中抽取，要從形象的例子和富於想像力的演示開始訓練，逐漸進入該科目的歷史描述。只有當學生在具體的和歷史的發展中把握了問題，他才能理解該問題的普遍的和抽象的解答。換句話說，最經濟的教育和學習方式應該從不經濟的理解（即「圖象」和「歷史」）開始，在漸進的過程中最後達到頂點，即用數學函數描述感覺經驗。

馬赫積極倡導以歷史方式教科學，尤其是對初學者。要向他們講淸早期科學家思想的形成和推進，爲的是闡明近代理論的邏輯發展。他不是要求教特定科學家的特定行爲或思想，或影響科學家像他們所作過的那樣去思考的歷史因素，他也不是過分對理論的實際歷史發展感興趣。馬赫把歷史注入教學的主要目的是使當代科學更容易理解，而不是使過去的科學更可以理解——這與歷史研究的目的截然不同。馬赫充分肯定了「歷史方法在教學中的價值」，他這樣說：「即使人們從歷史中學到的是觀點的可變性，那麼這也是非常珍貴的。」「對於自然研究者來說，存在著一種特殊的、標準的教育，這就是了解他的科學的歷史發展。」(*HR*, pp. 17-18)

馬赫堅決反對通過加大學習任務，延長學習時間的作法搞教學。他指出，思想不能通過堆積材料和增加教育時間，也不能通過任何種類的戒律來困擾：思想必須自然地、自願地成長。而且，思想在一個人的頭腦的聚集不能超過某一限度，就像一塊田地的產量不能超過某一限度一樣。對有用的教育來說，必需的內容的數量是很少的。馬赫主張大大削減低年級古典課程和科學課程的內容，顯著縮短課時和壓縮課外作業。他不贊同許多教師的看法：兒童一天學習十小時並不太多。他提請人們注意：教和學不是在長時期內能夠機械地繼續下去的例行公事。即使是例行公事，最終也會感到勞累。撇開過度學習對身體有害不談，它對精神來說肯定糟糕透頂。

馬赫之所以持有這樣的看法，在於他深知：教育主要不是積累實證知識，而是訓練智力。這一思想也許是馬赫教育思想中最富有啓發意義和現實意義的部分。請聽馬赫是怎麼講的：

如果我們的年輕人不是以遲鈍的和枯竭的精神進入大學，

如果他們在預備學校沒有丟掉他們應該在那裡集聚的生氣勃勃的精力，那麼情況就會大不一樣。……我不知道有比學得太多的可憐人更煩惱的事了。他們的思想沿著同一路線周而復始地在名詞、原理和公式後面小心翼翼地蹣跚而行，卻沒有健全的、強有力的判斷能力；假如他們一無所學，各種判斷能力也許還會成長呢！他們獲得的是柔弱得無法提供真正支撐的思想蜘蛛網，但卻錯綜複雜得足以產生混亂。……在這裡，問題更多的不是實證知識的積累問題，而是智力的訓練問題。所有分支都應在學校處理，嚴格相同的學習應在所有學校追求，這似乎也是不必要的。(*PSL*, pp. 367-369)

爲了達到訓練智力的目的，馬赫認爲要給學生和教師以顯著的自由。他說，一致對於士兵來說是極好的，但一致並不適用於頭腦。因此，強制性的教學內容不應超過某一限度，尤其是對於高年級應該設想不同的形式，要注意爲未來的職業提供眞正有用的準備，而不應把模式僅僅限定在律師、部長和語文學家的需要上。學校的功能往往最適合於按部就班訓練的人，因而要防止把那些不善於循規蹈矩的有特殊才能的人從競爭中排擠出去。馬赫強調:「必須引入一定量的學習選擇的自由」(*PSL*, p. 369)，「謹防過於僵化的程式！」(*KE*, p. 62) 當然，他也意識到，眞正的自由教育無疑是十分罕見的。要在任何時候給「自由」教育下一個人人滿意的定義也是十分困難的；而要下一個一百年內都成立的定義，就更爲困難了。事實上，教育的理想變化多端。在這方面，愛因斯坦的看法與馬赫不謀而合:「發展獨立思考和獨立判斷的一般能力，應該始終放在首位，而不應把獲得專業知識放在首位。」(*E3*, p. 147)「自由行動和自我負責的教育，比起那種依賴訓練、外界權威和追求名利的教育來，是多麼優越呀！」(*E1*, pp. 43-44) 這是心靈的神交，這是思想的共鳴，這是智慧的匯流。

在馬赫的社會哲學和社會實踐中，當我們公正地抹去歷史的塵埃之後，不難發現其中處處閃耀著理性的光華，時時洋溢著實踐的激情，「純眞的愛」和「天賦的善」⑰珠聯璧合，相得益彰。但是，列寧卻莫名其妙地指責說：「……馬赫在社會學中的漫遊，可以歸結爲市儈的無限愚蠢，他們在『新的』『經驗批判主義的』體系和術語的掩飾下沾沾自喜地散布陳詞濫調。浮誇的言辭、牽強的三段論法、精巧的經院哲學，一句話，無論在認識論上和社會學上，都是一路貨色，都是在用同樣誘人的幌子掩蓋著同樣反動的內容。」(*WP*, p. 328) 只要讀者把這些責罵與馬赫的言論和思想稍加對照，就不難看出，列寧在「沾沾自喜」之時寫下的這樣的「浮誇的言辭」，顯得多麼蒼白，多麼乏力！

---

⑰　石里克認爲「純眞的愛」和「天賦的善」是「人類的純粹感情中所共有的」。參見洪謙：《維也納學派哲學》，商務印書館(北京)，1989年第1版，頁149。

第八章 馬赫和馬赫哲學的精神氣質

一天秋色冷清灣，
無數峰巒遠近間。
閑上山來看野水，
忽於水底見青山。
——宋・翁卷・〈野望〉

精神氣質（ethos）本意是指一個人、一個羣體、一種體制的突出的特徵、情操、德性或指導信念。馬赫本人有其鮮明的精神氣質。作爲一個思想系統的馬赫哲學（或廣而言之馬赫思想），也不僅僅是一個有著豐富內容和敏銳洞見的思想集合，它也浸透了馬赫本人所具有的精神氣質。這種精神氣質是內在的、無形的，它蓄積在馬赫心靈幽處，蘊藉在馬赫論著深層，隱現在馬赫言行背後；不過，誠如愛因斯坦所洞察到的，這種精神氣質有時作爲一種難以壓抑的激情，也閃爍在馬赫的字裡行間裡。下面，我們將直入堂奧，探賾索隱，揭示馬赫和馬赫哲學所具有、所體現的精神氣質，從而領略馬赫本人的風采、品味和馬赫思想的深層底蘊。

§8.1 啓蒙和自由

馬赫是一位啓蒙哲學家，他的哲學中總是顫動著一種難以抑制的、振聾發聵的啓蒙精神，因而也被人們稱爲啓蒙哲學。馬赫和尼采儘管在經歷、性格、倫理理想和認識論觀點上有諸多差異，但他們當時都是德語世界的啓蒙思想家：尼采在人文科學中宣布「上帝死了」，馬赫則在自然科學中揭露力學自然觀和力學先驗論是「力學神話」，預示了一個新的科學時代。馬赫對經典力學的批判對科學家心靈的啓蒙作用，甚至連普朗克也是承認的，這是對馬赫在智力生活所起作用的最好概括。一些聰明的馬克思主義者也把恩格斯和馬赫相提並論，稱他們是反機械論的啓蒙先驅❶。

無論對早期的啓蒙者伏爾泰（Voltaire, 1694-1778），還是同時代的啓蒙者奧斯特瓦爾德和海克爾，馬赫都深懷崇敬之情。他是伏爾泰的熱情讚美者和熱心讀者，他強烈譴責萊辛（G. E. Lessing, 1729-1781）對伏爾泰的攻擊。他表示敬重奧斯特瓦爾德「這位反對方法僵化的偉大而成功的戰士」，敬重海克爾「這位思想啓蒙和思想自由的剛正不阿和心地純潔的倡導者」(*KE*, p. 13)。對於十八世紀的啓蒙運動，馬赫更是深表仰慕：

> 在十八世紀啓蒙運動的文獻中似乎首次得到了一個較廣泛的基礎。人文科學、哲學、歷史學和自然科學在這時發生

❶ A. 奈利格：<馬赫與唯物主義>，張伯霖譯，《哲學譯叢》(北京)，1982年第1期，頁69-74。

> 接觸，並彼此激勵向著更自由的思想邁進。凡是通過文獻體驗過這種高翔和解放的人，那怕只是部分地體驗過，都會畢生感到對十八世紀有一種憂傷的懷舊之情。(*SM*, p. 560)

馬赫在另一處認爲拉普拉斯關於「智慧之妖」的表述是啓蒙運動的偉大成功在他身上喚起的崇高的愉悅感，他指出「我們也把我們的思想自由歸功於啓蒙運動」(*PSL*, p. 188)。馬赫就這樣在啓蒙運動中找到了他的精神發祥地，他的上述內心剖白充分體現了他的理智傾向。

馬赫是十八世紀啓蒙精神的眞正繼承者，他始終保持著來自啓蒙時代的神志清醒的狀態。他雖然滿腔熱情地贊頌啓蒙運動，但並沒有把啓蒙思想家及其觀念偶像化，他在充分肯定百科全書派的世界觀的歷史意義的同時，也一針見血地指出它現在成爲力學神話（*SM*, p. 559）。馬赫在《力學》中所批判的概念誤用，有不少是十八世紀啓蒙者所鍾愛的概念。

馬赫哲學的啓蒙特徵集中表現在反對教條主義和一切僵化模式上。馬赫向來認爲，一切科學理論都是不完備的、暫定的，都可能在將來被更好的理論所代替。他這樣說過：「沒有什麼觀點會絕對永久有效；每個觀點只對一個確定的目的具有重要性。」(*GJ*, p. 29) 他對經典力學的批判，就是針對當時盛行的教條主義和思想僵化的現狀的。他時時告誡人們提防理論變成偏見的體系，思想變成僵化的教條，他絕不讓教條主義侵入科學，他希望讀者能從他的《力學》中得到這些啓蒙。

萊伊在1908年就指出，馬赫這位「革新者」是「文藝復興精神的繼承者」，馬赫啓蒙哲學的「特點主要是渴望解放，渴望擺脫束縛」❷。布呂赫（O. Blüh）分析了馬赫作爲啓蒙教師的品格：他更感興趣的是能夠詢問什麼問題，而不是現在能夠作出什麼回答；是告訴人們如何觀察，如何給他們的觀察材料在自身設定的界限內賦予意義❸。弗蘭克詳細而透徹地分析了馬赫哲學的啓蒙意義。他說：如果我們把馬赫的態度看作是啓蒙哲學家的態度，把馬赫的哲學看作是適合於我們這個時代的啓蒙哲學，我們就容易理解他的教導及其許多結果的特徵，以及他的學說在目前理智生活中的作用。從弗蘭克對啓蒙哲學固有本性的洞察中，我們就更能看出馬赫哲學的歷史的和現實的時代意義：

> 不可否認，啓蒙哲學也有其悲劇性的特徵。它破壞了舊的概念體系，但當他建造新體系時，它也已為新的誤用打下基礎。因為沒有一種理論是沒有輔助概念的，而每一個這樣的概念在時間的進程必然被誤用。科學進步發生在無窮的循環中。創造性的力量必定創造出易枯萎的幼芽。它們在人的意識中被本身以破壞為特徵的力量所摧毀。可是，正是這種永不息止啓蒙精神，使科學不致僵化為新的經院哲學。如果物理學變成教會，馬赫會大聲疾呼，我寧可不被人稱為物理學家。❹

---

❷ A. 萊伊：《現代哲學》。轉引自列寧：《哲學筆記》，林利等譯校，中共中央黨校出版社（北京），1990年第1版，頁590。

❸ O. Blüh, Ernst Mach——His Life as a Teacher and Thinker, in *PP*, pp. 2-22.

❹ P. Frank, The Importance of Ernst Mach's Philosophy of Science for Our Times, in *PP*, pp. 119-234.

馬赫也是一位自由思想者。啓蒙和自由這兩個特徵在他的哲學中是相輔相成、珠聯璧合的。馬赫的父親是一位自由思想者，家庭的自由環境薰陶了年幼的馬赫，他從小就憧憬自由的北美新大陸，不明白眾人爲什麼甘願受一個國王的統治。成年後，他通過志趣相投的朋友和合作者的相互砥礪，通過自由主義與教權主義在奧地利鬥爭的磨鍊，自由思想得以增強和高揚。前已述及，他關於社會、政治、教育、科學、人生等等的觀點，都滲透了思想自由，他以罕有的內心自由，爲爭取外在的自由進行了持續不懈的鬥爭。他認爲，對科學家來說，第一需要是方法論的自由。他在回答普朗克挑戰時說：

> 我們之間的本質差異涉及到對原子實在的信念。……普朗克以基督的溫和告誡，但最後卻用聖經的語句汚辱我是假先知。人們看到，物理學家按最佳途徑變成教士。……我的答案是簡單的：如果對原子的實在是如此決定性的，那麼我放棄物理學的思維方式，我不願作職業物理學家，我交出我的科學榮譽。簡而言之，信仰者團體不過就是這樣感謝你，而對我來說，思想自由位居第一。(*EM*, p. 224)

馬赫拒絕加入原子論教派，他更喜歡思想自由。據沃爾特斯❺透

---

❺ G. 沃爾特斯：<現象論、相對論和原子：爲恩斯特·馬赫的科學哲學恢復名譽>，蘭征等譯，《自然辯證法通訊》(北京)，第10卷 (1988)，第2期，頁16-26。本文是根據作者寄給李醒民的打印稿翻譯的。

露，馬赫晚年對原子論看法有所變化。馬赫1914年6月在寫給奥地利一位化學家的信中，重新估價他早年撰寫的《能量守恒》，這本書是他後來成熟的科學哲學的基礎。他說它「與事實不符，是過時的和怪癖的」，從信的上下文可以相當可信地推斷，馬赫在這裡暗指原子論的進展。這說明，七十六歲高齡的馬赫還保持著內心的自由，坦率地承認錯誤，甚至把他年富力強時所持的觀點加以棄絕。

正如評論者所中肯地表明的，馬赫的確是「新的、眞正的科學自由主義的創立者和領導者」(*EM,* p. 271)，「他珍惜思想自由甚於珍視安全和對智力財產的占有」❻。馬赫哲學的自由精神充分表現在力圖擺脫偏見和追求獨立性上。馬赫向來認爲，過去數代人獲得的、現今流行的思想模式和僵化的思維習慣，並非總是有助於科學的發展，它們妨害自由的觀察和思考，屢屢起阻礙科學進步的作用。革新者只所以成爲科學獨創者，關鍵在於他們缺乏偏見，擺脫了傳統的專業觀點。在馬赫看來，一種帶有偏見的認識論和科學哲學像帶有偏見的物理學一樣，也是沒有什麼意義的和可笑的。「作爲一名擺脫任何體系的樸素的觀察者」，馬赫「不是旨在把新哲學引入科學，而旨在從科學中清除舊的和僵化的哲學。」(*KE,* pp. xxxii-xxxiii) 馬赫鄭重聲明，他不願意把自己盲目地交托給一個哲學家去指導，就像莫里哀 (Molière, 1622-1673) 筆下的醫生期望和要求任意擺布他的病人一樣。馬赫思考的結果是:

對於科學家來説，他的思想是否符合某個給定的哲學體

---

❻ 同❸。

系，則是完全次要的事情，只要他能夠有益地利用它們作為研究的起點就行了。因為科學家不是如此幸運，以致具有不可動搖的原則，他變得習慣於認為，甚至他的最可靠、最牢固確立的觀點和原則，都是暫定的，都應通過經驗來修正。事實上，最偉大的進展和發現只有通過這種態度才有可能。(*KE*, p. 9)

奧斯特瓦爾德十分讚賞馬赫的獨立、自由精神，他在1913年請求馬赫爲他的以「人類的促進者」爲題編輯的當代科學技術界人物自傳叢書撰稿時寫道:「我確信，你要講述的一切不僅會引起個人興趣，而且對我們青年一代赢得精神的獨立性將是一種最可貴的鼓勵。」(*ZZ*, p. 68) 愛因斯坦則明確指出: 馬赫「是一個具有罕見的獨立判斷力的人」，「馬赫的眞正偉大，就在於他的堅不可摧的懷疑態度和獨立性」(*E1*, p. 83, 10) 。就是這樣一位啓蒙哲學家和自由思想者，卻被列寧斥之爲「蒙昧主義者」(*WP*, p. 192)，這豈非咄咄怪事!

§8.2 懷疑和批判

馬赫哲學萌動著一種強烈的懷疑和批判精神，因此他的經驗論也往往被稱爲懷疑的經驗論或批判的經驗論。愛因斯坦早期深受馬赫這一思想的影響❼，這也是他高度讚賞馬赫的懷疑論的一

❼ 李醒民: <走向科學理性論——也論愛因斯坦的哲學歷程>，《自然辯證法通訊》(北京)，第15卷 (1993)，第 3 期，頁1-9。

個原因。對現存的概念和模式持冷靜的、審慎的懷疑態度，是作爲教師和學者的馬赫的思維風格。伯恩斯坦 (J. Bernstein) 認爲：「馬赫的眞正重要性是他對他所處時代的物理學中已被接受的許多智慧的懷疑態度，這種懷疑態度又與他以極其明晰地就這樣的問題寫作和講演的能力結合在一起。」(*PSL*, p. x) 希伯特正是在這種意義上把馬赫比喩爲科學大偵探 (*KE*, p. xxii)。英國作家柯南道爾 (Sir Arthur Conan Doyle, 1859–1930) 在《小修道院的冒險》中有這樣一段描寫 —— 沃森對福爾摩斯說:「福爾摩斯，這不可能。」福爾摩斯回答說:「妙極了！一個最富有啓發性的評論。它如同我說的那樣不可能，因此我必須在某個方面說它錯了。」在馬赫看來，「說它錯了」，例如說牛頓把它弄錯了，這對於批判的洞察和分析來說是獨創性的出發點和磨刀石。希伯特探幽索隱，其見解可謂深中肯綮。

馬赫最感興趣的是跳出偉大思想家爲他們自己劃定的限制和禁區。他在1915年回憶起他對相對論和原子論的立場時說:

> 沒有什麼東西比建立一個思想規程更令我格格不入的了。相反地，我離開大道漫遊的不可抑止的傾向是與此針鋒相對的，並在不會變成他們的追隨者的情況下，以對持異議者有深刻的理解為條件。因為沒有什麼東西比由反對所喚醒的懷疑更有益了。(*KE*, xx)

但是，馬赫並非無條件地懷疑一切，他不是絕對懷疑論者。他認爲物理要素 ABC 是直接的、無可懷疑的存在，他在方法論的意義上也不懷疑原子論作爲輔助概念和暫定工具的價值。馬赫說得

好:

> 懷疑一切迄今被認爲是已確立的真理，但不能對它估價過高；雖然它更多地被他的追隨者而不是被懷疑論者本人所遵守、所利用。(*SM*, p. 362)

由此可見，馬赫的懷疑論是現代科學精神氣質之一的有條理的懷疑論，因而也可稱之爲科學懷疑論。洪謙先生在評論馬赫的懷疑論時所作的結論是有道理的：對馬赫來說，實踐中的唯物論是正確的，然而理論中的唯物論是不正確的；他對於懷疑論的態度恰好相反，實踐中的懷疑論是不正確的，然而理論中的懷疑論則是正確的；如果我們對實踐生活抱懷疑態度，那就易於使生活處於不穩定的狀態❽。在這裡，馬赫不是故意割裂實踐與理論，而是體現了他的看問題的獨特視角和現實的人生態度。

在智力生活中，懷疑往往是批判的先導。批判是哲學的重要功能（在某種意義上甚至可以說，哲學就是批判），也是馬赫哲學的鮮明特色。馬赫的幾本著名的科學史著作，都是批判性的，這一點甚至反映在各個書的正、副標題中。尤其是《力學》，更是一部歷史批判的不朽之作，它的驚世駭俗的歷史作用和劃時代的意義毋須贅述。

馬赫認爲，我們從蘇格拉底那兒學到的和繼承的東西，就是科學的批判 (*PSL*, p. 1)。作爲一位天才的批判家，馬赫的批判

---

❽ 洪潛：＜介紹馬赫的哲學思想＞，《哲學研究》(北京)，1957年第3期，頁113-134。

矛頭直指科學的基礎，他引導我們沉思：我們所獻身的科學將要達到而且能夠達到什麼樣的目的？我們的科學概念究竟是如何起源的和被引入的？科學的一般結果到底有多大可靠性？哪些是本能的、假設的、約定的、經驗的，哪些又是必然的、偶然的？馬赫注意到，在錯誤處於不太活躍的批判的科學中，錯誤便會長久地倖存下去。因此，他把批判的矛頭直指那些被誤用的輔助概念、假問題乃至一切多餘的形而上學，甚至對準自己的頭腦——他號召科學家同自己頭腦裡殘存的舊概念作鬥爭，即進行自我批判。馬赫不愧是科學王國的「清道夫」。也許皮爾遜的下述言論有助於理解馬赫哲學的懷疑與批判精神的革命性意義：

> 在像我們這樣的本質上是科學探索的時代，懷疑與批判的盛行不應被看作是絕望與沒落的徵兆，它是進步的保障之一；我們必須再次重申，批判是科學的生命，科學最致命的（並非不可能的）症候之一也許是科學集團的慣例，這種慣例把對它的結論的一切懷疑，把對它的結果的一切批判都打成異端。❾

皮爾遜的看法和馬赫的作為的確是有根據的、合理的。科學發展史告訴我們，從懷疑、批判我們所推崇的信念開始，也許是我們最佳的行動方案。乍看起來，這種方案似乎與常理相悖。但是，那些想發現眞理而又不懼怕眞理的人，卻深知用懷疑和批判

❾ K. Pearson, *The Grammar of Science*, Adam and Charles Black, London, 2nd edition, 1900, p. 53.

爲自己開闢道路。

§8.3 歷史和實踐

馬赫是一位著名的科學史家，他又是從科學史步入哲學的，因此他的哲學具有歷史的特徵就是順理成章、不言而喻的事了。馬赫對歷史的看重很早就在下述名言中得以淋漓表達:

> 讓我們不要放棄歷史指導之手。歷史已經造就了一切；歷史能夠改變一切。讓我們從歷史中期待一切，……(*HR*, p. 18)

馬赫哲學的歷史特徵體現在三個方面: 第一，歷史研究是新觀點的重要源泉。馬赫的進化認識論、科學觀、社會哲學等領域的新穎思想，或多或少都有其歷史的淵源，並打上了歷史的印記。第二，歷史方法是一種最有成效、最自然的方法。在馬赫看來，一門科學的歷史描述是對該題材的最透徹的探究，並導致最深刻的洞察，只有弄清原理和概念的歷史起源，才能確定它們的意義和價值。馬赫說:「有兩種使自己與實際相一致的方式: 或者人們逐漸習慣於迷惑不解，它們不再煩擾人們；或者借助歷史理解它們並從那種觀點平靜地考慮它們。」他進而斷定:「〔科學的〕啓發方式只有一種: 歷史研究。」(*HR*, pp. 15-16) 第三，歷史觀點是看問題的正確視角。馬赫對力學自然觀、對百科全書派的歷史作用的估價，就體現了歷史的觀點。他對牛頓的評價也呈露這種眞正的科學精神: 一方面，他激烈地批判了牛頓的諸多概念和原理； 另一方面， 他又「崇敬和讚美牛頓」，認爲「牛頓以令人讚嘆的方式覺察到充分有把握地在其上進一步建設的概念和原理」，牛頓「在當時世界的心智中達到最大的廣度」，後來事態的發展「絲毫不能使牛頓的智力的偉大黯然失色」(*SM,* p. 304)。

沃爾特斯曾經指出，馬赫哲學的歷史特徵也許可以稱爲辯證法的特徵❿。馬赫科學哲學和社會哲學中的辯證法思想順手即可拈來，例如他的關於事實和觀念關係，兩個適應原理和概念嬗變原理，科技進步和社會進步的辯證法等等。馬赫晚年對具有歷史和辯證法特徵的狄慈根哲學發生興趣，二人思想有某些接近。馬赫在《感覺的分析》俄文版 (1907) 序言中也談到這一點：「有意思的是，約瑟夫·狄慈根合理地利用了黑格爾的觀點，但得出的結果和本書中闡述的東西十分接近。」⓫ 可是，列寧卻奇怪地認爲，「狄慈根會爲反動哲學家所喜歡，是因爲他有某些混亂的地方。那裡有混亂， 那裡就有馬赫主義者， 這已是不言而喻的了。」(*WP,* p. 252) 而且，他把馬赫哲學的辯證法特徵曲解爲相對主義，說什麼馬赫因爲「不懂得或不知道相對主義和辯證法之間的關係」而「走入了歧途」(*WP,* p. 41)。

馬赫是一位具有非凡才能的實驗科學家、樂此不疲的科學普及者、面對現實的社會改革者和實踐者，這一切決定了馬赫哲學的實踐特徵和理論聯繫實際的品格。沃爾特斯注意到這一點⓬，

---

❿ 同❺。
⓫ 轉引自董光璧：<馬赫的科學哲學與馬克思主義>，《自然辯證法研究》(北京)，第 5 卷 (1989)，第 1 期，頁19-27。
⓬ 同❺。

他說:「馬赫的科學哲學有著實踐的基礎。正是理論對實踐的這種不可分割的關係使得馬赫的觀點對社會主義理論家如此具有吸引力。」他指出實踐對理論的關係在馬赫哲學中表現在: (1) 科學是從人與自然界的相互作用中歷史地發展起來的，科學一開始就把自己看成是生活中的基本實踐傾向的理論繼續。從社會學的觀點看，科學起源與科學家分層的發展是緊密地聯繫在一起的，並在該分層內發展了特殊的相互作用方式。(2) 由於在科學家分層內引進知識和行動方式的實踐的社會必要性，馬赫在科學哲學中系統地重建了對一切理論的基本限定，即把觀察事實或感覺經驗作爲知識的基礎，把摹寫和陳述事實作爲科學的內部目的。與此相聯繫，馬赫提出並發展了一系列方法論原理，如實在原理、思維經濟原理、兩個適應原理等等。

在這裡，我們還要留意馬赫哲學的實踐精神的以下三個方面: 第一，與科學哲學相比，馬赫社會哲學的實踐色彩也許更爲強烈、更爲鮮明、更富有革命性。第二，即使獲得獨立和自主地位的科學依然離不開社會生活和社會實踐。誠如馬赫所說:「科學家也要作求生存的鬥爭，科學的道路也還是爲了吃飯，並且在我們現在的社會組織中，純粹求知的志向還是一個理想。」(*GJ*, p. 18) 第三，馬赫科學哲學是生發於科學並最終落實到科學的，這在他對經典力學的批判中，在他的科學方法論和探索心理學中，在他的進化認識論和自然主義中都充分展現出來。石里克深切地感受到，馬赫哲學「以它的特別充滿朝氣的光芒發出動人的色彩，這種色彩是爲蓬勃發展的科學研究的出現相聯繫的。」[13]

---

[13] M. 石里克：＜哲學家馬赫＞，洪謙譯，《自然辯證法通訊》(北京)，第10卷 (1988)，第 1 期，頁16-18。

也許正是由於這個原因，馬赫總是期望得到科學家的理解：

> 到底我能不能使哲學家們覺得我的基本思想有可取之處這個問題，我必須讓它懸而不決。這件事，我認為並不重要，雖則我對於一切時代的偉大哲學家的巨大智力勞動深為敬佩。但是我真誠殷切地希望得到自然科學家們的了解，並且我認為這樣一種了解是可以達到的。(*GJ*, p. 284)

在認識與實踐的關係上，馬赫的處理也是比較恰當的。他一方面認爲認識源於實踐：「理解完全以實踐爲基礎。不研究具體事物，無論在什麼領域內，都不能上升到高度的抽象。」(*GJ*, p. 249) 另一方面，認識又要高於實踐，超越實用的目的：「假如我們不受強制，我們就會看到地球固定不動而太陽和恒星在動。這種見解不特對平常實用的目的夠用，而且也最簡單和最有利。可是，相反的見解業已證明它自己對某些理智的目的更爲方便。」(*GJ*, p. 274) 在科學實踐中應該如此，在社會實踐中更應排除「只適用於實用目的」的「以我爲中心的見識」和「利己主義」(*GJ*, p. 18, 275)。

列寧否認馬赫哲學的實踐特徵和實踐意義，否認馬赫在實踐問題上與馬克思主義有相近之處。他依據馬赫關於在實踐和行動中不能缺少自我觀念，而在理論上不必堅持這種觀點，以及把實在與假象對立起來毫無科學意義的論述 (*GJ*, p. 275, 8)，把馬赫視爲認識與實踐分離論者，說什麼「馬赫認爲，實踐是一回事，而認識論完全是另外一回事；人們可以把它們並列在一起，不用前者來制約後者。」(*WP*, p. 139) 針對馬赫「只有成功才能把認識和謬誤區別開來」等言論，列寧說:「馬赫在這裡接近馬克思主義，正同俾斯麥 (O. Bismarck, 1815-1898) 接近工人運動或葉夫洛吉 (Евлогий, 1868-?) 主教接近民主主義完全一樣。」(*WP*, p. 139) 實際上，馬赫的原話講得挺有道理:「尤其是沒有在概念思維時實踐、沒有對所使用的概念進行嚴格的相繼分析就湊合利用典型觀念的人，這樣的忽略就越容易把我們導向錯誤。認識和謬誤從同一心理源泉流出，只有成功才能把認識和謬誤區別開來。」(*KE*, p. 84)

§8.4 兼融和寬容

作爲一位哲人科學家，馬赫既無意構造自己的哲學體系，也不願囿於其他現成的思想流派，他之所以樂於在專業之外「漫遊」，完全出於下述動機:

> 雖然我完全不能要求被稱為生理學家，更不能要求被稱為哲學家，但是我希望一個物理學家會突破通常的專業界限，純粹出於要開導自己的强烈願望而工作，即使我可能不是在每一點上都正確，這種工作對於別人也不會毫無價值。(*GJ*, p. i)

正是出於開導自己和爲科學謀求一個研究起點的動機，馬赫虛懷若谷、兼收並蓄，廣泛汲取了前人和同時代人一切有價值的科學和哲學思想，並加上自己的科學創造和哲學反思的成果，融合而成一種不是作爲專業研究而附帶進行的、但又不支離破碎的智力武庫。兼融從而成爲馬赫哲學的一大特色，愛因斯坦在這一點上與馬赫極爲類似⓮。

兼融並不是不分青紅皂白，不辨好壞良莠。馬赫有著明徹的批判意識，他是批判地、有選擇地吸收。對進化論、心物平行論等科學理論是如此，對歷史上知名哲學家的思想遺產更是如此。例如，他繼承了休謨的經驗論和懷疑論傳統，但不滿意休謨的二元論。他汲取了康德的經驗論合理成分和反形而上學的批判的、辯證的方法，而拋棄了康德的先驗論和物自體概念。他採納了孔德的實證論和科學主義取向，但其意圖與孔德不同，他的科學主義並不包含「科學萬能論」的成分。

面對一種思想，馬赫的批判意識只是一種往往毋需言明的手段，他的目的是立足於吸收，那怕其中只有一丁點眞理，他也不輕易放過。他說:「假如自然科學家在思考之前，必須將一切哲學體系一個一個地加以反駁，他會落到什麼地步。」(*GJ*, p. 283) 他舉例說:

> 批評或反駁像康德這樣一位必須根據當時的情況加以評判的哲學家，不能是自然科學家的任務。指明康德哲學不適合於作為近代自然科學家的指導，已經不再是偉大的英雄事跡了。這件工作已由一切領域（包括哲學）中的進展完成了。(*GJ*, p. 283)

馬赫的這一看法，值得我們這個動輒就想搞「革命大批判」的國

⓮ 同❼。

度裡的人深思。「不破不立」，「破字當頭，立也就在其中了」，這些口頭語到底有多少道理？

吸收爲的是改造和創新，這是兼融的最根本的涵義。馬赫看到康德先天知性範疇（屬先驗論）中的合理因素和積極意義，他用達爾文的進化論和他的心理學研究成果對其加以改造，開了進化認識論的先河。關於因果性，休謨在1737年斷定，嚴格的因果律不能從感覺中歸納出來，而是信念和習慣的預期；康德對此的反應是把因果性提高到先驗的因果範疇；馬赫與二者不同，他一方面承認因果概念作爲暫定知識和暫定取向的工具的意義，另一方面研究者則必須把它視爲現象相互依賴的函數關係。

寬容意謂寬大有氣量，不計較或不追窮；在智力領域，特指對與自己不同或衝突的信念或實踐的同情和放任，尤其是當它們處於非正統的、少數派的地位時。寬容是社會生活或學術領域的不成文的、理想的道德規範，也是一種瀟灑的或灑脫的待人接物態度和生活形式。寬容精神體現在馬赫及其哲學的諸多方面。

馬赫把「對不完備的世界概念的寬容」視爲「科學研究者的最高哲學」(*SM*, p. 559)，馬赫也體諒到「自然科學家不追求完備的世界觀；他早已知道他的一切工作只能擴大並加深他的洞察力。」(*GJ*, p. 276) 從而他能歷史地看待科學家創造的科學理論和所形成的世界概念，給其以應有的歷史地位和公正的評價。在《力學》等著作中，馬赫總是以眞正的科學精神討論問題，批評錯誤，而不是像有些作者那樣以粗狂的咆哮對待它們。馬赫哲學的兼融特徵也是以這樣的寬容爲前提的。

對於自己的要素說等哲學理論，馬赫「不自命爲萬古不滅的哲學」，它既不排擠現在還適用的見解，也隨時準備讓位給更好的見解，「因而對於其他見解最能寬容」(*GJ*, p. 25)。馬赫希望過分讚賞他的人和過分責難他的人都應有所節制，以便作出冷靜的判斷。在眾人的觀點都向同一處會聚的情況下，他覺得不能過高估計自己勞作的價值；而且認爲提出思想優先權已毫無意義，因爲一些思想的根源可以一直追溯到遙遠的古代（*GJ*, pp. v–vi)。

馬赫的寬容大度充分表現在他對待批評和反批評的態度上。除了在答覆普朗克時失去慣有的鎮靜外，馬赫總是通情達理，心平氣和，包括對待論敵玻耳茲曼（他們之間保持著良好的私人關係)。馬赫認爲，批評別人時不能盛氣凌人地把自己觀點強加於人，對別人的批評則要諒解和寬容。馬赫這樣說過：「公開的評論即使在反對我，也是中肯的，而且它的坦率態度對我很有教益。」(*GJ*, p. 271) 即使對於胡塞爾那樣嚴厲而尖刻的批評，馬赫也是平心靜氣地辯白，並期望胡塞爾著述成功。

馬赫覺得批評和反批評要使其他人容易找到他們在這一領域的道路，並形成他們自己的判斷，而不能使人依舊茫然無緒。馬赫厭惡論戰性的討論，他認爲這無助於問題的眞正解決，而且後來人將有一天對我們爲之爭吵的事情而感到驚愕，更爲我們在爭吵時逐漸變得激動而驚愕。馬赫說：

> 如果說我對於那些反對我的觀點沒有用批判的和論戰的方式作詳細的討論，那麼這的確不是由於我輕視那些觀點，而是因為我深信這類問題不能用討論和論戰來解決。在這裡，唯一有益的辦法是把未成熟的思想或內容矛盾的未成熟的思想耐心地經年累月地擱在心裡，誠實地努力完成未成熟的思想或除去矛盾的成分。(*GJ*, p. iii)

正是出於這個緣由，馬赫面對眾多的批評很少給予答辯，他曾說他在四十年間只寫了三篇評論。他對反批評不感興趣的原因還在於，要閱讀一切出版的東西，還要在短時間內審愼負責地、深思熟慮地作出評判，這必然是一件令人苦惱的事情。他說：「評論家雖然對我有一部分損害，但減輕了這種煩惱，我不埋怨他們。假如我不對每一個責駡、每一個所謂巧妙的諷刺作出反應，我希望人們不會對我懷恨在心。」(*GJ*, p. 282) 對於那些「存心刺痛」他的、「比蔑視還厲害的評論」，馬赫的態度也很坦然：

> 因為對於我認為無益的見解置之不理，這是我自己常常使用的一個權利，假如我不肯給別人同樣的權利，那就的確是很不公平的了。不過，我始終沒有覺得需要侮辱與我意見不同的人。(*GJ*, p. 273)

§8.5 謙遜和進取

馬赫是一個有自知之明的、謙虛謹愼的人，他從來也沒有流露知名學者的優越感，更沒有誇誇其談，自我炫耀。1898年2月18日，耶魯薩萊姆來到馬赫的「洞穴」⑮，向馬赫祝壽，並說他私下已聯絡好作者和出版商，擬出一本紀念文集，爲馬赫六十華誕增光。馬赫強有力地反對這一作法，致使該計畫未能最終付諸實施。1912 年，奧斯特瓦爾德請求馬赫出任一元論協會名譽主

---

⑮ 馬赫有兩所房間建在維也納大學附近，他在那裡便與外界隔絕起來，爲的是無干擾地作實驗，他把它命名爲「洞穴」(the hole)。

席，被馬赫婉言謝絕⑯。馬赫在世時，從來也沒有想要人為他寫一本傳記。他的兒子路德維希收集了一些材料，但在第二次世界大戰時銷毀了。布萊克默1972年出版的馬赫傳記是在訪問馬赫的在世的親屬和同事的基礎上寫成的。

馬赫從不以哲學家或馬赫哲學自我標榜，也從不夢想構造龐大的體系。相反地，他多次拒絕那樣的頭銜，並認為他的認識論是「極其平凡而簡單的」，「從不認為它是完滿無缺的」(*ZZ*, p. 81)。他在1905年寫道：

> 尤其是不存在馬赫哲學，至多只有科學方法論和認識心理學；這二者像所有科學理論一樣，也是暫定的、不完善的努力，對於借助外來的拼料由這種努力構造的哲學，我是不負責任的。⑰

對於自己的科學創造和思想成果，馬赫總是謹愼評估，從不言過其實。例如，他認為他的重要著作《感覺的分析》「既不向我們提供任何哲學體系，也不向我們提供包羅萬象的世界觀」，「並不試圖解決一切問題」，只是「為解決科學上的重要細節問題進行準備。」(*GJ*, p. v)

---

⑯ 馬赫在1912年11月26日的回信中說：「在協會中有多少人，就有多少不同的一元論。一元論暫時是我們大家為之努力的目標，但它幾乎不是任何固定的和充分的東西。……如果把它限制在知識界，它便不會很重要。如果它較廣泛地膨脹，又會使反改革放縱，對此我肯定不會同情。」(*EM*, p. 194)

⑰ E. N. Hiebert, The Influence of Mach's Thought on Science, *Philosophia Naturalis*, **21**(1984), pp. 598-615.

馬赫深知，科學的產生和發展是社會分工和社會協作的產物，科學成果的取得是數代人前仆後繼的結果。個人的力量總是有限的，它應該溶入人類的智力之流中。他說:「我必須期望，我的觀點在其精確的個人形式中應該毫無反對地結合到我的同代人的智力系統中去。科學史告訴我們，個人主觀的、科學的哲學正在不斷被校正、變暗淡，在人類逐漸採納的哲學或建設性的世界圖象中，只有最偉大的人的思想的最強有力的特徵，在一些時間逝去之後還能被辨認出來。」(*SM,* p. 342)馬赫寄希望於青年一代:「我自己已經七十四歲了，並且遭到嚴重疾病的打擊，我將再也不會引起革命了。但是我希望年輕的數學家胡戈・丁勒博士能帶來重大的進步，從他的出版物來判斷，他已證明他對科學的兩個方面達到了自由的、無偏見的審查。」(*SM,* p. xxviii)

馬赫有淵博的學識和廣泛的興趣，更有生命不息、奮鬥不止的進取精神。他在本專業中作出了舉世矚目的成就，他又是「一位在各個知識領域具有新穎思想的無偏見的漫遊者」⑱，在眾多領域留下新穎而豐厚的智力成果。即使在身體偏癱、百病纏身之時，他的活躍的大腦和敏感的心靈總是洋溢著奮進的激情。人們簡直難以想像，一位殘疾老人竟能作出那麼多令常人都不敢問津的事情。愛因斯坦準確地描繪了馬赫這位有著多方面興趣的、勤奮的自然科學家的進取精神: 他以深切的感情關注各門科學的成長，他對觀察和理解事物懷著毫不掩飾的喜悅心情，直至年事甚高時還以孩子般的眼睛窺視著這個世界，此外別無它求(*E1,*

⑱ E. Mach, *The Principle of Physical Optics,* Translated by J. S. Anderson and A. F. A. Young, Dover Publications Inc., 1926, p. vii.

pp. 83-90)。借用石里克「青春哲學」的語言來說，馬赫的一生是「青春化」的一生，他對知識和事業的熱情像「青春的熱情」一樣，是「燃燒著同樣的火焰與光輝的」⑲。

⑲ 洪謙:《維也納學派哲學》，商務印書館(北京)，1989年第1版，頁150。

第九章　馬赫與批判學派

溪上遙聞精舍鐘，
泊舟微徑度深松。
青山霽後雲猶在，
畫出西南四五峰。

──唐・郎士元・〈柏林寺南望〉

批判學派是十九世紀和二十世紀之交在物理學革命前夕和初期活躍於物理學舞臺上的一個科學學派，其代表人物是馬赫、彭加勒、奧斯特瓦爾德、迪昻、皮爾遜。批判學派的對立面是當時的主流學派──力學學派（機械學派）。鑒於作者已就批判學派的歷史貢獻、哲學根源、歷史歸宿作過論述❶，本章擬重點分析一下以馬赫爲首的批判學派的根本特徵、主要共性和思想差異，以及馬赫與其他幾位代表人物的關係。

§9.1　批判學派的形成和它的根本特徵

批判學派否認物理學僅僅是經典力學的簡單繼續。他們希望

---

❶　李醒民：＜世紀之交物理學革命中的兩個學派＞，《自然辯證法通訊》(北京)，第3卷（1981)，第6期，頁30-38。

擺脫傳統的枷鎖，認爲這種傳統過於狹隘、過於專橫了。作爲物理學的革新派，他們對經典力學的一些基本概念和基本原理以及力學自然觀（機械自然觀）旗幟鮮明地進行了批判。這是批判學派的根本特徵，也是它的標識和判據。

在十九世紀後期，當物理學家還在熱衷於把一切自然現象都化歸爲力學時，馬赫就洞察到經典力學理論框架的局限性，他在1883年出版的《力學》中，從哲學和邏輯的角度對經典力學進行了全面而深入的批判。馬赫明確指出，力學並不具有淩駕於其他學科之上的特權，力學自然觀是一種偏見和神話。馬赫的批判起到了哲學啓蒙作用，從而成爲物理學革命行將到來的先聲。

繼馬赫之後，皮爾遜也在1892年出版了《科學規範》。皮爾遜把他的注意力從科學的莊嚴的上層建築移開，轉而仔細審查它的基礎。他對空間、時間、質量、運動、因果性等基本概念進行了分析和批判，尤其是，他明確地對經典力學的普適性表示懷疑❷。

1895年9月，在德國六十七屆自然科學家和醫生大會普通組上，奧斯特瓦爾德發表了〈克服科學的物質論〉的講演，公開亮出了他的能量學和唯能論（energetics and energetism）的綱領，力圖以此取代力學自然觀（即他所謂的「科學的物質論」）。他後來在《自然哲學講演錄》（1902）和《能量》（1908）中進一步闡述了他的方案和意圖❸。

---

❷ 李醒民：〈簡論皮爾遜的科學哲學〉，《自然辯證法研究》（北京），第7卷（1991），第3期，頁60-65,59。

❸ 李醒民：〈奧斯特瓦爾德的能量學和唯能論〉，《自然辯證法研究》（北京），第5卷（1989），第6期，頁65-70。

彭加勒在1898年發表的〈時間測量〉一文中就指明，沒有什麼絕對時間和絕對空間，也沒有相等時間間隔和同時性的直覺。在接著出版的《科學與假設》(1902)、《科學的價值》(1905)、《科學與方法》(1908) 中，彭加勒全面分析了經典理論在新實驗事實面前所面臨的困境，以及彼此之間的邏輯矛盾❹。

迪昂的批判主要體現在他的兩本名著《力學的進化》(1903) 和《物理學理論的目的和結構》(1906) 中。迪昂當時已經看到，物理學急劇地成長已搖撼了經典力學的根基和經典物理學家的一些信念，力學賴以建立的基礎已受到懷疑，它必須向新的領域進軍❺。就這樣，馬赫這位根本無意創立學派 (*KE*, p. xx) 的科學批判家，居然「無心插柳柳成蔭」，自然而然地形成了以他爲首的批判學派。

批判學派對經典力學基礎的批判，是在肯定經典理論的固有價值的前提下進行的。馬赫就充分肯定了牛頓及其後繼者的歷史功績，他反對的只是力學的優越地位和力學自然觀的獨斷論，而不是要拋棄經典力學。彭加勒不僅肯定了舊原理的歷史價值，指出舊力學是未來的新力學的一級近似，而且還針鋒相對地批評了當時廣爲流行的「科學破產」及非理性主義的錯誤觀點。皮爾遜則明確申明，他毫無保留地接受了近代科學的偉大成果，只是認爲表述這些成果的語言需要重新加以考慮。他在充分肯定牛頓力學的現有的價值時進而指出，不管我們的知識怎麼擴大，舊概念

---

❹ 李醒民:《理性的沉思》，遼寧教育出版社 (瀋陽)，1992年第1版，頁78-82。

❺ 李醒民：＜簡論迪昂的科學哲學思想＞，《思想戰線》(昆明)，1989年第5期，頁12-18。

的正確性在許多重要之點上並沒有被削弱，它們還將聳立在關於自然過程的日常觀點中。他認爲經典力學將在很大一塊領域仍能合理地保留，在邏輯上包含若干正確的觀察現象的公式不會被進一步的認識所取代。

批判學派不是只管批判，不顧建設。它不僅撲滅了「有害的蟲豸」，而且的確也創造出了一些「有生命的東西」。他們提出的一些富有啓發性的卓越思想，爲物理學革命作出了直接貢獻❻。儘管批判學派像力學學派一樣，由於其歷史的和自身的局限性，未能完成物理學革命的大業，但批判學派對物理學革命所起的推動作用則是毋庸置疑的。

§9.2 馬赫與批判學派其他代表人物的交往

馬赫和奧斯特瓦爾德都是講德語的，他們經常通信，也見過面。馬赫與其他幾位似乎沒有過多的直接交往，他們的聯繫恐怕主要是學術上和思想上的，即是以「無形學院」(invisible college) 的形式聯繫的 。馬赫在自己的論著中多次提到他們的名字、著作和觀點，有時還加以適當的評論，他們也多次表示在許多方面與馬赫一致。

在馬赫喜歡的幾位大陸物理學家當中，其中包括彭加勒和迪昻。馬赫熟知彭加勒的《科學與假設》，並贊同彭加勒的有關約定論思想 。他說：「彭加勒在他的《科學與假設》中正確地稱基本假設爲約定，這一點另外可以令人滿意地加以證明。」(*SM*,

---

❻ 例如，可參見❹，頁77-104。

p. 306) 在另一處，他則批評迪昂和彭加勒對麥克斯韋的智力類型作了「相當粗糙的判斷」(*KE*, p. 133)。馬赫和彭加勒都是邏輯經驗論的「教父」，關於二人思想之異同，我已作過比較詳細的研究❼。米澤斯 (R. von Mises) 輕率地斷言「馬赫早就以一個更精巧、更一貫的形式提出了彭加勒的幾乎全部思想」❽，他顯然對馬赫和彭加勒缺乏深入、細緻的研究。

在這裡，我想補充說明，彭加勒的時空觀和幾何學觀點中，也有許多進化認識論的思想。他認爲「通過自然選擇，我們的精神適應了外部世界的條件，採用了對人種來說是最有利的幾何學，……」。在構成空間的漸近訓練中，「祖傳的經驗」或「種族部分似乎占壓倒優勢」。在談到幾何學直覺和本能是一個複雜的聯想系統時，彭加勒說:

> 很容易理解，這一重要特徵本身從何而來。在我們看來，聯想愈久遠，似乎愈加不可破壞。但是這些聯想就其大部分而言，並不是個人的獲得物，因為它們的痕跡在新生兒身上好像就存在著：它們是種族的獲得物。這些獲得物越是必要，自然選擇就越迅速地導致之。

他還明確指出：「這些聯想是個人長期經驗和人類更爲久遠的經驗的成果」，「至少是我們從我們祖先繼承下來的那一部分聯想」，

❼ 李醒民:《彭加勒》，東大圖書公司印行 (臺北)，1994 年第 1 版，頁199-242。

❽ R. von Mises, Ernst Mach and the Empiricist Conception of Science, in *PP*, pp. 245-270.

「構成這種先驗的形式」即「純粹直覺」[9]。

彭加勒的原理物理學與馬赫的現象論物理學也有相通之處。與馬赫不同，彭加勒的科學的「外部的」目的是美學的，而且他只倡導「爲科學而科學」，摒棄實用意圖。馬赫的幾何學思想是經驗論的：幾何學起源於經驗，幾何學像物理學一樣是經驗科學。他說:

> 幾何學（和整個數學）之所以使人信服，不是由於它的理論是從一種完全特殊的知識得來的，而是由於它的經驗材料是我們特別容易和方便得到的，是屢屢經過特別試驗的，而且在任何時候都能再加以試驗。(*GJ*, p. 267)

但是，彭加勒則斷然反對幾何學經驗論，他是幾何學約定論者[10]。

馬赫和奧斯特瓦爾德[11]的直接交往很多，他們在促進教育改革、反對教會和教權主義、支持社會民主黨工人運動中，甚至是併肩戰鬥的戰友。1913年春馬赫應奧斯特瓦爾德之邀撰寫自傳，他們二人在兩個月內數次通信 (*ZZ*, pp. 67-70)。奧斯特瓦爾德1890年在德國哈雷自然科學家會議上與馬赫會面，奧斯特瓦爾德後來回憶說:「和他在一起的時刻，對我來說是銘感不已的時刻。

[9] H. 彭加勒：《科學的價値》，李醒民譯，光明日報出版社（北京)，1988年第 1 版，頁72,423,414,259。

[10] 同[7]，頁99-142，274-276。

[11] 李醒民: <奧斯特瓦爾德: 科學家、思想家、實踐家>，《自然辯證法通訊》(北京)，第10卷 (1988)，第 3 期，頁57-70。

但是我知道，我自己的許多見解他到頭來是不承認的。」⑫ 在這裡，奧斯特瓦爾德意識到馬赫不贊同他的唯能論。但他還是認爲，馬赫在活著的人當中是對他影響最大的人。針對有人批評馬赫是唯我論者，他爲之辯護說：

> 像恩斯特·馬赫這樣明晰而審愼的思想家，竟被看作是不著邊際的空想家，令人無法相信的是，一個了解如何作如此完善實驗工作的人，怎麼會在哲學上講一些令人生疑的昏話呢？⑬

馬赫一直把奧斯特瓦爾德視爲「否定的」同盟者，認爲奧斯特瓦爾德、迪昂、皮爾遜與他的立場或多或少地接近。他稱奧斯特瓦爾德這位「反對方法僵化的偉大而成功的戰士」和海克爾是「哲學化的科學家」，「他們在他們自己領域中的突出重要性肯定是無可爭辯的。在普遍取向方面，這兩人是我尊重的志同道合者，即使我不能在每一個方面贊同他們。」他指出與二人大相逕庭之處是：心理的觀察像物理的觀察一樣，也是知識的重要的和基本的源泉（*KE*, p. 13）。

馬赫也在論著中對奧斯特瓦爾德的一些具體論斷作了許多評論。在提及能量學時，他說：「這類建議也可以在我的專題著作《能量守恒》中找到。此後，『能量學』被黑耳姆、奧斯特瓦爾

---

⑫ 田中実：<奧斯特瓦爾德的原子假設>，李醒民譯，《科學與哲學》（北京），1985年第6輯，頁91-108。

⑬ P. Frank, Ernst Mach and Union of Science, in *PP*, pp. 235-244.

德和其他人詳盡地加以處理。」(*SM*, p. 607) 他在《感覺的分析》中提到,「奧斯特瓦爾德以他的催化觀念爲基礎，就記憶的化學理論作過一次大膽的試驗。」(*GJ*, p. 185) 關於奧斯特瓦爾德的心理能量假設，馬赫評論說：「能量是一種質量概念，它在涉及質的過程的心理學領域裡對我們是不能有所幫助的。」(*GJ*, p. 288)

馬赫在論著中提及迪昂[14]的地方很多。他在 1906 年 4 月爲《認識與謬誤》第二版撰寫的序言中熱情洋溢地寫道:

> 迪昂的《物理學理論的目的和結構》使我大為高興。我沒有想到會這麼快地在任何物理學家那裡發現這樣廣泛的論據。迪昂拒絕對物理學中的問題作任何形而上學的解釋。他認為以概念上經濟的方式確定事實是那門科學的目的。對他來說，描述物理學理論的歷史的和發生的 (genetic) 方法似乎是唯一正確的方法，在教學上也是最有效的方法。這些是我足足三十多年來强調的觀點。我之所以更加重視我們之間的一致，是因為迪昂完全獨立地達到相同的結果。同時，我在本書中至少原則上强調了常識思維和科學思維之間的親屬關係，而迪昂卻特別闡明了觀察和常識思維與批判的觀察和物理學家思維之間的差異。為此理由，我應該把他的書作為對我的書的補充和解釋而予以推薦。在下面，我將有機會提到迪昂的見解，只是偶爾在次要之點上說明看法的差異。(*KE*, pp. xxxv-xxxvi)

---

[14] 李醒民:＜皮埃爾·迪昂：科學家、科學史家和科學哲學家＞,《自然辯證法通訊》(北京), 第11卷 (1989), 第 2 期, 頁67-78。

就是在這本書中，　馬赫介紹了迪昂關於不要隨意選擇任意的假設，判決實驗只是與假設複合矛盾的觀點（*KE*, p. 184)。在談到「洞察的一次發現和表達是不夠的」時，馬赫說:「迪昂在他的關於靜力學史的詳盡研究中特別優美的證明了這一點。」(*KE*, pp. 295-296）在提及有人勸告「在實驗時忘記一切理論」時，馬赫這樣寫道:「迪昂正確地反對說，在物理學中，沒有理論的實驗是不可理解的、是不可能的。我認爲這一點在生理學中沒有什麼不同。事實上，人們能夠作的一切就是估價，實驗結果是否完全與先前明晰的理論相容。」(*KE*, p. 161）但是，馬赫也表明了他與迪昂的分歧:「關於幾何學和物理學之間的差別，迪昂認爲是基本的和質的，我認爲只是程度的差別。」(*KE*, p. 329）對於迪昂關於兩種智力類型——綜合的精神和深刻的精神，英國人屬於前一種類型，法國人和德國人屬於後一種類型——的區分，馬赫評論說:「迪昂完全清楚，這些特徵只是總地成立，只是不能應用於個人的情況。我認爲，不僅存在這兩個極端之間的所有中間程度的情況，而且每一個人按照個人性情和手頭任務，時而傾向一種方式，時而傾向另一種方式。」(*KE*, p. 133)

1912年2月5日，馬赫在爲《力學》德文第七版所寫的序言中說明，迪昂的「批判性評論也是有價值的」，迪昂參與的認識論討論「對我有幫助」（*SM*, p. xxvii)。馬赫在該書中對迪昂的《靜力學起源》(1905）這部「卓越的書」表示讚賞，他同意迪昂的觀點:「文藝復興的科學思想是從古希臘，尤其是從逍遙學派和古希臘後期的學派十分謹愼地、逐漸地發展起來的。」他強調指出:「迪昂的書包括著激勵人的、有教益的、有啓發性的細節，而我只在小篇幅裡濃縮了這一切。爲了了解這些細節，我們只能另外通過令人厭倦地研究古書和古手稿達到。爲此，只有閱讀迪昂的著作才能激起許多讚美，才是十分富有成效的。」(*SM* p. 97) 馬赫接著用九頁篇幅討論了迪昂的有關細節。但是，在古代自然科學和近代自然科學的關係問題上，馬赫表示他的觀點在某種程度上不同於迪昂。馬赫陳述道：

> 自然科學以兩種方式成長。首先，它通過在我們記憶中保留觀察到的事實或過程、在我們表象中複製它們並在我們思想中力圖重構它們而成長的。但是隨著觀察的繼續，這些處於建構中的、相繼或同時處理的嘗試總是表現出某些缺陷，由於這些缺陷，這些建構物與事實的一致或相互之間的一致受到擾亂。其結果便需要建構物的材料校正和邏輯和諧。這就是建立自然科學的第二個過程。(*SM*, p. 103)

馬赫也不滿意迪昂「在尊崇亞里士多德的感情方面走得太遠了」，他勸誡說：「如果前人變成大權威，甚至他的錯誤也被美言爲深刻洞察的標誌，那麼我們只能成爲以有害的方式作用於這個人的追隨者。」(*SM*, p. 105)

迪昂受到馬赫關於經濟理論、演化科學、反原子論和力學說明、科學史研究價值等思想的影響，但是在某些問題上，他並非不願作相當劇烈的轉變。例如，他劇烈地轉變了理論和它們的經濟使用之間的關係。馬赫認爲，理論只是「暫定的幫助」，只是有助於確定和關聯數學定律、方程和函數。可是迪昂卻認爲：「把物理學定律化歸爲理論從而有助於『智力經濟』，恩斯特・馬赫從中看到了科學的目標和指導原則。」⑮ 迪昂對馬赫在《認識與謬誤》第二版序言中強調他們觀點的一致迅速作了回應，他在1906年10月4日寫信給馬赫說：在他看來，這最好地表明了他站在正確的路線上 (*KE*, p. xxvi)。迪昂還在1909年8月10日致信，把他在智力上的受惠歸功於馬赫：「我請求你，請相信我的深深的敬意，請容許我稱我自己是你的信徒。」(*EM*, p. 197)

馬赫的《力學》給皮爾遜⑯留下深刻的印象，他接受了馬赫對於質量和力處理的現象論進路，以及把動力學還原爲運動學的嘗試。皮爾遜在克利福德去世後，承接了補寫、整理和出版其遺著《精密科學常識》(1885)的擔子。他在信中向馬赫這樣表白：「如果克利福德的書在你的大學圖書館的話，你也許會仔細讀關於〈位置和運動〉的章節，這是我爲該著作於1883年寫的，當時細讀你的《力學》是對我的最大支持。你將在序言中發現提及的情況。」(*EM*, p. 124) 皮爾遜還採納了馬赫《感覺的分析》的觀點，尤其是感覺論，於1892年出版了他的科學哲學名著《科學規範》，該書去年還在英國重印出版（按1900年第二版版本），皮爾遜在書中表示他與馬赫是一致的⑰。馬赫也數次表示他與皮爾遜觀點的類似和相近。他在《力學》中把皮爾遜列入反對絕對運動概念的「相對主義者」之列。在《感覺的分析》第二版序言

⑮ P. Duhem, *The Aim and Structure of Physical Theory*, translated by F. P. Wiener, Princeton University Press, 1954, p. 21.

⑯ 李醒民：〈卡爾・皮爾遜：著名科學家和自由思想家〉，《自然辯證法通訊》(北京)，第12卷 (1990)，第2期，頁65-78。

⑰ K. Pearson, *The Grammar of Science*, Adam and Charles Black, London, Second ed., 1900, p. 326.

中，他提及皮爾遜對他一年前的初版書作了他所期望的反應，他還把該書第三版（1902）題獻給皮爾遜。在談到自然定律時，馬赫表示他與皮爾遜的下述觀點「相當接近」：

> 民法(civil law)包含命令和責任；科學定律（scientific law）是描述而不是處方（prescription）。民法僅對特定時期的特定共同體是有效的；科學定律對所有正常的人都是正確的，只要他們的覺察能力依然處一同一發展階段，科學定律是不變的。然而，對奧斯丁（J. Austin, 1790-1859）和許多其他哲學家來說，自然規律（law of nature）並不是心理的程式，而是重複的知覺序列。他們把這種重複的知覺序列從它們自身之中凸現出來，並認為它們是不以人為條件並獨立於人的外部世界的一部分。在該詞的這種意義上——不幸的是這種意義今天被過分通用了——自然定律在它被人認識之前就存在。⑱(*KE*, p. 351)

§9.3　批判學派代表人物的主要共性

批判學派除了具有上述批判經典力學和力學自然觀的根本特徵之外，它的代表人物的思想和行爲還有其他一些共性。

一、對物理學發展形勢有比較清醒的看法，並致力於科學統一

早在十九世紀六十年代，當經典物理學的發展還處於鼎盛時

---

⑱　同⑰，p. 87。

期，馬赫就洞察到力學框架難以適應科學的進一步發展。馬赫力圖排除一切無法用經驗證實的形而上學命題，並提出要素（感覺）一元論，用來對物理現象作統一的解釋，從而把個別學科聯繫起來形成一個整體。迪昂、皮爾遜和奧斯特瓦爾德也看到用「宇宙的力學解釋」難以保全現象。奧斯特瓦爾德認爲能量是宇宙中一切現象的本源。他試圖把自然現象、社會現象和精神現象都囊括在「能量一元論」的世界觀中。迪昂贊同奧斯特瓦爾德的能量學和唯能論觀點，他畢生努力構造一種理性論的現象論的、連續理論的能量學或廣義熱力學，企圖把力學、熱力學和電磁學都納入其中。皮爾遜認爲當前的物理學危機實質在於，十九世紀大部分時間把物質作爲物理科學的根本概念，現在看來電似乎比物質更根本，我們一度視爲基本的物質必須看作是極其複雜的電現象的表現。皮爾遜主張科學統一，他提出：科學統一不在於其材料，而在於其方法。尤其是彭加勒，他是世紀之交第一個洞察到物理學危機並對它進行了全面論述的著名物理學家。彭加勒從科學的歷史中看到，科學的發展是走向統一和簡單的道路。他本人發展的電子動力學，就是爲了協調力學和電動力學的，它與愛因斯坦的相對論在數學形式和實驗結果上是等價的，而且彭加勒對它的物理意義也認識得比較深刻⓳。

由於當時科學發展的水平以及這些代表人物的認識能力的局限性，上述的看法和作法不見得都是完全正確的，而且歷史發展已證明，能量自然觀和電磁自然觀並不是力學自然觀的理想替代物。但是，與墨守成規，千方百計修補舊理論框架的力學學派相比，批判學派對形勢的看法畢竟還是比較清醒的，他們的作法也

⓳　同❼，頁18-21，31-76。

說明他們是舊秩序的叛逆者和新秩序的探索者[20]。

二、堅不可摧的懷疑態度，歷史批判的研究方法與寫作風格

當力學學派把經典力學的基本概念和基本原理視爲神聖不可侵犯的寶物時，批判學派就開始懷疑它們的正確性和普適性，不滿意當時物理學界居統治地位的教條式的頑固。馬赫的懷疑與批判精神前已述及。皮爾遜在《科學規範》中從道理上把這一點講得很清楚:

> 毫無疑問，當一個事件或觀察的真或假對於行為可能具有的重要意義時，過分懷疑比過分輕信更有社會價值。……與不動腦筋的推斷、輕鬆的和過分輕率的信仰相比，誠實的懷疑對共同體來說更健全、更有社會性。懷疑至少是通向科學探索的第一階段；達到這一階段遠勝於無論什麼智力進步也未作出。[21]

批判學派的懷疑態度或懷疑主義是「誠實的懷疑」，也就是作爲科學精神氣質之一的有條理的懷疑論，並非像人們誤解的那樣是「懷疑一切」和「絕對的懷疑論」。關於這一點，彭加勒在《科學與假設》中的言論最能代表批判學派的觀點。他認爲「絕對的懷疑論是不能成立的」，「是膚淺的」[22]。列寧認爲「馬赫、迪昂、彭加勒以及他們的整個學派十分明確地接受懷疑論的前提」(*WP*, p. 305)，這顯然是沒有根據的。

---

[20] 同[1]。
[21] 同[17]，pp. 53-57.
[22] 同[9]，頁142, 122。

批判學派的代表人物都是科學史家，歷史批判工具既是他們的研究方法，也是他們的寫作風格。在馬赫看來，歷史提供了了解科學進展的可能性，同時也爲個人應該作些什麼以促進科學發展提供了視野。彭加勒之所以對數學物理學當時的危機和未來的前景有明確的認識，一個重要原因就在於他研究和分析了數學物理學的歷史，他在《科學的價值》中正是這樣作的。他在《科學與方法》中有一句經常被人引用的名言：「爲了預見數學的未來，正確的方法是研究它的歷史和現狀。」㉓ 奧斯特瓦爾德寫了多部歷史批判性的科學史著作，他的一些專門性的科學著作，往往也有較多的批判性的歷史概述。在他看來，各種觀念的歷史發展和邏輯發展往往是一致的，所以有可能採取歷史批判的形式。他說：「我持續致力於清楚地闡述科學的幾個領域的歷史發展，因此我希望把我的作用貢獻給復活科學家的歷史感，有必要十分注意發展科學家的這種歷史感。」㉔ 不過，他甚至有點偏頗地認爲，歷史只是作爲一種方法和工具，而不是作爲一門科學，才有其價值。迪昂也是一位頗有造詣的科學史家和科學哲學家，他的物理學講稿加有許多歷史的和哲學的評注，深受學生歡迎。他充分認識到歷史方法在物理學中的重要性。他說：

> 唯有科學史才能使物理學家避免教條主義的狂熱奢望和皮浪（Pyrrhon，約前 360-272）懷疑主義的悲觀絕望。……物理學家的思想時時偏執於一個極端，科學史能夠作

㉓ 同❾，頁359。

㉔ E. Farber, A Study in Scientific Genius, *Journal of Chemical Education,* **30**(1953), pp. 600-604.

出合適的校正。為了確定歷史對於物理學家所起的作用，我們可以從歷史那裡借用帕斯卡爾的下述言論：「當他吹噓他自己時，我貶低他；當他低估他自己時，我讚揚他。」歷史於是使他維持在完美的平衡狀態，……㉕

皮爾遜是一位眞正的歷史學家和自由思想家，他在《科學規範》中多次強調，批判是科學的眞正的生命線。他不僅把批判的矛頭對準現存的被誤用的科學概念，而且認爲在科學發現中必須使科學的想像力和自我批判力平行發展。

三、普遍贊同思維經濟原理

思維經濟原理在馬赫思想中占有十分重要的地位，批判學派的其他代表人物普遍表示贊同馬赫的這一原理。例如，彭加勒就十分欣賞它㉖，他的「力戒特設假設」正是爲此目的而提出的。迪昂在《物理學理論的目的和結構》中引用並高度估價馬赫關於思維經濟的論述。迪昂不僅從中看到科學進步的路線，而且進一步指出，爲了達到完善的思維經濟，科學家在構造理論時，應該使用原始的概念或原質（primary qualities）。所謂原質，就是在科學發展的一定時期不能再分解、再簡約的質。皮爾遜和奥斯特瓦爾德也受到馬赫思維經濟思想的影響。例如，皮爾遜把科學看作速記描述，看作思維經濟。他認爲人們發現科學定律的目的就是思維經濟，即用心理的聯繫和思想代替或補充機械的聯繫或本能的聯繫。

㉕ 同⑮，p. 270。

㉖ 同⑨，頁361, 365, 358。

四、充分肯定科學美在科學中的巨大作用

馬赫就科學美、科學幻想和想像作了不少闡述，充分肯定了它們在科學發現中的巨大作用，他是一位具有詩人氣質和藝術家情趣的科學家。奧斯特瓦爾德青少年時代就迷戀文學和藝術。在一生的最後十年，這位退休的教授在鄉間居處自建實驗室，從事顏色學的研究，決心探討繪畫藝術乃至美學的客觀基礎。通過顏色學的研究，他深信存在著和諧的規律，即規律之美。迪昂認爲，實驗物理學只能向我們提供不相關的定律，只有理論才能在這些定律之間建立秩序和分類，從而使知識可以方便地使用、順利地應用。迪昂從這種有秩序的分類中洞見到科學美。他說秩序不論在哪裡統治，都因之而產生美。理論不僅給出了物理定律羣，而且它聲稱這些定律更容易運用、更方便、更有用，從而也更美。在迪昂看來，理論使實驗定律秩序化的邏輯秩序便是本體秩序的反映。這表明他在科學理論中看到美與眞的統一。

對科學美有更深刻見解的，要數彭加勒和皮爾遜了。皮爾遜認爲，科學比藝術更爲藝術，他把科學能夠給審美判斷以永恒的滿足看作是科學應該受到支持的四大理由之一。他在論述科學與想像力和審美判斷時指出，藝術品的美的魅力在於，它把廣大範圍的人類情緒和情感濃縮在簡短的陳述、簡單的公式或幾個符號之內，它向我們表達了我們在長期經驗中自覺或不自覺地加以分類的各種情緒之間的關係，它的符號確切地恢復了我們過去情緒體驗的無數事實。這些與科學的審美判斷嚴格地類似，因此說科學消滅了生活中的美和詩意是毫無道理的。現象的科學解釋，宇宙的科學說明，是永久滿足我們審美判斷的唯一的東西，因爲它是從來也不能與我們的觀察和經驗完全矛盾的唯一的東西。在這

裡，皮爾遜不僅把科學的審美判斷看作發現的工具，而且也看作是評價和選擇科學理論的標準。同時，他也注意到隨著科學知識的增長，科學的審美判斷的基礎正在變化而且必須變化㉗。彭加勒對科學美（或數學美）有濃厚的興趣和獨到的見解。他把科學美作爲選擇事實和理論的標準和幫助發現的奇妙工具，並認爲追求科學美是激勵科學家從事科學研究的強大動力㉘。

五、第一流的科學家，名副其實的思想家和眾多領域的「漫遊者」

批判學派的代表人物都是第一流的科學家，他們也是名副其實的、敏銳的思想家，他們的不少思想都閃耀著智慧的火花，可以當之無愧地列入人類思想的寶庫 。他們也是許多領域的漫遊者，而且他們的漫遊並非淺薄的涉獵和膚淺的研究，而是有獨到見解的。他們興趣之廣泛、涉獵之寬廣、精力之充沛、成果之眾多，簡直達到了令人吃驚的程度。關於這方面的詳細材料，讀者可參閱本章列舉的有關文獻㉙。

§9.4　批判學派代表人物的思想差異

儘管批判學派的代表人物同屬一個科學學派，儘管他們在某些場合或多或少地聲稱他們思想的一致，但是毋庸諱言，他們不僅在共性上有細微的差異，而且在一些重大問題乃至基本哲學立

㉗ 李醒民：<論皮爾遜的科學觀>，《大自然探索》(成都)，第13卷(1994)，第1期，頁93-98。

㉘ 同❼，頁175-180。

㉙ 例如❼，頁1-32；⓫，⓮，⓰。

場上也有明顯的分歧。下面，我們將分四個方面逐一論述之[30]。

一、科學思想和自然觀

誠如愛因斯坦所說，世紀之交物理學家們所討論的一個重大問題是：原子和分子是否存在（*E1*, p. 627）？對於這個問題，批判學派代表人物的態度不盡相同。

馬赫對原子論的態度前後有所變化，即從贊同、懷疑、反對到修正。馬赫之所以不贊成原子論，與他反對力學自然觀和形而上學、與他關於科學的目的和結構的現象論的描述觀和實證論的構造觀有關，也與他對假設的看法及原子論者的錯誤推論有關。不過，在把原子作爲一種輔助概念和臨時假設的意義上，馬赫肯定了原子論還是有用的。在馬赫一生的最後二十年，尤其是1908年佩蘭（J. B. Perrin, 1870-1942）用實驗確證了分子實在性之後，他再也沒有發表反對原子論的言論，並多次提到原子論的經濟性。但是，沒有理由和證據表明馬赫承認了原子論和原子的存在[31]。彭加勒當時對原子論持保留和審愼態度，他也不滿意唯能論的解決方案。他論證說，原子、分子還不能被看作是已知的經驗事實，既不能認爲它是眞實的，也不能認爲它是虛假的，這是一個懸而未決的問題。不過，他在「中性假設」的意義上充分肯定了原子論的方法論功能，並在1902年就預見到用實驗驗證分

---

[30] 欲詳細了解批判學派代表人物思想的讀者，可參閱[1]，[2]，[3]，[4]，[5]，[7]，[11]，[14]，[16]，[27]。

[31] 李醒民：<恩斯特·馬赫和原子論>，《求索》（長沙），1989年第3期，頁 54-59。馬赫對原子論態度的演變，不僅是一個有趣的哲學問題，也是一個複雜的科學史問題。我原擬在本書專列一章，作更爲深廣的論述，但限於篇幅，只好割愛。我將在另一部著作中完成這一任務。

子運動論的可能性。在佩蘭實驗後，彭加勒公開承認原子不再是一種有用的虛構而是實在了，原子論大獲全勝了。奥斯特瓦爾德青年時是一位原子論者，不久他對物質和能量的二元論和平行性持有強烈的疑問，達到了能量一元論的觀點。他以能量學和唯能論抗衡原子論，與玻耳兹曼等人展開了激烈的、持久的論戰。但是，1908年9月，他在確鑿的實驗事實面前公開承認了反對原子論的錯誤。不過，他並未因此放棄能量學和唯能論，因爲佩蘭實驗既沒有動搖能量學的科學基礎，也沒有否證唯能論的哲學信條。他還在既定的方向上求索㉜。蘭金（W. J. M. Rankine, 1820-1872) 1855 年發表了《能量學科學概覽》，迪昂很快就採納了能量學的名稱，並致力於建立這樣一門現象論的科學。加之他輕視模型方法，偏好邏輯和明晰性，因此他對隨意改變「彈子球模型」、把自相矛盾的性質賦予原子的作法十分反感。他在研究中有意識地避開力學模型的原子理論，在他的論著中找不到原子、分子論的描述。他認爲，賦予物質的原子模型以實體性的實在，這意味著使物理學從屬於形而上學，從而妨害了物理科學的自主性。即使在佩蘭實驗之後，迪昂因其哲學信條和執拗的個性，也遲遲沒有改變自己的觀點，他希望像能量學這樣更爲普遍的理論能夠從原子論的廢墟中產生。皮爾遜在《科學規範》中就提出了一個原則性的觀點：關於物質本性的物理假設是理想物（不是非實在物），由於它們並非絕對處在可能的感覺印象的領域之外；而康德的物自體等則是非實在物（不是理想物），因爲它們不能變爲直接的感官印象。原子就是這樣的理想物。當理想

㉜ 李醒民：《理性的光華》，福建教育出版社（福州），1993 年第1版，頁86-132。

物的知覺等價物被發現時，理想物就轉化爲實在物(如海王星)。正是在此種意義上，皮爾遜認爲原子也許某一天能夠得到客觀實在性。

眾所周知，彭加勒和馬赫是相對論的先驅。關於馬赫晚年是否拒絕相對論，這在學術界還有爭議。不過，從馬赫的認識論和方法論來看，他大概不會喜歡像相對論這樣的思辨性理論。彭加勒對相對論一直保持緘默，他也許認爲相對論只不過是他和洛倫茲早先提出的電子動力學和電子論的一部分。迪昂反對狹義相對論，因爲它背離了常識，並且爲使電原子論和麥克斯韋理論保持原樣而損壞了古典力學。皮爾遜在《科學規範》第三版中增補了〈現代物理學的觀念〉一章，探討了相對性理論和按照相對性理論的電磁質量。他所謂的相對性理論，基本上是洛倫茲的電子論，這也難怪，因爲當時許多知名的物理學家對愛因斯坦的相對論也是一知半解（狹義相對論直到1911年的索耳維（E. Solvay, 1838-1922）會議才越出了德語國家的國界），更何況物理學並非是其主要專業的皮爾遜呢。

在自然觀方面，奧斯特瓦爾德和迪昂是能量自然觀的積極締造者和倡導者。馬赫、彭加勒和皮爾遜則似乎有點傾向於電磁自然觀，彭加勒還肯定了能量學的優點，並指出了它面臨的困難。馬赫則明顯對能量自然觀不感興趣，因爲奧斯特瓦爾德的能量一元論把能量視爲唯一的終極的實在，這顯然有背於他的中性的要素一元論，但他與奧斯特瓦爾德和迪昂在熱衷熱力學，反對原子論上則是一致的。

二、對形而上學的態度

馬赫是始終如一的、毫不妥協的反形而上學的旗手。他認爲形而上學是多餘的思維作料，通過思維經濟可以將其排除掉。他在實踐中總是企圖把科學概念從多餘的累贅中解放出來，同時把科學的眞正意義用簡樸的形式表達出來。他在下述言論中旗幟鮮明地表明了自己的這一哲學意圖：

> 科學的任務不是別的，僅是對事實作概要的陳述。現在逐漸提倡的這個嶄新見解，必然會指導我們徹底排除掉一切無聊的、無法用經驗檢驗的假定，主要是在康德意義下的形而上學的假定。如果在最廣泛的、包括了物理的東西和心理的東西的研究範圍裡，人們堅持這種觀點，就會將「感覺」看作一切可能的物理經驗和心理經驗的共同「要素」，並把這種看法作為我們的最基本的和最明白的步驟，而這兩種經驗不過是這些要素的不同形式的結合，是這些要素之間的相互依存關係。這樣一來，一系列妨礙科學研究的假問題便會立即銷聲匿跡了。(*GJ*, pp. iv-v)

馬赫反形而上學的激進傾向在某種程度上得到迪昂和皮爾遜的回應。迪昂是排除科學說明，拒斥科學中的形而上學的。在迪昂看來，物理學理是描述而不是說明 (explanation)，說明總是要引入形而上學體系，滲進形而上學因素。如果物理學理論的目的是說明實驗定律，它就要從屬於形而上學，就不是自主的科學了。這樣一來，物理學理論就不能成爲受到普遍贊同的理論，它會隨說明它的形而上學不同而形成深刻的分歧和尖銳的對立。事實上，形而上學體系並沒有給出足夠嚴格、足夠詳細的工具，使得人們能夠從中推導出物理學理論。迪昂的結論是：沒有形而上學系統也足以構造物理學理論，形而上學說明在物理學中是不必要的㉝。皮爾遜也以反形而上學爲宗旨，他把科學與自然神學和形而上學嚴格區分開來，認爲後者是僞科學。科學方法以實證爲基礎，它排除形而上學。想由迷信的狗洞進入眞理之宮，或藉形而上學的梯子登上眞理之牆，都是癡心妄想。不過他也表示，形而上學家是詩人，只要認出他，就不會對科學造成什麼危害㉞。可是，彭加勒這位非實證論者卻對立足於感覺論反對形而上學的作法似不以爲然:「也許到某一天,物理學家對那些不能用實證方法達到的問題毫無興趣，而把它們拋給形而上學家。可是，這一天尚未來到；人們不會如此聽命於對事物的根底的無知。」他進而指出:「立足於感覺世界」的人「沒有能力理解，或者至少是沒有能力欣賞某些比功利主義理論更爲有趣的理論」㉟。至於奧斯特瓦爾德，他的唯能論把能量看得比物質更實在，這在馬赫看來無疑是形而上學，難怪馬赫對唯能論不感興趣。在馬赫看來，唯能論像原子論一樣，作爲科學理論沒有必要性；能量像原子一樣，作爲在現象之外的指稱物沒有實在性。

三、基本哲學立場

馬赫的基本哲學立場是要素一元論和感覺經驗論（或現象論，或實證論），它不是唯心論或觀念論（將在第十一章論述）。皮爾遜接受了馬赫的感覺論，但他毫不隱諱地承認他的觀念論立場：健全的觀念論作爲自然哲學的基礎正在取代舊物理學家的粗糙的物質論（唯物論）；他的主導哲學可以說是感覺論的觀念

㉝ 同⑮，pp. 7-18.

㉞ 同⑰，pp. 14-19.

㉟ 同⑨，頁165, ii。

論。彭加勒的主導哲學是經驗約定論和綜合實在論，其中包含著明顯的乃至強烈的理性論因素；他的思想中雖然有經驗論的成分，但他絕不是激進的經驗論者或實證論者。奧斯特瓦爾德的能量一元論或唯能論把能量視爲終極實在，這明顯加強了實在論色彩，因而被 F·阿德勒、德里施看作是新的、改了裝的物質論；它不能算是觀念論，也與馬赫中性的要素一元論大相逕庭。至於迪昂，他似乎並沒有刻意追求一種明確而堅定的哲學立場，他的科學哲學與科學本身有著密不可分的聯繫；他像一般自然科學家一樣，停留在經驗論的圈子內，但他也強調數學和邏輯演繹在科學中的作用；他反對形而上學，但仍肯定了形而上學的價值，只是提醒科學家不要把形而上學的思想和目的引進科學；他贊同奧斯特瓦爾德的一些觀點，但更多的則是致力於科學的能量學，而對哲學化的唯能論和能量一元論看來並不熱衷。

除了迪昂是一位虔誠的基督徒之外，批判學派其他代表人物都對宗教堅決反對或不感興趣。卽使迪昂，在知識領域裡也沒有重信仰輕科學，他訴諸實證和理性。馬赫在行動上和言論上都是教權主義的敵人。皮爾遜青年時代就厭惡學校當局強制執行的正規神學講演，不願去教堂參加各種強迫的活動。奧斯特瓦爾德是無神論者、反教會的堅強戰士。他斷言，對於人類精神發展而言，宗教肯定不如科學。「現在，教會不僅不是世紀文化的承擔者，而且是對文化的壓抑。」「退出教會是二十世紀文化的第一步，是極其必然的一步。」[36] 彭加勒在反對懷疑一切的同時，也堅決反對信仰一切。他還說過：「宗教能對信仰者產生巨大的威力，

---

[36] 本多修郎：《現代物理学者の生と哲学》，未來社，1981年，p. 112.

但是並非所有的人都是它的信徒。信仰僅能夠強加於少數人，而理性卻會給一切人留下烙印，我們必須致力於理性，……」[37]

四、社會政治觀點

批判學派代表人物的社會政治觀點不盡一致。迪昂作爲一個正直的學者，是值得每一位專業人員尊敬的。但是，在政治立場和社會觀點方面，他卻是保守的。他被認爲是右翼分子、保皇黨人、反共和政體者、民族主義者、反猶太主義者和宗教極端分子。

相反地，迪昂之外的其他人物在政治上都程度不等地是開明的、進步的，有的甚至是十分激進的，像馬赫、奧斯特瓦爾德和皮爾遜都傾向於社會主義或本身就是社會主義者。奧斯特瓦爾德是一位和平主義者、反反猶主義者、戰鬥的無神論者和「實踐的理想主義者」，他被基督教會的報紙罵爲「惡魔之子」。他與德國社會民主黨國會議員佩烏茲（H. Peus）交往密切，與德國社會民主黨和第二國際左派領袖李卜克內西（K. Liebknecht, 1871-1919）一起參加工人羣眾的集會遊行，爲此反動分子給他送上了「紅色祕密謀士」的綽號。皮爾遜青年時代在德國居留期間接觸過馬克思和拉薩爾（F. Lassalle, 1825-1864）的思想，這使他成爲一個熱情的社會主義者。他多次以社會主義爲題發表演說，撰寫文章，爲社會主義贊歌集寫稿，並認爲社會主義應該受到頌揚。彭加勒則是一位愛國主義者和具有強烈社會責任感的科學家。

總而言之，以馬赫爲首的批判學派，是一個在科學史上起到

---

[37] H. Poincaré, *Mathematics and Science: Last Essays*, Dover Publications, Inc., New York, 1963, p. 102.

了革新和推動作用，在哲學史上創造了許多思想遺產並占有一席之地，在政治上比較進步和開明的學派。然而，列寧對這一切卻置若罔聞，他在《唯批》第五章對批判學派基本上全盤予以否定，並給批判學派的代表人物扣上了「反動的哲學教授」，「信仰主義的有學位的奴僕」，「神學家手下的有學問的幫辦」等大帽子，並武斷「一旦談到哲學問題的時候，他們中間任何一個人所說的任何一句話都不可相信。」(*WP*, pp. 248-250) 在這裡，人們不禁要問：在列寧的這些斷言中，到底有哪一句話能讓人相信呢？

第十章　馬赫與愛因斯坦

清溪流過碧山頭，
空水澄鮮一色秋。
隔斷紅塵三十里，
白雲紅葉兩悠悠。
—— 宋・程顥・〈秋月〉

馬赫是世紀之交物理學革命❶的啓蒙者和先驅，愛因斯坦❷是這場革命的先鋒和主將。馬赫在十九世紀末葳打出的「火星」，在二十世紀伊始點燃了愛因斯坦這支易燃的「火捻」，終於燃起物理學革命的熊熊「火焰」。本章將以馬赫與愛因斯坦之間的交往關係爲主線，重點剖析一下愛因斯坦對馬赫的批評。

§10.1 馬赫與愛因斯坦的交往

馬赫首次提及愛因斯坦好像是在1909年。當時他在《能量守

---

❶ 李醒民：《激動人心的年代》，四川人民出版社（成都），1983年第1版，1984年第2版。
❷ 李醒民：《人類精神的又一峰巔》，遼寧大學出版社（瀋陽）將於1995年出版。

恒》第二版中加了一個新注，表示贊成愛因斯坦的相對論:

> 空間和時間在這裡未被看作是獨立的實體，而是現象相互依賴的形式。於是，我贊同相對性原理，我也在我的《力學》和《熱學》中堅持贊成它。(*HR*, p. 95)

也就是在這一年，馬赫把他的再版書寄贈給愛因斯坦，由此引發了二人之間的通信。馬赫給愛因斯坦的信無從找到，但是從愛因斯坦致馬赫的信中可以看出，馬赫「對相對論感興趣」。在《能量守恒》再版的序言中，馬赫首次對普朗克1908年12月的萊頓講演作出了反應。此後，馬赫一直關心著愛因斯坦的相對論和其後的研究，他在1914年致彼得楚爾特的兩封信中也對愛因斯坦的相對論表示好感。

1910年代初，在弗蘭克的安排下，馬赫在維也納附近的住所會見了愛因斯坦❸。當時馬赫已是年逾七旬的老人，愛因斯坦剛剛三十出頭，弗蘭克則是二十多歲的小伙子。弗蘭克回憶當時見面的情景:

> 馬赫經受了嚴重偏癱的折磨，從他的崗位退休了。他住在維也納郊區的一所房子內，從事他的研究，偶爾接待來訪者。進入他的房間，人們看到一個蓄著蓬亂的灰絡腮鬍子

❸ 關於這次會見的具體時間，伯恩斯坦認爲在1912年前後（*PSL*, p. xvi)，布萊克默估計可能在1910年前後 (*EM*, p. 253)，沃爾特斯說在1910年9月，但弗蘭克和愛因斯坦均回憶說是在1913年 (*PSL*, p. xvi, *E1*, p. 627)。

的人，這個人臉龐一半顯得溫厚，一半顯得狡黠，看起來像一個斯拉夫農民。他說:「請大聲給我講話。除了我的其他令人不快的特徵外，我幾乎全聾了。」(*PSL*, pp. xvi-xvii)

這次會見時間不長，似乎沒有觸及相對論，也許馬赫迴避它，或者態度不明朗。愛因斯坦力圖說服馬赫接受玻耳茲曼的原子論進路。使愛因斯坦感到快慰的是，馬赫在邏輯經濟的意義上同意了原子假設。(*K1*, pp. 627-628)

1913年7月，馬赫在慕尼黑近郊法特爾斯特滕村爲《光學》第一卷寫了序言，該書由於種種原因直至馬赫逝世後五年才出版。馬赫在序言——該序言後來引起一場爭論——中寫道:

從我收到的一些出版物中，特別是從我所收到的信件中，我推測我正在逐漸地被看作是相對論的先驅。我現在就能大致想像出，在我的《力學》一書中表達的許多思想，以後將從相對論的觀點遭到怎樣的解釋和誤解。

正如我不止一次看到的，可以預期，哲學家和物理學家將會繼續討伐我，因為我是一位在各個知識領域具有新穎思想的無偏見的漫遊者。無論如何，我必須斷然否認我是相對論的先驅，正如我拒絕當今的原子論信念一樣。

我之所以達到不相信當前的相對論的地步，是因為我發現，相對論變得越來越教條了，此外還有一些特別的理由——基於感官生理學的考慮，認識論的保留，尤其是從我的實驗得出的洞察——把我引向這樣一種觀點，這一切必須留待以後討論。

> 致力於相對論研究的不斷增加的思想的確將不會喪失；它對數學而言已經是富有成效的，並且具有永恒的價值。然而，作為一種能夠在眾多新觀念擴大的領域中找到位置的理論，它將會在未來某個時期在世界的物理學概念中保持自己的地位嗎？在這門科學的歷史中，它將證明不僅僅是曇花一現的靈感嗎？④

雖然無法肯定愛因斯坦上中學時是否學習過或聽說過馬赫有影響的物理學教科書，但是在上大學期間（1896-1900），他在貝索的推薦下首次（1897）讀了馬赫的《力學》，同時還自學過帶有強烈馬赫色彩的弗普爾的電磁學教科書。在「奧林比亞科學院」時期（1902-1905），愛因斯坦又一次和他的幾位摯友一起學習、討論過《力學》。1904年，在「馬赫主義」大本營的蘇黎世，愛因斯坦還參與了一個馬赫取向的小團體的活動。1911年，愛因斯坦到馬赫思想影響濃厚的布拉格大學任教，他還與許多著名學者一起簽署了實證論哲學學會宣言，在柏林掀起了學習和宣傳馬赫思想的運動。在1909年至1913年間，愛因斯坦給馬赫寫了

---

④ E. Mach, *The Principle of Physical Optics,* Translated by J. S. Anderson and A. F. A. Young, Dover Publications, Inc., 1926, p. vii.

四封信❺，其中第三封信未署日期❻。這四封信透露出這樣的信息：愛因斯坦欽佩馬赫的力學著作和充沛精力，肯定馬赫天才的科學貢獻和巨大的認識論影響，推崇馬赫是相對論的先驅（未用「先驅」一詞），表白在馬赫與普朗克爭論中站在馬赫一邊，自稱是馬赫的「虔誠的學生」。

在馬赫和以馬赫爲首的批判學派的影響下，愛因斯坦早期哲學思想帶有強烈的懷疑的經驗論的色彩。廣義相對論的成功（1915年11月）使愛因斯坦看到，科學理論具有高度抽象、思辨和虛構的特徵，感性知覺並不是至高無上的，純粹思維在某種意義上可以把握實在。就這樣，愛因斯坦不得不作出痛苦的抉擇，逐漸地、緩慢地偏離、背棄了馬赫，「轉變」到霍耳頓所謂的「理性論的實在論」❼，或我杜撰的「科學理性論」❽和「綜合實在論」❾。雖說愛因斯坦在1916年3月14日還寫了悼念馬赫的動人

---

❺ 董光璧：<論愛因斯坦致馬赫的信>，《自然辯證法通訊》（北京），第6卷（1984），第6期，頁10-19。這四封的所寫日期依次是：1909年8月9日，1909年8月17日，不詳，1913年6月25日。

❻ G·沃爾特斯：<恩斯特·馬赫和相對論>，李醒民譯，《自然科學哲學問題》（北京），1988年第1期，頁56-62。該文指出，赫爾內克（F. Herneck）認爲在1912年/1913年之交，或者1912年前後；霍耳頓認爲在1911-1912新年前後；派斯（A. Pais）認爲在1913年1月；而他本人認爲在1913年/1914年新年前後。

❼ G·霍耳頓：《科學思想史論》，許良英編，河北教育出版社（石家莊），1990年第1版，頁38-83。

❽ 李醒民：<走向科學理性論——也論愛因斯坦的哲學歷程>，《自然辯證法通訊》（北京），第15卷（1993），第3期，頁1-9。

❾ 李醒民：<論愛因斯坦的綜合科學實在論思想>，《中國社會科學》（北京），1992年第6期，頁73-90。

的頌詞 (*E1,* pp. 83-90)，但是在1917年4月29日和5月13日寫給貝索的信中，卻把馬赫喻爲堂吉訶德的「瘦馬」和「小馬」，並批評馬赫只能破壞而不能創造 (*E3,* p. 431, 432)。1921年，馬赫遺著《光學》出版了。恍然大悟的愛因斯坦深感失望和痛苦，他於1922年4月6日在巴黎同科學家和哲學家討論問題時，首次正式地、公開地批判馬赫，《法國哲學學會公報》和英國《自然》周刊在1923年對此作了詳細報導 (*E1,* pp. 168-169)。此後，愛因斯坦還利用有關場合，對馬赫思想進行了全面的清算，不過他仍然實事求是地多次尊稱馬赫是相對論的「先驅」(*E1,* p. 273)。

§10.2 愛因斯坦對馬赫的批評及其辨析

關於愛因斯坦對馬赫思維經濟原理的批評，我們在第四章已作了論述。現在，我們擬就愛因斯坦對馬赫批評的其餘幾個主要方面，逐一加以討論和分析。

一、愛因斯坦批評馬赫哲學「不可能創造出什麼有生命的東西，只能撲滅有害的蟲豸。」(*E3,* p. 432; 1917年)

這話說得絕對了，而且也不完全符合事實，是一種有著強烈感情色彩的私下議論。誠然，馬赫哲學，尤其是他的實證論如斯圖迪 (E. Study) 所說，是「一種依然完全不滿足的存在，一個飢餓的、捕食犧牲品的哲學猛獸。」[10] 但是，它絕不是「否定

---

[10] P. Frank, The Importance of Ernst Mach's Philosophy of Science for Our Times, in *PP,* pp. 119-234.

論」，它並非只有破壞性而無建設性。事實上，它對相對論和量子論的建立都起過直接的和間接的促進作用，因此連普朗克也認爲應給馬赫哲學以榮譽，因爲馬赫哲學在「科學破產」的聲浪中爲科學謀求了穩固的基礎。馬赫在哲學上也有許多創新，在當時乃至現在都產生了，並將繼續產生不可低估的影響。在科學上，馬赫的時空相對性、馬赫原理、廣義協變、等價原理、近接作用、物理學與幾何學的結合、把動力學化歸爲運動學、現象論物理學等思想，以及有關科學方法論和探索心理學的論述（比如思想實驗、幻想和想像力、直覺、科學美等），都作爲愛因斯坦的建設性的成分溶入愛因斯坦的思想和理論之中。

其實在愛因斯坦之前，就有人對馬赫存有類似的批評和誤解。馬赫在爲自己辯護時說：

> 我的著作中貌似破壞性的傾向，僅僅是針對摻入我們概念中的多餘的、會迷誤人的東西。這樣，我相信我就把心理的東西與物理的東西、主觀的東西與客觀的東西的對立正確地歸結為本質的東西了，同時也就把傳統的迷信的觀點清洗出去了。這樣做並沒有改變科學地建立起來的觀點，同時卻為新的觀點獲得了地盤。我也不願意以自滿自足、不知悔悟的態度，摒棄值得認識和可以認識的東西，去代替挽詩哀悼或仰天長嘆的「不可知論」。(*GJ*, pp. 281-282)

儘管馬赫的意圖「不是旨在把新哲學引入科學，而是旨在從科學中清除舊的和僵化的哲學」(*KE*, p. xxxii)，但是他並未忘記哲學的綜合功能和探索功能，他爲此作出的許多可貴的新嘗試和有啓發性的新成果就是明證。

不可否認，在理論物理學領域，馬赫的批判氣勢或多或少地掩蓋了創造性思維；他的批判思想的摧陷廓清的歷史作用，也使建設性的作爲相形之下顯得有些黯然失色；而且，馬赫也許沒有意識到，摒棄把力學作爲物理學基礎的力學自然觀，並不意味著物理學沒有類似的共同基礎（愛因斯坦終生都在爲構造這樣一個基礎而努力）。但是，我們沒有理由苛求舊秩序的批判者和啓蒙者都是新秩序的建設者和創造者，更何況馬赫並不是嚴格意義上的理論物理學家。（他是一位出色的實驗物理學家！）也許愛因斯坦獻給牛頓的頌詞同樣適用於馬赫：「你所發現的道路，在你那個時代，是一位具有最高思維能力和創造力的人所能發現的唯一道路。」(*E1,* pp. 14-15) 這才是所謂的歷史的辯證法。

二、愛因斯坦批評馬赫說：「他不僅把『感覺』作爲必須加以研究的唯一材料，而且把感覺本身當作建造實在世界的磚塊，……只要他把這種想法貫徹到底，他就必然會不僅否定原子論，而且還會否定物理實在這個概念。」(*E1,* p. 438; 1948年) 他還批評馬赫「忽略了」「這個世界實際上是存在的」(*E1,* p. 213; 1926年)，馬赫認爲「感覺材料是唯一的實在」(*E3,* p.394; 1952年—1954年)，「事實本身能夠而且應該爲我們提供科學知識。」(*E1,* p. 22; 1946年)

愛因斯坦的這些批評實際上分爲兩個方面，即是從認識論或知識論和本體論上對馬赫感覺論的經驗論的批評。愛因斯坦的前一半批評確實有一定的道理，但把話講得絕對了。馬赫的感覺論的經驗論確實有些過於激進、過於徹底了，他把感覺經驗和感性事實的作用過分看重了，而在一定程度上輕視或低估了概念化和理論化的作用。在馬赫看來，「感性事實既是物理學家用思想適應經驗的一切活動的出發點，也是它們的目的。」(*GJ*, p. 251)「對於物理學家來說，測量單位是建築的基石，概念是建築工具，而事實是建築的結果。」(*PTH*, p. 370) 誠然，馬赫的類似言論也有其理由，因爲科學的智力之樹畢竟扎根於經驗的土壤: 它從感性事實中萌生，最終要用感覺經驗檢驗。但是，感覺經驗終歸難以支撐龐大的科學系統，而且經驗並非都十分可靠，它在質上和量上也很欠缺。雖然有些科學概念（比如力、溫度等）必須從經驗中汲取營養和力量，但是另外一些概念（比如熵、量子、夸克等）距離感覺經驗實在太遙遠了。因此，波普爾拒斥「經驗科學可以還原爲感性知覺」的觀點（馬赫在某種程度上持有這樣的觀點）; 他雖然承認科學有經驗基礎，但他用輕蔑的沼澤地隱喻（是否又在相反的方向上走過頭了一些？）來詮釋這個經驗基礎⓫。

在這裡請不要忘記我們前面的論證: 馬赫並不是一位極端的或狹隘的感覺經驗論者，他也肯定了科學中的種種智力因素的巨大意義，強調「概念的形成對科學來說是多麼重要」(*KE*, p. 98)，並爲有人批評他「過分的重視感性和相應地不了解抽象作用和概念思維的價值」作了強有力的辯護 (*GJ*, p. 280)。而且，馬赫在不同場合多次講過類似下面的偏向於理性論的言論:

與觀察（因為總是有大量的和複雜的附屬環境的影響）實

⓫ K. Popper, *The Logic of Scientific Discovery*, London, 1959, p. 93.

> 際上能夠保證的相比，理論則更簡單、更精確地描述了事實，只有理論符合明確的決定性的理想。理論的這種精確性能使我們通過一系列相等的或不等的步驟，演繹出具有深遠意義的與該理論一致的推論。(*KE,* p. 357)

費耶阿本德正是羅列了馬赫的一大堆同樣的且具有辯證法思想的言論，列舉了愛因斯坦的一系列強調感覺經驗重要性的論述，認爲馬赫是辯證理性論者，而愛因斯坦是非理性的實證論者，他的論述更接近馬赫，更接近實證論⓬。儘管我們不同意費耶阿本德的最終結論，但是他據以立論的材料確實說明，馬赫並非絕對地「把感覺作爲必須加以研究的唯一材料」，並非絕對地認爲「事實本身能夠而且應該爲我們提供科學知識」。

尙須注意的是，馬赫所謂的「事實」並不是僅指「感性事實」，它的涵義更爲廣泛。馬赫認爲，除了以概要的形式收集盡可能多的事實外，自然科學還有另一個問題，即把比較複雜的事實分解爲盡可能少、盡可能簡單的事實，這就是說明。正是在這個意義上，馬赫贊同邁爾 (J. R. von Mayer, 1814-1878) 的觀點:「如果一個事實在它的所有方面都被認識，那麼事實用那種知識就被說明了，科學的問題也就終結了。」(*HR,* p. 58)

至於愛因斯坦從本體論上的批評，在下一章論述馬赫所謂的「唯心論」時再詳加探究。不過，馬赫並沒有想用感覺作爲構造物質論者或樸素實在論者的獨立於人的外在世界的磚塊，他至多

⓬ P. K. Feyerabend, Mach's Theory of Research and Its Relation to Einstein, *Stud. Hist. Phil. Sci.,* **15**(1984), pp. 1-22.

只是把它當作構成唯一的現象世界的要素而已。而且，馬赫並未否定物理實在，他的實在原理只是把物理實在限定於可觀察的現象領域，他是偏愛關係實在而不喜歡實體實在的關係實在論者。他認爲物理要素是不可懷疑的，樸素實在論的觀點的價值怎麼高估也不過分。在這個問題上，愛因斯坦有些過分拘泥於樸素實在論的獨立於人的外在世界的觀點了，這也是他與玻爾爭論長期未能獲勝的重要原因之一。要知道，自然界先於人而存在，生命的統一性先於自我和客我的區別而存在，人又先於自然科學而存在；自然界是一次給定的，人以及人的思想又是自然界的一部分；因此，以自然界爲研究對象的自然科學也是人爲的和爲人的，以客觀性著稱的科學理論也是主體間性的。誠如馬赫所言：「改變人的眼睛，你就改變了他的世界概念。」(*PSL*, p. 82)

三、愛因斯坦批評馬赫「相信毋須自由的概念構造」，「他沒有正確闡明思想中，特別是科學思想中本質上是構造的和思辨的性質；因此，正是在理論的構造的—思辨的特徵赤裸裸地顯示出來的那些地方，他卻指責了理論，……」(*E1*, p. 22, 10; 1946年)「他沒有認識到概念的形成中的那自由構造的元素，他在某種程度上認爲，理論產生於發現，而不是產生於發明。」(*E3*, p. 475; 1948年)

愛因斯坦作爲一個科學理性論者，十分強調概念的自由創造和基本原理的虛構特徵。其實，馬赫不僅多次講過抽象和概念在科學中的意義和價值，而且也洞察到概念形成中的自由構造元素和理論中的某種虛構成分。他指出：

概念的選擇受事實的啓示；可是，看看這種選擇是我們在

思想中任意摹寫事實的結果，則知在這件事情上留有自由的餘地。(*KE,* p. 291)

馬赫不贊同歸納法，他注意到：「從特殊達到較一般的情況卻包含著某種任意性，這是很自然的，不同的探索者在這裡採取不同的路線。」(*KE,* p. 306) 在談到自然探索者所使用的空時概念時，馬赫說:「我們認淸在不破壞事實的情況下，能夠設想任何空間的或時間的構造。」(*KE,* p. 324) 馬赫提出的「n 維離子」概念，就是這樣的有用的虛構。

馬赫完全了解，物理學中的兩類概念都是理智的構造，其中距離感覺經驗比較遙遠的那類概念，更是科學家精神的最高創造。儘管這類概念缺乏返回感性知覺的直接通道，但它們的提出依然或多或少受到事實的啓示，而且也不能最終違背事實。在馬赫看來，在構造概念和理論時，科學家並不是完全自由的，割斷回到實驗室的生命線的空洞幻想對科學毫無價値，喪失與實在的接觸只能導致夢一般的無節制和不幸的畸形理論。馬赫反對純粹虛構假設的科學，因爲這種科學完全脫離感覺經驗，使科學變成空中樓閣。

其實，在概念形成和理論構造方面，愛因斯坦與馬赫的看法並無實質性的差異，而且他們都不推崇歸納法，都強調抽象、直覺、審美、想像、猜測乃至幻想的作用和價值。只不過兩人關注的重點有所不同：馬赫更明確地申述與感覺經驗的聯繫，愛因斯坦則更強烈地主張思維的自由創造、理智的自由發明和概念的思辨、虛構特徵（他並未離開經驗基礎）。

至於「發現」和「發明」問題，馬赫把科學創造稱爲發現，其目的在於促進科學洞察或消除智力不安；技術創造則是發明，它具有實用的目的，爲的是消除物質方面的困難；此外，二者之間幾無差別。在愛因斯坦看來，科學家是發明還是發現理論的問題，涉及到經驗材料對他們思維的影響程度。所謂發明，愛因斯坦意指精神跨越以感覺和材料爲一方，以概念和原理的創造爲另一方的二者之間的鴻溝；所謂發現，則意指按照現存在的模式或智力圖象整理經驗材料。愛因斯坦認爲發明是通向創造性思維的道路，但他在文章中常常混用這兩個詞⑬。由此可見，在對科學創造過程的看法上，馬赫和愛因斯坦並沒有實質性的分歧，至於是科學「發現」還是科學「發明」，主要是一個用詞習慣和偏好問題。

四、愛因斯坦批評說:「按照馬赫的看法，科學不過是一種用我們逐步摸索得來的觀點和方法，把實際給予我們的感覺內容加以比較和排列的結果。」⑭ (*E1*, p. 84; 1916年)「馬赫的體系所研究的是經驗材料之間存在著的關係；在馬赫看來，科學就是這些關係的總和。這種觀點是錯誤的，事實上，馬赫所作的是在編目錄，而不是建立體系。」(*E1*, p. 169; 1922年)。

與彭加勒的科學理論三級結構(事實、定律、原理)⑮和愛因斯坦用探索性的演繹法建構的邏輯嚴謹的原理理論——狹義相對

⑬ 李醒民等主編:《思想領域中最高的音樂神韻——科學發現個例分析》，湖南科學技術出版社 (長沙)，1988年第1版，頁2-3。

⑭ 這是愛因斯坦在悼念馬赫的文章中所寫的話。他當時只是客觀的介紹，並無批評之意，但後來不同意馬赫的這種觀點。

⑮ 李醒民:《理性的沉思》，遼寧教育出版社 (瀋陽)，1992 年第 1 版，頁168-173，242-247。

論和廣義相對論⑯——相比，馬赫似無一個比較明晰的科學理論結構構架。在馬赫看來，科學是對事實的描述或整理。馬赫說：「一旦經驗明確地展現這些事實，而且科學已經把它們經濟地、清楚地排列成序，毫無疑問我們就可以理解它們，除了從心理上把握事實之外，絕不存在什麼別的『理解』。科學不是從事實中創造事實，而僅僅是整理已知事實。」(*PSL*, pp. 210-211) 在第三章我們已講過，馬赫的科學觀是描述論的。儘管馬赫認爲理論或理論觀念 (theoretical idea) 能夠擴展事實且高於觀察，但仍認爲它們落入需要被直接描述代替的間接描述之中 (*PSL*, pp. 240-241)。因而，理論僅有暫時的意義，在終極科學中是沒有地位的。法則、公式、定律一點也不被個別事實的集合具有更眞實的價值，而僅具有經濟的價值 (*HR*, p. 55)。更普適的物理學定律與描述並無本質的不同，它只是比較簡明、扼要、綜合而已 (*PSL*, pp. 254-255)。科學說明卽是用要素所作的描述，它只不過把事實分解得更少、更簡單罷了 (*GJ*, p. 260)。馬赫這種科學觀確實有很大的局限性，它很難容納高度抽象、極其嚴謹的相對論和量子力學這樣的理論體系。愛因斯坦的批評不無道理。與他的下述觀點相比較，馬赫的科學框架就顯得太單薄了：

> 事實上，表現在我們「自然規律」中的普遍性的聯繫，不僅僅是由觀察資料建立起來的；除非我們從理性的構造著手，否則這些聯繫就無法表達和推導出來，而理性的構造不能只是經驗的結果。其次，科學並不滿足於提出經驗規

⑯ 李醒民：＜論愛因斯坦的探索性的演繹法＞，《自然科學發現經驗的探索》，福建人民出版社（福州），1988年第1版，頁215-233。

律；它倒是試圖建造這樣一個邏輯體系，這個體系是以為數最少的前提為根據，並把一切自然規律都包括在它的結論之中。這個體系——或者更確切地說它所代表的許多概念的總體——是同經驗的對象相對應的。(*EI*, p. 368)

布雷德利認爲，馬赫把科學建立在「給予的」基礎上，而不是建立在「理性的」基礎上。在馬赫看來，感覺經驗是科學的基礎，理論的體系化是次要的。馬赫的科學觀是感覺優於思維，描述優於說明，直接描述等於科學定律，間接描述等於科學理論。布雷德利批評説，不管科學描述論觀點本身可能多麼重要和眞實，它不能是科學的全部眞理。在通常的意義上，人們不能描述未發生的事，即不能描述未來。事實上，現有的科學理論比間接描述自然界作得更多，它激勵創造性的才能，給予驚人的預見功能。況且，經驗在交流之前並未變成科學，但交流的又不能是我們的經驗，因此一些基本的陳述是必不可少的。科學家一般並未用直接描述代替間接描述，從白屈菜酸的結構式退回到黃葉片的時間和空間坐標是不可取的，也是不必要的⑰。希伯特批評馬赫過於近視地傾向於概略地處理現象世界給予的材料，以致不容許他自己探索科學宏偉的、統一的概念框架。儘管馬赫鼓勵概念的多元化，主張以不同的、互補的方式審查資料而加深對自然現象的理解，但他對普遍的理論綜合感到不安，總擔心包入危險或引進形而上學(*KE*, p. xx-xxii)。

---

⑰ J. Bradley, *Mach's Philosophy of Science*, The Athlone Press of the University of London, 1971, pp. 207-215, vii.

但是，也有人不同意對馬赫的這些指責。弗蘭克說，「經典」實證論者孔德和馬赫並不認爲自然定律可以簡單地從經驗「得到」。他們知道，必定存在著一種理論的出發點，一種爲了將其結果與觀察相比較而通過人的想像建立起來的原理體系。無論如何，基本符號和聯繫它們的定律可以看成是從那些能夠經受住直接經驗檢查的原理出發而導出的邏輯結論，這是邏輯實證論和經典實證論共同具有的主要特徵之所在⑱。哈勒爾(R. Haller)把馬赫的科學理論結構圖景概括如下：(1) 一個假設的基本功能是，它導致新的觀察和實驗，從而反駁或修正我們的猜測，因而開拓經驗。(2) 然而，一個實驗的否定結果，也卽一個假設的證僞絕不可看作是決定性的。(3) 在自然科學中，從一個前提到若干結論之確鑿的確定，在可感知的實在中是不存在的，而僅在理論中存在。(4) 通過任何類歸納程序獲得的結果必須用演繹檢驗。(5) 像人的任何其他創造物一樣，科學也是歷史的產物，而歷史則易於導致偏見和墨守成規。(6) 不僅存在生命的進化，而且存在知識的進化；知識本身促進生命。(7) 只有詩人的想像才使得能夠發現新的問題和方法，其價值在於它是否能成功地適應或破除現有的理論結構。哈勒爾得出結論：

> 思考這七條命題(可以很容易地把馬赫著作中的其他許多相容命題補充在它們之中)，就像打開本世紀科學理論的

---

⑱ F. Frank, Einstein, Mach, and Logical Positivism, in *Albert Einstein: Philosopher-Scientist,* edited by P. A. Schilp, Tudor Publishing Company, New York, 1949, pp. 271-286.

> 一本著作：這一切都可以毫不修改地看作為現存公認的知識財富。而且，這些想法也可以在那些人那裡看到，這些人在自己的著作中把馬赫列入錯誤理解科學的人當中。⑲

這些話無疑可以認爲是對愛因斯坦的反批評。

費耶阿本德針鋒相對地對愛因斯坦進行了反駁。他說，許多人重複「馬赫所作是在編目錄，而不是建立體系」的責難，這是不符合事實的。馬赫強烈地強調需要使普遍事實擺脫個人觀察和實驗的特殊性，並總是「注意整體」。正如馬赫所述，力學的漸近發展在於逐漸揭示「一個大事實」。最多產的科學家具有「廣闊的觀點」，天才的科學家能夠「明確察覺到貫穿所有事實的原理」，「在自然過程中直覺到它」，而樸素的觀察者則要受「次要情況」左右，難以選擇和注意本質的東西。因此，富有成效的科學家不枚舉事實並把它們排列成表，他們或重構它們，或致力於「構造性的努力」，從他們自己的「觀念存貯中」建立「理想案例」。他們也不滿足於一致性，他們尋求「更大的和諧」，他們在普遍事實和本能原則中發現了它。在馬赫看來，爲了試圖發現世界秩序，科學家探索原理，或者通過諮詢實驗以蹣跚的、不確定的方式發現，或者本能地借助思想實驗和由此引出的概括發現。原理定義了一種思維風格，我們用這種方式「概述」或「理想化」已知事實。這是眞正的創造性行爲，它通過重建和改變事實和觀念而把二者聯繫起來。馬赫對傳統的歸納法是持批判態度的，他偏愛直接地和「本能地」使用具有最大普遍性

---

⑲ R. 哈勒爾：<詩人的想像和經濟：科學理論家馬赫>，周昌忠譯，《科學與哲學》(北京)，1984年第5輯，頁88-101。

的原理，由於原理因我們環境的穩定性「可以用來作爲數學演繹的起點」。費耶阿本德甚至斷言，愛因斯坦 1905 年相對論論文的程序也是馬赫描繪和推薦的程序⑳。

這些反批評也是有一定的根據的，而且並非完全不合情理，儘管費耶阿本德顯得較爲偏頗，尤其是最後的斷言似有武斷之嫌。不過，愛因斯坦的批評著實忽略了馬赫硬幣的另一面，因而所招致的反批評也就不足爲怪了㉑。不管怎麼說，馬赫對待理論化的保守態度畢竟也是一個事實，現代科學從經驗論向理性論的回擺，愛因斯坦等人後來擺脫馬赫的實證論，也說明了這一點。

五、愛因斯坦批評馬赫「不能容許」「理論的思辨性」(*E1*, p. 439; 1948 年)，批評包括馬赫在內的實證論者的致命的「對形而上學的恐懼」(*E1*, p. 410; 1944年)。

在上一章我們已說明，馬赫是反形而上學的先行者。在馬赫看來，所謂形而上學是康德意義上的，即研究在經驗之外存在的事情。馬赫在他的指稱現象論的框架內，也把形而上學定義爲那些我們不能清楚地追溯其來源和歷史的觀念。如果一種觀念在理智上不能與其他觀念歷史地聯繫起來，或一種事物與其他現象無關，我們便稱其爲形而上學。一般而言，一個參照物與其他對象或觀念具有的關係越少，它就有較多的形而上學。馬赫以及後來

---

⑳　同⑫。

㉑　哲人科學家由於經驗事實給他規定的條件，不能固守一隅，而必須在對立的兩極保持「必要的張力」，這就必然表現出一種積極的「機會主義」特徵。因此，對哲人科學家思想的研究和分析，就應該全面而細緻，切不能以偏概全、道聽塗說。參見李醒民：〈論作爲科學家的哲學家〉，《求索》(長沙)，1990年第 5 期，頁51-57。

的邏輯經驗論者通常也把思辨的、不可證實的理論化的東西稱爲形而上學。於是，牛頓的「隱祕的質」，康德的「物自體」，還有所謂「潛在的原因」，以及絕對時空、絕對運動等等，在馬赫看來都是形而上學的朦朧，都是概念的怪物和思想的畸胎，都在清除之列。

馬赫反形而上學態度，源於他的感覺分析或作爲其外觀的科學統一概念，也基於他的教學和社會經驗。馬赫深信，人的思想不能比處理感覺要素走得更遠；正如弗洛伊德「潛意識的抑制力」限制人的本能欲望一樣，馬赫也期望它能限制人的智力渴望。馬赫牢牢地看守著科學的大門，不讓那些個人的臆想、幻覺、宗教感情之類的東西闖入科學。但是，愛因斯坦卻具有強烈的「宇宙宗教感情」[22]，而且在1920年所寫的一封信中說：「一元論對宗教組織的挑釁立場原則上是不公正的。在我看來，對人類而言，宗教儘管以最原始的形式傳達的超個人的內容，也比海克爾的唯物論更有價值。我認爲，宗教的廢除即使在今天也會導致精神的和道德的枯竭，……」沃爾特斯對此評論說：馬赫並不具有愛因斯坦的這種形而上學的慷慨[23]。

馬赫拒斥形而上學也以他的經濟理論爲根據。他在《感覺的分析》中說：

---

[22] 李醒民：<愛因斯坦的「宇宙宗教」>，《大自然探索》（成都），第12卷（1993），第1期，頁109-114。

[23] G. Wolters, Mach and Einstein in the Development of the Vienna Circle, *Acta Philosophica Fennica*, **52** (1992), pp. 14-32.

> 一切形而上學的東西必須排除掉，它們是多餘的，並且會破壞科學的經濟性。(*GJ*, iii)

他進而表明：從科學的經濟課題出發，查明現象的相互依存和被給予的東西的關係，形而上學即可隨之消失。馬赫提請人們注意：「當我力圖清除自然科學說明中的一切形而上學時，我的觀點並不是說，所有用來作爲圖象的觀念都要被排除，如果它們是有用的並僅僅被視爲圖象的話。」(*PTH*, pp. 333-334)

馬赫反形而上學的意圖也許是，爲自然科學謀求一個堅實的經驗基礎；在科學與非科學乃至僞科學之間劃出一條分明的界線；把人們從形而上學假問題的徒勞無益的爭論中解放出來，從而致力於眞正的科學研究。馬赫在《力學》第七版序言(1912)中的一段話恐怕是針對愛因斯坦說的：「在上世紀末，我的力學研究被順利地作爲一種準則。但是現在，康德傳統再次得勢，人們重新要求力學的先驗基礎。」(*SM*, p. xxvii) 雖然馬赫的意圖是好的，他的作法本身好像也沒有過多的值得挑剔的東西，但是問題在於：高度抽象的科學理論本身就具有與生俱來的形而上學的思辨性，能否成功地將它們一刀兩斷？科學家作爲一個活躍的思維者，他能否僅滿足於「知其然」(自然界是怎樣的以及它的變化是怎樣進行的) 而不追究「其所以然」(自然界爲什麼是這樣的而不是別樣的)？在這種意義上，愛因斯坦的下述說法是言之有理的：「任何理論都是思辨性的」，「人們沒有『形而上學』畢竟是不行的」(*EI*, p. 502, 411)。愛因斯坦在1930年批評石里克的話同樣也適用於馬赫：

事實上，物理學提供感覺經驗之間的關係，但僅僅是間接提供的。在我看來，物理學的本質絕不是用這個斷言就能詳盡無遺地概括出特徵的。我率直地向你提出：物理學是嘗試用概念構造真實世界的模型以及這個世界受定律支配的結構的模型。的確，它必須嚴格地描述我們可以達到的那些感覺經驗之間的經驗關係；不過，它只有這樣才能與感覺經驗聯繫起來。……你將為愛因斯坦是一個「形而上學家」而感到奇怪。但是，在這方面，每一個四條腿和兩條腿的動物實際上都是形而上學家。[24]

皮爾斯在他的《心靈哲學》中的評論也值得人們仔細體會：

馬赫是屬於自稱是經驗論哲學家的派別，他的目的在於使他們從所有形而上學的束縛中解放出來，並徑直地走向事實。這種嘗試也許是值得高度稱讚的——如果有可能實現它的話。但是，經驗表明，經驗論者恰如任何其他哲學家一樣，也是形而上學的，不過其差別在於，未被他們辨認出的、與其他哲學家一樣的預先設想的觀念在面對所有的觀察事實時，更加暗中為害，更易於飄忽不定。（*KE*, p. xvii）

六、愛因斯坦批評說：「馬赫可算是一位高明的力學家，但

[24] D. Howard, Realism and Conventionalism in Einstein's Philosophy of Science: The Einstein-Schilick Correspondence, *Philosophia Naturalis*, **21**(1984), pp. 616-629.

卻是一位拙劣的哲學家。」[25] (*E1*, p. 169; 1922年)

這是愛因斯坦對馬赫最嚴厲的批評，帶有強烈的情緒化色彩，它僅出現過一次。對照前述的馬赫哲學，不難看出它是嚴重失之公正和謹愼的。其原因在於，愛因斯坦在《光學》(1921)出版前，一直自以爲馬赫關心和支持相對論的。當他知道自己似乎受到矇騙時，其憤懣之情是可想而知的。其結果，1922年4月在法國哲學學會回答問題時，即席講了馬赫是「可憐的哲學家」這句欠考慮的話。事隔不久，愛因斯坦就從沉重的打擊中恢復了鎭靜，肯定了馬赫的歷史功績，實事求是地稱馬赫爲相對論的先驅，並把馬赫晚年反對相對論歸咎於馬赫年事已高、嚴重癱瘓以及對相對論的思辨性不滿意。

§10.3 馬赫與相對論

馬赫最終沒有接受相對論或曰反對相對論[26]，在學術界似乎已成定論。馬赫在《光學》序言中提出了反對的三個理由，其所指有些至今仍不十分清楚。霍耳頓認爲馬赫反對相對論的原因在於馬赫的感覺論哲學和描述論的科學觀[27]。布萊克默認爲原因在於馬赫受丁勒影響而不能容忍相對論的四維時空形式(*EM*, pp.

---

[25] deplorable philosophe 似譯爲「可憐的哲學家」或「可悲的哲學家」較爲妥貼。

[26] 限於篇幅，此處無法詳細討論這個問題，這裡僅作一概要闡述。我擬在我的另一部著作中展開分析。馬赫反對原子論和相對論，長期以來是兩樁學術公案，至今仍衆說紛紜。

[27] 同[7]。

247-285)。費耶阿本德則認爲，普朗克把相對論的不變量看作是他假定在科學世界和感覺世界的絕對實在的一部分，這導致馬赫把相對論視爲教條主義而加以反對[28]。

原西德青年學者沃爾特斯在紀念馬赫《力學》出版一百周年發表的文章[29]中一反公認的觀點，認爲《光學》序言和《力學》第九版(1933)序言中關於反對相對論的引文是馬赫的大兒子路德維希僞造的。他認爲馬赫並未反對相對論，其證據之一是愛因斯坦寫給馬赫的第三封信（他把時間確定爲1913年／1914年新年前後），其中有「我對你對新理論所表示的善意關心而感到十分高興」；其證據之二是馬赫寫給彼得楚爾特的兩封信：

> 其間，我收到了一本包含你關於相對論的文章的雜誌，這真使我高興，不僅是因為你承認我對這個論題的微薄貢獻的功績，而且同樣也有其他方面的原因。（1914 年 4 月27日）

> 所附的愛因斯坦的信是實證論哲學侵入物理學的證據。你應當為此高興。一年前哲學還是極其愚笨的 —— 詳情證實了這一點。(1914年 5 月 1 日)

沃爾特斯後來在他出版的書[30]中，把他所設想的僞造稱爲「骯髒

---

[28] 同[12]。

[29] G. 沃爾特斯：<恩斯特・馬赫和相對論>，李醒民譯，《自然科學哲學問題》(北京)，1988年第 1 期，頁56-62。

[30] G. Wolters, *Mach I, Mach II, Einstein und Relativitastheorie,* Berlin/New York, 1987.

行爲」；在提交給布拉格會議的論文[31]中，他把它稱爲「肥皂劇」，把路德維希稱爲「罪犯」（綽號「馬赫二世」）；並認爲關於馬赫反對相對論一說是1960年代反實證論「戰役」發明的謠傳，反實證論今後將由於失去這顆反馬赫的科學哲學炮彈而變得更加困難。

對此，布萊克默寫了長篇文章〈對格雷翁・沃爾特斯的答覆〉，逐行駁斥了「僞造說」。霍耳頓在對沃爾特斯論文的評論中指出，馬赫就相對論及其創始人所作的一切評論都是簡短的和含糊的，從來也未提供十分明確的贊同；沃爾特斯把論據建立在愛因斯坦的兩個詞「善意的關心」（也許是馬赫出於禮貌的評論）上是危險的；把提及的三封信件理解爲馬赫接受相對論也是荒謬的，因爲它們在相反的方向上說得一樣多，且有利的話語也是模糊的、軟弱的。霍耳頓通過對彼得楚爾特的相對論文章的研讀指出，該文是一篇準哲學文章，以表明相對論的基本版本符合馬赫和阿芬那留斯創立的相對主義的實證論。彼得楚爾特對時鐘佯謬無知，在對相對論的敍述中有許多錯誤，其實馬赫也對相對論不甚了解，不知道它是怎麼回事[32]。

馬赫哲學把注意力主要放在了科學的經驗方面——這是有其充分的內在的和外在的原因和根據的——相形之下有點冷落了科學的邏輯和語言分析，這需要用彭加勒的一些思想來平衡和補充。不過，馬赫1912年在《力學》第七版序言中談及他的理由：

---

[31] G. Wolters, Mach on Atoms and Relativity, *Ernst Mach and the Development of Physics, International Conference*, Prague, 1988, pp. 435-463.

[32] 同[31]。

「力學的兩個方面，經驗的方面和邏輯的方面都需要研究。我認爲這在我的書中作了充分明確的表達，雖然我的著作有健全的理由特別轉向經驗的方面。」(*SM*, p. xxviii) 不管怎麼講，馬赫不贊成或反對相對論和原子論[33]，畢竟顯露出馬赫哲學的某些瑕疵和缺陷。然而，誠如石里克所說:

> 馬赫的哲學中有缺點、有矛盾、有站不住脚的地方。但是沒有任何批評可以有損於他作為偉大思想家的聲譽：心平氣和的公正態度、沒有偏見和獨立自主，他就以這些原則作為出發點來研究他的問題，他不可動搖地熱愛真理和明晰性，這些品德在任何時候都能使哲學家作出解放人類思想的事業。[34]

---

[33] 伯恩斯坦提出一個有趣的問題：在某種意義上，夸克 (quarks) 是現代物理學家的原子；雖然人們至今未能分離出一個「裸夸克」，但是卻未見到有玻耳兹曼一馬赫式的爭論，也未爲「你看到了夸克嗎？」而煩惱 (*PSL*, p. xix)。

[34] M. 石里克：<哲學家馬赫>，洪謙譯，《自然辯證法通訊》(北京)，第10卷(1988)，第1期，頁16-18。

第十一章　馬赫與《唯批》

橫看成嶺側成峯，
遠近高低各不同。
不識廬山真面目，
只緣身在此山中。
——宋・蘇軾・〈題西林壁〉

病魔纏身、風燭殘年的馬赫大概作夢也不會想到，在他的生涯中會有一段令人啼笑皆非「插曲」，這就是繼普朗克 1908 年12月 9 日在萊頓大學的講演〈物理世界圖象的統一〉中尖銳攻擊之後，列寧又在《唯批》中對他進行了毀滅性的鞭撻。布萊克默這樣寫道：「列寧決定用極其辱罵性的私人語言去反對他的哲學對手。即使他不能說服他們，他至少能侮辱他們的理智，鬥爭他們，或在某種程度上威脅他們。雖然手段是極其蠻橫的，但是正如我們所知，他是成功的。」(*EM*, p. 244)

由於列寧是一位起著重要歷史作用的政治家和革命家，他的成功宣告了馬赫思想在後來的社會主義國家的「死刑」，也使他的《唯批》被奉爲神明。因爲在缺乏政治民主和學術自由的環境下，沒有幾個學者有勇氣 —— 即便你有學術勇氣和科學良心，也沒有你發表言論和文章的地方 —— 不帶偏見地對馬赫哲學作出客觀、公正的評價。「要是列寧本人還活著，看到這種情況，他很可能會對自己的書由於偶然的政治論戰著作出乎預料地變成了聲望極高的認識論經典著作而感到驚愕。」❶ 在本章，我們擬圍繞列寧對馬赫誤解和曲解展開，順便涉及其他一些問題。

§11.1 列寧撰寫《唯批》背景概述

布萊克默在他的專著中比較詳細地敍述了列寧撰寫《唯批》的背景（*EM*, pp. 232-246)。在十九世紀末，馬赫的科學著作和中學教科書已在俄國流傳，被一些學校作爲教材採用，並出現了一些盜版譯本。

馬赫與著名的俄國工程師兼哲學家恩格爾邁爾（P. K. von Engelmeyer）長期保持通信，他在 1900 年 3 月致馬赫的信中說，馬赫在莫斯科和彼得堡受到若干哲學評論文章的贊揚。他從馬赫的兩本哲學著作中選譯、編輯了馬赫思想的第一個俄譯本，引起了俄國人的興趣，從而導致馬赫一系列著作在俄國的翻譯和出版。當馬赫的《力學》和《認識與謬誤》俄文版於1909年出版時，除《熱學》尚未翻譯外，馬赫關於哲學、科學史和科學哲學的著作都有了俄譯本。恩格爾邁爾還以莫斯科爲大本營，組織了一個實證論學會。該學會以馬赫作爲精神庇護人，其成員有十到二十個第一流的教授和莫斯科的知識分子。情況正如恩格爾邁爾

❶ G. 沃爾特斯：<現象論、相對論和原子：爲恩斯特・馬赫的科學哲學恢復名譽>，蘭徵等譯，《自然辯證法通訊》(北京)，第10卷(1988)，第 2 期，頁16-26。該文依據作者寄給李醒民的打印稿譯出。

1906年3月在信中向馬赫描繪的：「俄國知識界的狀況對於接受你的觀點是十分有利的——自然不是在緊接著的政治即是一切的時刻。」(*EM*, p. 237)

在本世紀頭十年，在精通外語和思想敏感的俄國知識階層，馬赫的哲學思想即便不是牢固地樹立起來，至少也得到了廣泛傳播。馬赫哲學自然也滲透到俄國社會主義的知識分子之中。不少人對馬克思主義者內部日益滋長的教條主義和思想僵化強烈不滿，他們認爲，馬克思的科學社會主義與資本主義發展和工人運動狀況出現了某些脫節，它能夠通過與眾多科學家所堅持的最現代的科學哲學結合起來，從而得以加強和普及，即用馬赫和阿芬那留斯的「經驗批判主義」使馬克思主義多元化❷和現代化，使之與科學結盟。他們真誠地相信，馬赫的科學哲學橫掃了形而上學的過去，他不僅代表了當前的科學思想體系，而且代表了未來科學的思想體系。奧地利的F·阿德勒和俄國的波格丹諾夫（A. Bogdanov, 1873–1928），就是力促馬克思主義多元化和現代化的主要代表。

波格丹諾夫主要哲學著作是《經驗一元論》(三卷，1904–1906)，他爲《感覺的分析》俄文版寫了序言，從而成爲最顯眼的俄國「馬赫主義者」。非馬克思主義者爲他的傾向而生氣，許多社會主義者又反對他的哲學「唯心論」。以波格丹諾夫爲首，俄國一小批社會主義者紛紛著書立說（在半年內出了四本書），

---

❷ 賴興巴赫 (H. Reichenbach, 1891–1953) 說：「我們的哲學並不抹煞眞理和虛假之間的區別。但是，忽視眞理描述的多元性，那就是目光短淺的。」參見他的《科學哲學的興起》，伯尼譯，商務印書館（北京），1983年第2版，頁140。

掀起了一個馬克思主義多元化和現代化的熱潮。

俄國社會民主工黨多數派（布爾什維克）領袖列寧認爲，問題不是使社會主義學說現代化和多元化的問題，而是「攻擊辯證唯物主義」，「對馬克思主義哲學舉行眞正討伐」（*WP*, p. 12）的問題。必須區分馬克思主義和修正主義，必須迫使後者改變觀點，否則就離開黨，或者至少離開該黨的布爾什維克一翼。列寧對波格丹諾夫的著作「異常煩惱和憤怒」，並認爲他「採取了極其錯誤的非馬克思主義路線」(*EM,* p. 241)。鑒於波格丹諾夫被普遍認爲是布爾什維克的第二位重要人物，所以列寧一開始並未親自出馬批判，想讓馬克思主義理論家普列漢諾夫（G. Plekhanov, 1857-1918）打頭陣，但是這位理論家因工作忙得不可開交而遲遲未能動筆。當波格丹諾夫等人把他們的哲學「背叛」與政治異端行爲（聯合抵制杜馬，列寧堅決反對這一政策）結合起來，並贏得高爾基（M. Gorky, 1868-1936）作爲哲學同盟者時，情況變得越發不可收拾了。1908年4月，列寧隻身前往卡普里，當面質問波格丹諾夫：「請用兩三句話說明你的『立場』給工人階級帶來了什麼？爲什麼馬赫主義比馬克思主義更革命？」當波格丹諾夫剛要開始解釋時，列寧打斷了他:「別那樣了！」據高爾基報導，列寧還衝著波格丹諾夫說：「如果你寫一部資本主義的敲榨勒索者如何盤剝地球上的工人，如何濫用石油、鋼鐵、木材和煤炭——那將會是一本有用的書。馬赫主義者先生！」(*EM*, p. 242)

爲了擺脫所謂「馬赫主義」的指控，波格丹諾夫再次改變了他的哲學，但他覺得沒有理由去承認學說的錯誤。列寧像「咬住老鼠的貓」一樣「咆哮」起來，他絕不讓他的獵物逃走。布爾什維克決定：要馬克思主義還是要馬赫主義？沒有第三條可供選擇的路線。波格丹諾夫代表了馬赫主義，不管他是否喜歡這個稱號。就這樣，列寧在1908年2月至10月間寫完《唯批》，該書於翌年5月由莫斯科環節出版社出版。

§11.2 列寧對馬赫哲學的誤解和曲解

《唯批》出版僅僅兩個月，馬赫就獲悉了這個消息。F・阿德勒在1909年7月23日寫信告訴馬赫，勸他不必爲俄國人的大肆攻擊而煩惱：

> 在俄國，「反對馬赫的戰鬥」還在繼續。……現在，爭論正在另一個黨內派別中激烈地進行著。列寧（波格丹諾夫的黨內同志）出版了一本四百四十頁的書，書名是《唯物主義和經驗批判主義——對一種反動哲學的批判》。在這本書中，你、阿芬那留斯和你的所有支持者都受到了攻擊。不懂這個問題的人在該書中所能夠發現的所有論據都結合得很巧妙。列寧過去不關心哲學，而現在花了一年時間研究哲學，以理解人們為什麼變得「瘋狂」了。他的確很勤奮，在很短的時間內真的通讀了所有文獻。當然，他沒有時間詳細思考解決方法。他實際上認為要素是騙人的把戲。真不幸，我只是通過我妻子的翻譯零碎地知道了這本書。但這已經足以看出，人們不可能在他的書中找到任何必須認真對待的論據。❸

---

❸ 同❶。

1910 年 2 月 26 日，烏克蘭的諾喬托維奇 (V. Nochotowich, 1908-1911) 在寫給馬赫的信中說:

> 你大概不知道，目前在俄國許多集團都把他們的注意力指向你的思想。但是，甚至超越了這一點 (我想這將使你十分驚奇)，激烈的報紙論戰正在圍繞你的名字而鬥爭。甚而有一個專門的表達 ——「馬赫主義」。你可以問問，你作了什麼事造成這種狀況。事實上，你只不過是這場衝突的被動起因。你在這裡更多地是以經驗批判主義者而聞名的，而不是作為科學家而被研究的，其結果便是上面提到的馬克思主義陣營內的論戰。(*EM*, p. 238)

對於這場黨派論戰和爭鬥，馬赫本人當然是不負任何責任的，而且這也不符合他的主觀意圖和對學術爭論的一貫態度。因此，他沒有理會列寧的批判，他的有關批評和反批評的言論也許可以看作是對列寧的間接回答。至於俄國的馬赫主義者傾向馬赫，也是因為馬赫科學哲學中的新穎思想，以及馬赫同情、支持社會主義和工人運動的政治立場和行動實踐。列寧是一位富有戰鬥激情的革命家，也是一位不乏辛辣諷刺且生性好動的人，但是他把矛頭對準馬赫這位受人尊敬的科學家和富有人道精神的善良的老人，把馬赫當作反動分子而欲置其於死地，實在是鐵了心卻打錯了目標。列寧為了達到他的目的，不惜無中生有，黑白顛倒，不惜對馬赫哲學進行肢解和曲解。此前我們已多有涉及，這裡擬集中在以下三個主要問題加以剖析。

一、馬赫哲學是主觀唯心論嗎？

列寧斷言:「馬赫關於物即感覺的複合的學說，是主觀唯心主義，是貝克萊主義的簡單的重複。」(*WP*, p. 36)「馬赫主義，即一種混亂的唯心主義」,「儘管馬赫使用了混亂的、似乎是新的術語，但他的唯心主義表現得非常明顯。」(*WP*, p. 41) 馬赫「其實是用『要素』這個字眼掩蓋了眞面目的老朽不堪的主觀唯心主義。」(*WP*, p. 145)

對於此類批評或指控，馬赫一向認爲是斷然不能接受的。馬赫多次承認，正如他在青年時實際經歷的那樣，他的哲學「是從唯心論出發」(*GJ*, p. 45) 的。他說:

> 我對康德的關係是特別的。我深為感激地承認他的批判的唯心主義是我的一切批判思想的出發點。但是，我不可能固守他的唯心主義。我很快就接近於貝克萊的見解，這種見解是多少潛伏在康德的著作中的。經過感官生理學的研究，經過赫爾巴特，我達到了近似於休謨的觀點。雖然當時我還不知道休謨。一直到今天，我都不得不認為貝克萊和休謨是遠比康德更為徹底的思想家。(*GJ*, p. 283)

不過。在馬赫看來，哲學出發點並不是決定性的。如果認識到各種要素的依存關係是實質性的東西，那麼無論是實在論的出發點還是唯心論的出發點，其意義就絕不會比方程式中基本變元的代換對物理學家或數學家所具有的意義更大 (*GJ*, p. 45)。

馬赫堅決反對有「體系」的批評家「非常方便地拿一切流行的哲學觀點來揣度」他的話，給他冠以「唯心論者、貝克萊主義者，甚至於是唯物論者」(*GJ*, p. 38)。他申述說:

> 首先，我必須説明，那些不顧我自己和其他方面的再三抗議，而把我的觀點和貝克萊的觀點等同起來的人，當然遠遠不會對我的觀點作出正確的評價。造成這種誤解的部分原因，無疑在於我的觀點過去是從一個唯心主義階段發展出來的，這個階段現在還在我的表達方面留有痕跡，這些痕跡甚至在將來也不會完全磨滅。因為在我看來，由唯心主義到達我的觀點的途徑是最短的和最自然的。其次，還有一件事與此有關，那就是我的讀者有時害怕泛心論。在一元論世界觀與本能的二元論成見的殊死鬥爭中，許多人陷入泛心論。(*GJ*, p. 279)

在這裡，人們不應無視馬赫的自白和申辯。馬赫哲學當然不是堅持物質第一性，精神第二性的唯物論，但也絕不是把物質和精神關係顚倒過來的唯心論。馬赫認爲要素而非物質是「第一位的已有的東西」(*GJ*, p. 188)，而自我和物均爲「要素之間的函數關係」，「孤立的自我像孤立的物一樣都不存在」(*KE*, p. 8)。馬赫哲學是中性的要素一元論，它與唯物論和唯心論這樣的心物二元論格格不入。從馬赫對要素、感覺、自我、世界的定義和理解來看，他並未否認物理要素，也未把一切要素都說成是感覺，他認爲物理要素是不可懷疑的存在，心理要素與物理要素是統一的，甚至把自我乃至思想都視爲世界或自然界的一部分，這樣的觀點怎麼能強行納入唯心論的普羅克拉斯提斯❹之床呢？馬赫哲

❹ 普羅克拉斯提斯 (Procrustes) 是希臘神話中的強盜，他把所有過路人都按倒在他所設置的床上，比床短的就把他拉長，比床長的就砍掉他的腳。

學包含著非主觀主義的操作論，怎能認定它是主觀主義呢？它要是唯心論，怎能順利地嬗變爲邏輯經驗論的物理主義（接近唯物論），甚至比單純的物理主義還要徹底呢？僅用「唯物」、「唯心」兩把尺子衡量馬赫，實在是不得要領、枉費心機。

馬赫在他的自傳遺稿中再次表明，「人的全部內心生活均可分解爲要素，人的全部生活經歷卽是其依賴於要素羣的表現。」這包括外部生活（物理的生活）和內心生活（心理的生活），也就是「感覺生活」和「表象生活」。關於外部生活「絕非我們的幻想隨意創造這一點，我相信已經說得夠清楚了。因此，有些物理學家一定要對此發生誤解是不必要的，而某些哲學家一定要引導這些物理學家做這種理解就更不必要了。」馬赫指出，他的一元論所說的並不是物理的和心理的兩個不同的世界，而只涉及對二者相互依存的方式的觀察。馬赫進而表明：生命的統一性先於自我和客我的區別，使他達到了上述的一元論（*ZZ*, p. 80）。

馬赫在1860年初就讀過貝克萊的書，並受其經驗論哲學傳統的影響，但馬赫哲學絕非脫胎於貝克萊的學說，更不是「貝克萊主義」。馬赫明確指出貝克萊的唯心論情調與物理學研究格格不入，他不欽佩貝克萊的感覺論，更反對他的神學思想。貝克萊的「存在就是被感知」代表一種對存在什麼的形而上學判定；而馬赫的意見是，某個東西是物還是感覺，取決於人們的觀察的目的和方式，而要素在本體論上是中立的：既不等同於物質，也不等同於精神。要素不僅是感覺複合體的不可還原的部分，也是物理複合體的不可還原的部分，這正是把他與貝克萊隔離起來的屏障。馬赫的「物是感覺的複合」與貝克萊「物是觀念的複合」表面看來似無差別，但貝克萊不承認精神也是觀念的複合，而馬赫則認定無論物質還是精神，均是相對穩定的要素的複合。貝克萊認爲在物理現象背後沒有任何物理的東西，馬赫則斷然肯定那背後根本一無所有。貝克萊相信「終極原因」和「終極解釋」，馬赫對此則不以爲然。馬赫本人說過：

> 貝克萊認為「要素」是以一個在他們之外的不可知的存在（上帝）為原因的，因此康德為了要使自己顯得是清醒的實在論者，就製造出「物自體」，而按我所持的觀點，認為有「要素」的相互依存關係，在理論上和實際上也就足夠了。（*GJ*, pp. 278-279）

面對這些差異，怎麼能說馬赫哲學「是貝克萊主義的簡單重複」，「完全是從貝克萊那裡剽竊來的」，「沒有絲毫創見」（*WP*, p. 36, 38）呢？

愛因斯坦在爲馬赫辯護時這樣寫道：

> 馬赫的哲學研究，僅僅是從這樣一種願望出發，那就是他想獲得一種觀點，從這種觀點出發，他畢生所從事的各個不同科學部門就可以理解為一種統一的事業。他把一切科學都理解為一種把作為元素的單個經驗排列起來的事業，這種作為元素的單個經驗他稱之為「感覺」。這個詞使得那些並未仔細研究過他的著作的人，常常把這位有素養的、慎重的思想家，看作是一個哲學上的唯心論者和唯我論者。（*EI*, p. 89）

愛因斯坦的論述是值得注意的。確實，馬赫多次說過「物是感覺的複合」，「世界由感覺構成」之類的話，但是無論從馬赫的整體思想來看，還是從該片語出現的上下文來看，馬赫都不是從本體論的意義上宣布構成世界的「磚塊」是什麼，也不是關於實在世界的性質的陳述，他只是提出了統一科學和清除形而上學的手段。這樣一來，科學研究的對象是給予的現象世界或感覺世界，科學命題都是關於感覺複合的陳述，只有這種陳述才能通過經驗來檢驗。於是，不僅物理學、生理學、心理學等學科有了統一的基礎，而且不能還原爲感覺術語作謂語的命題也就成爲應該加以清除的形而上學了。這一切才是馬赫哲學的眞正目的。馬赫的研究與世界究竟是由物質、精神還是感覺構成這類問題毫不相干，這是傳統哲學喜歡的提問題的典型方式，馬赫大力反對的恰恰是這種形而上學的提問方式和所提問題。針對有的人的批評，馬赫進而申明說：「我的由要素（感覺）構成的世界，不特自然科學家，而且職業哲學家，都覺得太輕浮。我認爲物質是表明相對穩定的感性要素複合體的思想符號，這種看法被人稱爲卑劣的觀點。……我必須指明，即使對我來說，世界也不僅僅是感覺的總和。我所明確說到的，倒是要素的函數關係。」(*GJ*, p. 279)

儘管馬赫反對康德超驗的物自體，迷戀人們感知所及的現象世界，但他並未在實踐和常識的意義上否認物質和所謂的「外在世界」或「實在世界」，也沒有反對樸素實在論（最接近唯物論）。馬赫不僅認爲人們在生活實踐中和常識上都是唯物論者(*GJ*, p. 275)，而且他對樸素實在論賦予極高的意義和價值：

假如樸素實在論可以稱為普通人的哲學觀點，那麼這個觀

> 點就有得到最高評價的權利。這個觀點不假人的助力，業已發生在無限久遠的年代；他是自然界的產物，並且由自然界保持著。雖然承認哲學的每一進展，甚至每一錯誤，在生物學方面都有道理，但哲學做出的一切貢獻，與這個觀點相比，只是微不足道的瞬息即逝的人為產物。事實上，我們看到每個思想家，一到實際需要驅使他離開自己的片面理智工作時，都立即回到這個普通的觀點上。（*GJ*, p. 29）

馬赫的要素一元論絕不是要破壞普通人的常識觀點的信用，而是認爲在理論探究中要暫且放棄它。誠如賴興巴赫所說:「常識可以是一種良好的工具，只要所涉及的是日常生活的問題；但是，當科學探討達到一定的複雜階段時，它就是不夠用的工具了。」❺

伯格曼（P. G. Bergmann）在把實在論和實證論比較時注意到：實在論者確信我們周圍的物理世界的存在，並且把我們的實驗、觀察和測量看作是發現了這些外界性質的手段；實證論在其純粹的形式下，拒絕追究獨立於我們觀察而存在的並具有眞實意義的世界的實在性，它貶低形而上學之類的探究，主張科學的目標是把我們的經驗條理化，發現持久的特性和規則性，或預期尙未完成的實驗結果。顯然，馬赫應歸於這樣的實證論者。一個派別主張客觀實在是第一性的，另一個派別主張經驗資料是第一性的。雖然兩個派別之間可以長期爭論下去，但是他們主張的區

---

❺ 同❷，頁138。

別感情上的成分多於邏輯上的成分。實際上，在科學實驗室中，或者在解決記錄數據的過程中，實在論者和經驗論者幾乎都在作同樣的事情❻。由此也可以看出，把馬赫哲學納入唯心論是不恰當的。

赫爾內克依據馬赫的一貫思想，尤其是馬赫的特徵性表達——唯心論傾向與物理學研究是不相容的——斷定，作爲自然科學家的馬赫是唯物論者且只能是唯物論者 (*ZZ*, p. 82)。奈格利也作了類似的嘗試❼。儘管這樣作是不必要的且不合馬赫的思想和本意，但無論如何說明馬赫不能算是唯心論者。至於按照列寧的新定義——「哲學唯心主義不過是隱蔽起來的、修飾過的鬼神之說」,「即精緻的信仰主義」(*WP*, p. 184, 312)——來衡量，無神論者和啓蒙思想家馬赫就根本不是唯心主義者了。

其實，對於科學探索而言，任何一種嚴肅認眞的、富有啓發性的哲學思想——包括唯心論在內——都或多或少有所裨益。「成功了，是唯物論的勝利；失敗了，是沒有運用唯物論指導。」這種公式化的口頭語是想當然的、簡單化的，任何一個了解科學家及其發現過程的人都不會相信那種「哲學神話」。十九世紀的熱學最初研究雖然在物質論的熱質說的引導下取得了初步成就，但熱力學體系的建立卻明顯地是現象論的路向。二十世紀的科學也遠不是物質論的思想所能囊括得了的。雷澤爾 (D. Layzer)

---

❻ P. G. Bergmann, Ernst Mach and Comtemporary Physics, in *PP*, pp. 69-78。

❼ A. 奈格利：＜馬赫與唯物主義＞，張伯霖譯，《哲學譯叢》(北京)，1982年第1期，頁69-74。

的下述言論也許值得人們深思:

> 如果說二十世紀科學維護了希臘原子論者的世界觀，那麼它同時也改造了這種世界觀。對留基伯和德謨克利特來說，只有原子和虛空是存在的；對現代科學來說，實在並非僅僅由基本粒子（原子論者的原子的直接後裔）構成，而且還由能量和信息構成。因此，與它的希臘先驅不同，現代科學不是唯物主義的。能量和信息，即物理實在的非物質部分，恰如物質粒子一樣真實和重要。……當今科學支持了「兩面觀」假設，按照這一假設，意識經驗是一種物理實在「觀」。❽

馬赫說:「實在的世界和被感知的世界所以貌似對立，只是由於考察的方式，這兩個世界中間並沒有眞正的鴻溝。」(*GJ*, p. 22) 由此也不難看出，馬赫並非刻意要從常識和實踐的意義上否認本體論的客觀外在的實在世界的存在，他只是認爲這樣超驗的、不可捉摸的東西對於研究來說是毫無意義的形而上學。馬赫的著眼點在於，通過感覺（要素）把二者溝通起來，通過把人及人的思想溶於大自然，使世界眞正成爲生動的、有意義和價值的、給予我們的、爲人的現象世界。這樣一來，「物質」就會「帶著詩意的光輝對人的全身心發出微笑」，「唯物主義」就會「變

❽ D. 雷澤爾：《創世論——統一現代物理・生命・思維科學》，劉明譯，河北教育出版社（石家莊），1992年第1版，頁3-7。

得」不再「敵視人了」❾。愛因斯坦說得好:「實在的外在世界」這一概念「也完全是以感覺印象爲根據的」,「『世界的永久祕密就在於它的可理解性。』要是沒有這種可理解性,關於外在的世界的假設就會是毫無意義的,這是伊努爾曼·康德的偉大的認識之一。」(*E1*, p. 342, 343)馬克思則以更爲思辨的哲學語言明確表示:

> 作為自然界的自然界,也就是說,就它還在感性上不同於它自身所隱藏的神秘的意義而言,離開這些抽象概念並不同於這些抽象概念的自然界,就是無,即證明自己是虛無的無。它是無意義的,或者只具有應被揚棄的外在性的意義。……在這裡不應把外在性理解為顯露在外的並且對光、對感性的人敞開的感性;在這裡應該把外在性理解為外化,理解為不應有的缺點、缺陷。因為真實的東西畢竟是觀念。自然界不過是觀念的異在形式。……自然界的這種外在性,自然界和思維的對立,是自然界的缺陷;就自然界不同於抽象而言,自然界是個有缺陷的存在物。❿

大思想家們從不同的起點出發,沿著不同的道路匯聚到一起了——這是哲學和一般文化發展的特徵和趨勢。這也從一個側面說明,馬赫哲學並不是「沒有意義的空話」、「大肆吹噓的空話」、

❾ 馬克思、恩格斯:<神聖家族>,《馬克思恩格斯全集》第2卷,人民出版社(北京),1957年第1版,頁164。

❿ 馬克思:《1844年經濟哲學手稿》,人民出版社(北京),1985年第1版,頁136。

「愚蠢的毫無結果的勾當」(*WP*, p. 38, 51, 37)，而是有著深刻的意蘊和蘊涵。列寧的輕率作法不是對待人類思想遺產應有的正確態度。

二、馬赫哲學是唯我論嗎？

列寧斷言：馬赫哲學是「最純粹的唯我論」，「認爲只有一個高談哲理的個人才是存在的」，「其餘的一切人以及整個外部世界都」「沒有意義」(*WP*, p. 36, 91, 38)。

列寧的斷言是沒有充分根據的，我們上面的辨析已部分地澄清了列寧的曲解。在這裡我們首先要指出，馬赫哲學並不是唯我論。馬赫講得很明確：「不是自我，而是要素（感覺）是第一性的。……要素構成自我。」(*GJ*, p. 18) 馬赫不同意「把自我視爲實在的單一體」，他認爲「將一個包羅不可知之物的世界與自我對立起來」，「這是十分無聊和無益的」，「把包括別人的自我在內的全世界認爲都包含在我的自我裡」，「這是人們很難當眞同意的」(*GJ*, p. 22)。未把自我作爲第一性的、未否認他人和世界存在的學說，怎麼能被說成是唯我論呢？

馬赫不僅不是唯我論者，而且他始終如一地反對唯我論。馬赫說：「教授 X 在理論上相信自己是唯我論者，但當他爲得到勳章而對國家長官表示感謝時，或是當他對聽眾演講時，他在實踐上則確實不是唯我論者。」(*GJ*, p. 29) 而且，也「沒有一個人把自己限制在探索者不再接受的『理論上的』唯我論。」(*KE*, p. 7)馬赫明確表示：

> 自然科學家對我說唯我論是唯一的徹底的觀點，這就使我驚奇了。我完全不願强調這種觀點對於沉思默想、夢中度

日的行乞僧，比對於嚴肅思維、積極活動的人更合適。
(*GJ*, p. 276)

馬赫嘲笑唯我論的科學家和哲學家：唯我論的自然科學家就像這樣一個物理學家，由於他當時還不完全認識熱脹冷縮，而認爲溫度表是世界的根本問題；唯我論的哲學家則可以比作爲這樣一種人，他認爲他所看見的一切東西，在他旋轉時總是在他前面，因而就不肯再旋轉了（*GJ*, p. 277）。列寧根本無視馬赫的鮮明態度，他借用狄德羅的話，把馬赫說成是「一架發瘋的、以爲世界上只有自己才存在的鋼琴」（*WP*, p. 37)。這豈不是太離譜了！倒是奧斯特瓦爾德和愛因斯坦淸楚地看到，把馬赫作爲唯我論者是沒有確鑿的根據的，是荒唐可笑的。

弄淸馬赫的「自我」概念，對於進一步澄淸對馬赫的曲解是必不可少的。馬赫對自我下了這樣一個定義：「顯得相對恒久的，還有記憶、心情和感情同一個特殊物體（身體）聯結而成的複合體；這個複合體被稱之爲自我。」（*GJ*, p. 2）馬赫的自我概念包含以下實質性的內容，它們之中的每一個都與唯我論不搭邊。

(1) 自我包含著對世界和他人的承認。馬赫說：「那些說我們不能超越自我的人，意指廣義的自我，這已經包含著承認世界和其他精神。沒有一個人把自己限制在探索者不再接受的『理論上的』唯我論：沒有孤立的探索者，每一個探索者都有他自己的特殊目的，都能夠從他人那裡學習並且也爲指導他們而工作。」（*KE*, p. 7）這怎麼能說馬赫「除了自己以外就不能承認別人存在」（*WP*, p. 36)呢？這怎麼能說馬赫認爲「除了這個發表空洞『哲學』謬論的赤裸裸的自我以外，就什麼也沒有了」（*WP*, p.

37）呢？

(2) 自我沒有準確的界限，它是世界的一部分。馬赫認爲:「自我沒有準確的界限，這種界限很不明確，可以任意移動」; 正是由於「不自覺地縮小同時又擴大自我的界限，才在哲學觀點中產生了形而上學的難題。」(*GJ*, p. 10) 他還指出:「大腦是物理世界的一部分」,「自我……不能夠與作爲一個整體的世界分隔開來。」。(*KE*, p. 46, 47)

(3) 自我只有相對的恒久性，不是絕對恒久的 (*GJ*, p. 3)。馬赫說:「自我不是不變的，而是在生命的過程中極其緩慢地變化著，在經過緩慢的發展之後，遂在死亡中全然消失。」(*ZZ*, p. 79)「如果機體決定了主自我 (primary ego)，那麼經驗對副自我 (secondary ego) 有決定性的影響，這能夠通過環境的突然改變或永久改變而大大改變。」(*KE*, p. 48) 馬赫甚至認爲在一定的意義上無自我：「自我的形式的和實質的限制僅僅對於最粗糙的實際目標是必要的，而在廣泛的概念上則不存在。」(*PSL*, p. 235)

(4)「自我是挽救不了的。」(*GJ*, p. 19) 石里克對此的解釋是: 自我實際上不能起像人們賦予它在唯心論和實在論的世界觀中所起的那樣一種卓越作用，它僅僅是在這個世界中呈現的要素之間的許多相似的或者不同形式的聯繫之外的一種要素間的特殊聯繫。世界是一種龐大的可與堅硬的物質相比擬的要素的網絡，它是在一定的位置牢固地聯繫著的。與這些位置相適應的網絡構成自我，與別的那些位置相適的網絡構成物體，自我和物體是按照聯繫的特殊式樣來決定的⓫。

(5) 自我可以認識世界和自身。馬赫這樣寫道:

> 如果自我不是與世界分離的單子而是世界的一部分，它處於它從中出現並準備再次返回而消解於其中的宇宙之流中，那麼我們將不再傾向於認為世界是某種不可知的東西。於是，我們足夠地接近我們自己，也充分地接近世界其他部分，從而有希望獲得真實的知識。(*KE*, p. 361)

而且，對自我這種特種要素聯繫的性質的認識，用思辨是不能解決的，而首先是由心理學家、生理學家和精神病學家來解決的；依靠他們的力量，我們已經得到這些問題的許多重要解釋(*GJ*, p. 277)。

其實，任何一種眞正的理性沉思的哲學，都有其部分的合理性和價值。對於我和唯我論，維特根斯坦就發表過下述引人深思的評論:「我即是我的世界（小宇宙)。」「唯我論之所意謂是完全對的，只是它不可說，而是顯示其自已。世界是我的世界，這一點顯示於語言（唯有我懂得的語言）的界限即意謂我的世界的界限。」「嚴格貫徹了的唯我論是與純粹實在論吻合的。唯我論的我縮成一個無廣延的點，而那與之同格的實在則保持不變。」⓬科恩（R. Cohen）在談到唯我論時說:「縱然唯我論是一種難

⓫ M. 石里克：<哲學家馬赫>，洪謙譯，《自然辯證法通訊》(北京)，第10卷 (1988)，第1期，頁16-18。

⓬ L. 維特根斯坦：《名理論（邏輯哲學論)》，張申府譯，北京大學出版社（北京)，1988年第1版，頁71、72。

以相信和僅僅是可陳述的學說，但是它的雙重價值仍應該注意。首先，它揭示了感覺有失眞的特點和完全是私人的本性，感覺被設想爲無理性的所予，因而是被動的東西。此外，唯我論可以用來作爲可推論出唯我論的那些哲學的部分可證僞性的標準。」⑬

三、馬赫哲學是折衷主義嗎?

列寧斷言：馬赫哲學是「折衷主義殘羹剩汁」，「是唯物主義和唯心主義的混合物」，是「一種討厭的爛泥」和「哲學上可鄙的中間黨派」(*WP*, p. 59, 61, 347)。

所謂折衷主義，本意是指把各種不同的乃至對立的學說機械地混合在一起的。從我們前面有關各章的論述可以看出，馬赫哲學並不是各派哲學的機械混合和簡單疊加，馬赫哲學是一種博採眾家之長、又溶入個人創造和時代精神的智慧哲學。它雖則未形成嚴整的體系，但是卻有獨特的結構；它不是物理的「混合物」，而是化學的「化合物」。一言以蔽之，馬赫哲學並非折衷主義。

馬赫哲學的大目標是要把認識論提高到科學實踐的高度，因此他必須力圖克服（機械）唯物論和唯心論的缺陷，克服自我與世界、感覺與物體、主體與客體的對立。馬赫看到：

> 哲學唯靈論者往往感到，要使自己的那種用精神創造出來的物體世界具有其應有的堅實性是很困難的；同時，唯物主義者又感到，要使物體世界有感覺，也不知所措。(*GJ*, p. 11)

---

⑬ R. S. 科恩：《當代哲學思潮的比較研究》，陳荷清等譯，社會科學文獻出版社（北京），1988年第1版，頁26。

問題就這樣明擺著: 只有感覺，才能跨越二者的鴻溝，使物理世界變成爲人的世界，即充滿生氣的世界。馬赫哲學正是爲了擺脫上述兩難困境，爲了超越唯物論和唯心論，而不是要「玩弄『調和派的騙人把戲』」(*WP*, p. 347)。

希伯特指出，在馬赫的一生中，中間立場或冷淡態度是很少有的⑭。奈格利也認爲，馬赫反對任何調和，即反對任何思辨的折衷主義⑮。馬赫認爲唯心論和唯我論體系是「荒謬的」⑯，唯物論的預設也是不對的。但是，馬赫旣拒絕唯物論又拒絕唯心論，這並不表明他想站在中間立場上調合折衷。在他看來，這兩種體系都是形而上學的體系，都不是科學的理論。因爲它們旣不能爲經驗所證明，也不能爲經驗所反駁。任何想用科學成就來支持唯心論和唯物論的企圖，從一開始就是注定要失敗的。馬赫根本無意於「偸運唯物主義」，「剽竊唯物主義」(*WP*, p. 55, 56)，馬赫哲學也不是「羞羞答答的唯物主義」(*WP*, p. 185)，而是一種「超越了主觀論和客觀論的、與個人無關的明靜的哲學」⑰。在這裡，列寧把唯物論似乎當成了他的「專利品」和「私有財產」，動輒把獨立思考的馬赫當作走私犯和偸竊者加以指控，這種奇怪的心態眞叫人捉摸不透。

---

⑭ E. N. Hiebert, Ernst Mach, C. C. Gillispie ed., *Dictionary of Scientific Biography,* Vol. Ⅶ, New York, 1970-1977, pp. 595-607.

⑮ 同⑦。

⑯ R. 哈勒爾: <詩人的想像和經濟: 科學理論家馬赫>，周昌忠譯，《科學與哲學》(北京)，1984年第5輯，頁88-101。

⑰ R. S. Cohen, Ernst Mach: Physics, Perception, and the Philosophy of Science, in *PP*, pp. 126-164.

§11.3 列寧在學理和學風上的誤區

我已經探討過列寧失誤的一些主客觀原因及歷史的經驗教訓⑱，在這裡我僅想就列寧失誤的有關學理上和學風上的問題，作進一步的鈎稽。

一、缺乏正確的研究態度

研究一個審愼的哲學家或思想家時，我們要像葛蘭西告誡的那樣，不能把他放在審判席上證明其有罪，而應該從心底理解他可以表達眞理，此時才能達到一個批判的精神框架⑲。我們要像羅素（B. Russell, 1872-1970）指明的那樣，既不頂禮膜拜，也不嗤之以鼻，而是要有一種假想的同情，直到有可能知道在他的理論中有些什麼東西大概是可以相信的爲止，唯有此時才可以重新採取批判態度，這種批判的態度應盡可能類似於一個人放棄了他所一直堅持的意見之後的那種精神狀態⑳。即使對於思想家的一些顯眼的錯誤，也要像庫恩讀亞里士多德的書那樣運用釋義學（hermeneutics）方法去解讀㉑。要捫心自問：一個神志清醒的人怎麼會寫出這樣的東西來？這樣就會找到另一種思路，就能在他當時的語境中理解和把握他。列寧一開始就把馬赫當作最反動的敵人和最惡毒的罪犯，從而採取了極其粗暴的作法和不文

---

⑱ 李醒民：《兩極張力論·不應當抱住昨天的理論不放》，陝西科學技術出版社（西安），1988年第1版，頁119-133。

⑲ 同⑬，頁6。

⑳ B. 羅素：《西方哲學史》（上冊），何兆武等譯，商務印書館（北京），1963年第1版，頁67。

㉑ T. S. 庫恩：《必要的張力》，紀樹立等譯，福建人民出版社（福州），1981年第1版，頁 ii-v。

明的私人語言，他的錯誤和學術失敗在他動筆前已是命中注定了的。

二、「兩軍對壘」的僵化模式行不通

列寧在《唯批》中把幾千年的哲學史描繪成唯物論和唯心論兩個陣營的對抗史和你死我活的鬥爭史，把形形色色的哲學家強行納入這個預成的、非此即彼的框架。這樣，哲學史不再是人類追尋智慧的豐富多采的智力史，活生生的哲學家也一個個變成乾枯的木乃伊或身披甲胄、面目猙獰的武士。這是對哲學和哲學史的莫大誤解和曲解。尤其是哲人科學家㉒，他們善於兼收並蓄、博採眾長，又富於創新精神，同時卻不刻意追求一個完整的體系，並力圖在對立的兩極保持必要的張力㉓，以適應不斷變化著的處境和問題。用僵化的兩軍對壘模式簡單化、想當然地套用他們，固然很省氣力，但結果只能是削足適履，歪曲歷史和事實。

三、不了解哲學社會功能的歷史

列寧的批判並沒有依賴於對哲學社會功能的歷史作因果分析，而只是想當然地把馬赫為科學謀求統一基礎的意圖認定是為反動階級和反動市儈服務。而且，正如科恩所正確地揭示的㉔：

> 列寧確信一般的唯心論和特殊的主觀論是為反動的社會目的服務的，而唯物論是為進步的目標服務的。不幸，不論

㉒ 李醒民：<論作為科學家的哲學家>，《求索》(長沙)，1990年第5期，頁51-57。

㉓ 李醒民：<善於在對立的兩極保持必要的張力——一種卓有成效的科學認識論和方法論準則>，《中國社會科學》(北京)，1986年第4期，頁143-156。

㉔ 同⑬，頁60-65。

是列寧，或是其他的馬克思主義學者，都沒有提供關於哲學的社會關係史的比較研究。近來的馬克思主義者和非馬克思主義者的文獻表明，這個哲學的社會功能問題並沒有簡單的答案。這樣，特殊的唯物論和實證論，確實已經扮演了他們的意識形態的角色。但是我們顯然有必要謹愼地對這種跨文化和跨時代的世界觀作出概括。

例如，在各種不同的時機，理性論曾削弱了迷信的基礎，經驗論曾動搖了獨斷的教條，神祕主義曾反抗了正統的觀念。在其他時期，理性論使壓迫法典化，經驗論懷疑地嘲笑了社會的重建，神祕主義導致了逃避現實。列寧認爲前後一貫的實證論會腐蝕進步的物理學理論，鼓勵現存的教會和超自然的神學宗教。但是，事實上，馬赫的實證論卻有助於愛因斯坦對正統物理學概念的批判，也激勵了維也納學派的反神學觀點。

四、未擺脫機械唯物論的窠臼

列寧在《唯批》中雖然口頭上不滿意機械唯物論，但他實際上依然囿於其中而「不識廬山眞面目」。他全盤否定批判學派的歷史作用和哲學思想，推崇和拔高機械（力學）學派的不公正的態度和違背事實的結論就是明證㉕。他對馬赫批判牛頓的機械論的絕對時空觀表現出的不理解、責難和莫名其妙的質疑（*WP*, pp. 179-184），也說明了這一點㉖。列寧後來雖然有所進

㉕ 李醒民：<世紀之交物理學革命中的兩個學派>，《自然辯證法通訊》(北京)，第3卷（1981），第6期，頁30-38。

㉖ 李醒民：<關於物理學危機問題的沉思——對《唯物主義和經驗批判主義》某些觀點的再認識>，《江漢論壇》(武漢)，1985年第7期，頁12-19。

步㉗，對唯心主義作了一些比較客觀的評價，也改變了一些打殺和駡殺的毛病，但是依然認爲唯心主義「無疑是一朶不結果實的花」㉘。其實，哲學史和科學史中的不少事例表明，唯心論有時也結果實。

五、學風不够嚴謹

《唯批》是列寧在充滿鬥爭激情和浮躁情緒下倉促成書的，它不是一部學風嚴謹的、深思熟慮的深沉之作。對於他所批判的以馬赫爲首的批判學派代表人物，列寧旣沒有全面而完整地了解他們各自的哲學思想，又對他們的生平和科學貢獻一無所知或一知半解，就海濶天空地發議論，簡單輕率地作結論，以至辱駡這些人格高尚的科學家，這是一個眞正的研究者所不應有的。列寧在《唯批》中缺乏起碼的實事求是的作風，書內憑空揑造、混淆是非之處可以順手摭拾。爲了達到批倒鬥垮馬赫等人的目的，列寧甚至不惜斷章取義，歪曲事實。我已詳細分析比較了列寧對彭加勒關於時空論述的篡改和關於物理學危機觀點的歪曲㉙。列寧對馬赫思想和言論的肢解、割裂和曲解我們前面已多次指出，這裡僅舉一個細節爲例。列寧說:「在1906年，馬赫也是很老實地承認:『大多數自然科學家都堅持唯物主義。』」(*WP*, p. 354)從列寧的上下文看，他明顯地歪曲了馬赫命題的本意㉚。馬赫的

㉗ 列寧:《哲學筆記》，林利等譯校，中共中央黨校出版社，1990年第1版，頁 306，403-404。列寧在這裡不再認爲唯心主義是「胡說」，但仍堅持「唯心主義就是僧侶主義」，只不過是「經過人的無限複雜的（辯證的）認識的一個成分而通向僧侶主義的道路」。

㉘ 同㉗，頁404。

㉙ 同㉖，以及⑱，頁90-104。

㉚ 意大利學者 A．奈格利在文獻⑦中早就注意到這一點。

原文是這樣的:

> 事實上，每一個哲學家都有他自己的關於科學的個人觀點，而每一個科學家都有他個人的哲學。然而，這些個人的科學觀點有點過時，科學家能夠重視哲學家偶爾的科學斷言是極其罕見的；而大多數科學家今天仍固守持續了一百五十年的唯物論哲學，這種哲學的不恰當性不僅早就被職業哲學家識破，而且也被沒有劃斷哲學思維的任何外行人所識破。(*KE*, p. 3)

顯而易見，馬赫這裡所說的唯物論指的是十八世紀的機械唯物論，馬赫哲學的目的就是要使科學家擺脫這種過時的陳舊立場。果不其然，馬赫在下接的論述中明確指出:「清除這一大堆廢物或避開它們是可取的。」(*KE*, p. 4)

長期以來，在蘇俄和中國，列寧的《唯批》被理所當然地視爲經典，被不加思索地奉爲圭臬，甚至連其中的許多誤解和曲解也被捧爲遠見卓識。被列寧批判的馬赫，則被人云亦云地予以全盤否定，乃至遭到唾罵[31]。這種對原著不屑一顧或懶得去讀，對歷史背景一團漆黑或一知半解，只知道墨守成規、信口開河的狀況至今仍未絕跡。什麼時候才會少一些研究懶漢和「哲學上的無頭腦者」(*WP*, 342) 呢?

[31] 這方面的文章和著作如汗牛充棟，在大陸尤以陳元暉的《馬赫主義》(商務印書館1963年版)、《馬赫主義批判》(商務印書館1963年版)、《反動的哲學流派——馬赫主義》(商務印書館1972年版)最爲「賣力」——更恰當地講是「省力」，因爲他根本不下苦功研究，不動腦筋思考，只知道鸚鵡學舌、照貓畫虎。

第十二章　馬赫與邏輯經驗論

人間四月芳菲盡，
山寺桃花始盛開。
長恨春歸無覓處，
不知轉入此中來。
——唐・白居易・〈大林寺桃花〉

邏輯經驗論或邏輯實證論❶是本世紀二十–五十年代流行於西方的一個哲學流派，是第一個眞正的科學哲學運動，其核心是以石里克爲首的維也納學派。馬赫作爲一位啓蒙哲學家和自由思想家，對維也納學派和邏輯實證論的形成與發展起了舉足輕重的作用：他是維也納學派的先師，是邏輯經驗論的始祖。

---

❶ 洪謙：〈邏輯實證主義〉，《中國大百科全書・哲學卷》，中國大百科全書出版社（北京），1987年第1版，頁548-550。在這裡，作者不禁憶起1988年秋與洪先生在香港中文大學數天的相處，以及先生在北京寓所對作者的幾次教誨。先生當時年已八旬，但思維仍十分敏捷。尤其是先生的高風峻節，給作者留下不可磨滅的印象。先生現在已「成了歷史中的人了」，「言念及此，感慨繫之，誠不能自已了！」

§12.1 馬赫與維也納學派的形成

邏輯經驗論或邏輯實證論不是產生於經驗論傳統（以培根、洛克、貝克萊、休謨爲代表）濃厚的英國，也未產生於實證論（孔德是其創始人）的發源地法國，而產生於素爲康德先驗論和費希特（J. G. Fichte, 1762–1814）、謝林（F. W. J. von Schelling, 1775 - 1854）和黑格爾思辨哲學支配的德語國家奧地利。情況爲什麼會如此呢？洪謙教授的答案是：當時奧地利還存在著一種與德國先驗論和思辨哲學對立的經驗實在論和反形而上學思潮，這種思潮的創始者是布倫塔諾及其學派；馬赫則對奧地利這種特有的經驗論的發展作出了貢獻，並影響了其後的邏輯經驗論❷。此外，正如維也納學派宣言❸所講的，十九世紀下半葉與教權主義對立的強大的自由主義思潮，也爲邏輯經驗論在維也納的誕生提供了適宜的土壤。

在世紀之交，馬赫生活和工作在維也納。作爲一位頗有名氣的實證論者和自由主義者，馬赫在維也納的影響自然要比在其他地方更爲強烈。宣言中多次涉及馬赫及其科學思想和哲學思想對維也納學派的指導作用，其中有一段專門談及「前輩和先驅」馬赫的影響：

馬赫特別致力於澄清經驗科學（首先是物理學）中的形而

---

❷ 洪謙：<關於邏輯經驗論的幾個問題>，《自然辯證法通訊》（北京），第11卷（1989），第1期，頁1－6。

❸ O. 紐拉特等：<科學的世界概念：維也納學派>，曲躍厚譯，《自然科學哲學問題》（北京），1989年第1期，頁16–24。

上學思想。我們記得他對絶對空間的批判（這一批判使他成了愛因斯坦的先驅），他反對關於物自體和實體概念的形而上學和根據所謂終極要素（卽感覺材料）構造科學概念的研究。在某些問題上，科學的發展並沒有證明他的觀點，例如他對原子論的反對以及期望物理學會通過感覺生理學而得到進展。但他的觀點的主要方面在科學的進一步發展中卻有著積極的作用。

前面提到，馬赫1895年赴維也納大學就任歸納科學的歷史和理論講座教授後，他的思想和人格很快吸引了一批青年人，耶魯薩萊姆和戈姆佩爾茨也在其中。這二人尤其是後者，成爲馬赫思想和維也納學派之間的哲學橋樑。戈姆佩爾茨這位現象論者和反教條主義者可能影響了他的朋友卡爾納普，1920年代的大多數維也納學派成員都喜歡他的談話。

1900 年至 1903 年間，正上研究生的克拉夫特（V. Kraft, 1880-1975）和斯潘（O. Spann）在維也納形成了一個讀書小組，其成員在斯潘父親晾乾印刷濕紙頁的房間聚會。阿芬那留斯給他們留下了強烈的印象，不久他們就轉向馬赫的諸多著作。克拉夫特後來成爲維也納學派的成員，長期參加該學派的活動，晚年還力圖復興該學派的事業。

從1907年開始，維也納大學的青年科學家漢恩（H. Hahn, 1879-1934）、弗蘭克、紐拉特（O. Neurath, 1882-1945）和米澤斯爲了繼承奧地利這個特有的經驗論思想，組成了一個非正式的研究小組，並與有關學生團體保持聯繫。這個馬赫取向的小組每周星期四夜晚在維也納咖啡館聚會，促膝長談科學和哲學問題，有時待到半夜甚至更晚。馬赫在 1910 年曾兩次寫信給弗蘭克，希望弗蘭克能幫助他弄清相對論，弗蘭克在此期間也曾兩次拜見馬赫。弗蘭克後來回憶說:「在 1910 年前後，在維也納開始了一個運動，這個運動認爲馬赫的實證論科學哲學對一般的智力生活具有重大意義。」(*EM,* p. 183) 漢恩受到馬赫現象論的強烈影響，認識到把科學概念還原到現象論的基礎的重要性。

奥地利著名哲學家哈勒爾稱這個小組爲「第一個維也納學派」。這個小組希望對科學予以闡明，並給數學、邏輯學和理論物理學以極其重要的地位。儘管他們認爲馬赫並沒有這樣作過，但還是接受了馬赫的普遍學說，即認爲科學在本質上是經驗的描述。他們從馬赫的反形而上學立場出發，採納了法國萊伊的反機械論觀點、彭加勒的約定論和迪昂的整體論，通過把馬赫與彭加勒的學說加以綜合，從而提出了邏輯經驗論的一些主要課題。宣言如下記載了他們的學術活動內容的概況:

> 特別是從1900年以來，來自不同方面的這些影響使得維也納的許多人經常地、而且是認真地討論了與經驗科學密切相關的更一般的問題。首先是物理學的認識論問題和形而上學問題，如彭加勒的約定論，迪昂關於物理學理論和結構的觀點，以及數學基礎問題、公理學問題、邏輯問題等等。❹

宣言接著列舉了該小組研讀和討論過的五個主要領域及其代表人

---

❹　同❸。

物，其中前兩項 — 實證論和經驗論，經驗科學（物理學、幾何學的假設等等）的基礎、目的和方法 — 都寫有馬赫的名字。哈耶克（F. A. von Hayek）曾描述了在戰爭剛一結束時，馬赫在維也納的巨大影響：維也納此時異乎尋常地專注於科學哲學，只要進行哲學討論，基本上都是圍繞馬赫思想進行的。對哲學感興趣的青年學生不喜歡正統思想，馬赫是唯一可供選擇的人物。馬赫的巨大影響不僅表現在狹窄的自然科學領域，而且也表現在與科學理論的特徵和方法有關的問題上（*EM,* p. 301)。

到1920年代，馬赫在維也納的思想「衝擊波」主要不是由舊有的追隨者掀起的，而是由一個新羣體推動的。它的頭一批成員大都來自德國，他們對數學、物理學和符號邏輯懷有強烈的興趣。漢恩是位數學家和教育家，長期受馬赫思想影響，1921年開始在維也納大學教書。次年，他邀請正在德國基爾大學教書的石里克到維也納，擔任馬赫曾占據過的講座教授職位。石里克在1920年代中期之前受馬赫和彭加勒等人的影響，基本上持批判實在論和實在論的約定論觀點。他性格隨和，待人熱誠，有點沉默寡言但卻十分健談。到1925年，在石里克周圍已聚集了一批才華橫溢的教授和學生。他們每周星期四晚上在維也納大學哲學研究所的會議室裡定期進行討論，形成了以石里克爲領袖，以致力於探討科學世界概念爲方向的維也納學派。其成員除原來的第一個維也納學派的漢恩、弗蘭克、紐拉特外，還有克拉夫特、卡爾納普、魏斯曼（F. Waismann, 1896-1959）、費格爾（H. Feigl, 1903-1988)、門杰、哥德爾（K. Gödel, 1906-1978）等人。他們之中沒有一個「純」哲學家，都是從事科學某一分支研究的，而且哲學態度也不盡相同。他們平素相處融洽，文質彬彬，但爭論時則直抒己見，相互砥礪不講情面。維特根斯坦和波普爾雖則不是該學派成員，但也經常出席他們的討論會。維特根斯坦與石里克和魏斯曼過從甚密，其《邏輯哲學論》對該學派影響深遠。

1928年11月，維也納學派部分成員建立了以馬赫名字命名的「馬赫學會」，這是十分意味深長的，它表明了該學會的基本方向。馬赫學會的綱領是：促進和傳播科學的世界概念，爲現代經驗論鑄造一種塑造公共生活和私人生活所必需的思想工具。爲了歡迎石里克從美國講學歸來，由維也納學派傑出的組織者紐拉特執筆、漢恩和卡爾納普簽署（魏斯曼和費格爾也作了協助），於1929年以小册子的形式發表了用德文撰寫的《科學的世界概念：維也納學派》。這篇題獻給馬赫學會主席石里克的文獻被看作是維也納學派的宣言，它標誌著該學派的正式誕生。石里克對這種友誼和尊敬深表感謝，他也覺得一個眞正的學派已經誕生。石里克雖然倡導集體討論和探索，但更主張個人應有自己的思想，他尤其反對結成發動哲學進攻的聯合陣線。儘管如此，維也納學派在柏林學派（以賴興巴赫爲首）、華沙學派和布拉格學派的側應下，形成了本世紀聲勢最爲浩大的科學哲學運動。

起初，維也納學派的成員基本上都是馬赫取向的。石里克強調一個理論的公設隱含了它的基本概念的定義，這明顯地脫胎於馬赫把牛頓第三定律視爲質量的定義。在1920年代，他逐漸從實在論轉向實證論，從對本體論感興趣轉向熱衷於語言哲學。卡爾納普明顯受惠於馬赫，他的第一部著作《世界的邏輯結構》（1928）就是應用數理邏輯方法發展馬赫的現象論，他在其中說：「於是，分析導致了恩斯特・馬赫所謂的要素。我利用這種方法也許受到馬赫和現象論哲學家的影響。」(*EM*, p. 303) 紐拉特早在1910年就充滿了馬赫思想。在戰爭期間，他與馬赫通過信，可能還讀了馬赫未發表的《光學》手稿。他和卡爾納普的實證論與馬赫的思想比較相似。

對維也納學派產生了重大影響的羅素和維特根斯坦也與馬赫思想有聯繫。關於羅素，我們在第一章已述及。關於維特根斯坦，他雖然對馬赫表示輕蔑，但是不少學者指出，他在智力上還是直接或間接地受惠於馬赫。他的原子事實概念與馬赫的要素說並非毫無關聯，他也持有馬赫關於演化科學和終極科學之分的觀點，他甚至借用了馬赫使用的「梯子」比喻。此外，維特根斯特還採納了馬赫的下述觀念：作爲一個整體的世界在常識術語中是一個奇怪的概念，這樣的世界可以說成是無，但是人們若從認識論的「相對主義」視野來看，卻是可以理解的（*EM*, p. 185)。維特根斯坦在他的書中多次提到語言哲學家毛特納（F. Mauthner, 1849 - 1923），而後者早在年輕時就參加過馬赫的講座（1871-1873)，並與馬赫長期通信（1895-1906)，是馬赫建議他把語言哲學放在認識論的基礎上。維特根斯坦喜歡的一些科學家（赫茲等）也在認識論和科學哲學方面大大得益於馬赫。米澤斯甚至認爲，邏輯經驗論是由馬赫的經驗論觀點和維特根斯坦提出的語言邏輯理論相結合演變而來的❺。要知道，正是數學家漢恩通過詳述羅素《數學原理》的思想，首次把維也納學派的興趣引向邏輯。漢恩 1922 年還在維也納舉辦了關於《邏輯哲學論》的研討班，這引起了石里克的興趣，以致在 1925-1927 年間，該書

---

❺ R. von Mises, Ernst Mach and the Empiricist Conception of Science, in *PP*, pp. 245-270.

成爲維也納學派討論的重要主題。石里克和卡爾納普對該書印象尤爲深刻，他們兩人以及魏斯曼、費格爾等都與維特根斯坦相識。於是，維也納學派的興趣逐漸從馬赫的要素和複合轉向觀察和形成定律的方向，從感覺的分析轉向語言的分析。

從1920年代中期到1930年代末，是邏輯經驗論在歐洲的鼎盛時期。1928-1929年間，維也納學派在《馬赫學會叢刊》總目下出版了一系列專題論著。1929年，在弗蘭克的精心籌備下，維也納學派首次作爲一個獨立團體，參加了在布拉格舉行的關於精密科學認識論問題的國際會議，取得極大成功。1930年，該學派接管了《哲學年鑒》雜誌，將其易名爲《認識》，由卡爾納普和賴興巴赫任主編，創刊號發表了石里克的〈哲學的轉變〉，宣告

> 我們正處在哲學上徹底的最後轉變之中，我們確實有理由把哲學體系間的無結果的爭論看成結束了。❻

類似的會議在1930年代多次舉行，1935年在法國索邦召開的國際科學統一大會是維也納學派活動的頂點。1936年石里克被一個精神病學生槍殺，給該學派以沉重打擊。1938年德國納粹入侵奧地利，馬赫學會和維也納學派被視爲非法組織而遭查禁，邏輯經驗論被視爲反動哲學而遭取締。隨著卡爾納普等人先後流亡英、美，維也納學派遂不復存在，但它的影響一直到今天也還不能說壽終正寢，一些分析哲學家還在發展和深化它的基本思想和問題。

---

❻ 洪謙主編：《邏輯經驗主義》，商務印書館（北京），1989年第1版，頁6。

§12.2　邏輯經驗論中的馬赫遺產

正像愛因斯坦和量子物理學家們發動了本世紀的科學革命一樣，邏輯經驗論者則掀起了本世紀的哲學革命。這兩次波瀾壯闊的智力革命都與馬赫有著千絲萬縷的直接或間接的關係。邏輯經驗論從馬赫那裡繼承了徹底的經驗論、反形而上學和科學統一等寶貴的思想遺產，從愛因斯坦等人創立的相對論和量子力學的理論成果及其探索性的演繹法、邏輯簡單性原則、公理化方法中汲取了豐富的教益（愛因斯坦等人直接受惠於馬赫，邏輯經驗論者在這方面則間接得益於馬赫），從弗雷格（G. Frege, 1848-1925）、羅素、維特根斯坦那裡借用了現代邏輯和語言分析的銳利工具，終於完成了本世紀最重大的「哲學的轉變」。

邏輯經驗論並沒有一個公認的一致綱領，圍繞在這面旗幟下的哲學家也並非鐵板一塊。即使在維也納學派內部，其成員也是在集體切磋和相互琢磨中各自獨地發展自己的思想，甚至同一個人前後思想變化也很大（如石里克等），乃至出現了以石里克、魏斯曼爲代表的「右翼」和以紐拉特、漢恩、弗蘭克、卡爾納普爲代表的「左翼」。因此，我們下面分析馬赫思想遺產對邏輯經驗論的影響時，擬集中在幾個主要傾向和共識上。

一、徹底的經驗論原則

馬赫的徹底的經驗論原則或經驗科學的概念是：科學是對感性事實的經濟描述；理論應該盡可能少地超越於經驗，只有在絕對不可避免時；理論的科學性是與它和經驗的直接關聯的多寡成正比的；理論應該盡可能迅速地被證實、確認或被檢驗；作爲間接描述的理論並不具有完備觀察指稱的術語，它應該被還原爲直接描述（事實的語言報告）。

邏輯經驗論正是從這樣的經驗論觀點出發的，維也納學派的宣言對此作了積極的回應。它的科學世界概念的特點除以邏輯分析的運用（這也是馬赫注意到的但卻無暇或無力去做的工作）爲標誌外，就是「經驗論的或實證論的，只有來自經驗的知識，這種知識是建立在直接所予的基礎上的。」「維也納學派最有興趣的是經驗科學的方法」，「除了經驗方法之外，沒有任何一種方法可以達到眞正的知識；經驗之外或經驗之上的思想領域是不存在。」它雖然不摒棄在邏輯上不夠明確或在經驗上缺乏根據的研究成果，「但它總是力求用十分清楚的輔助手段進行檢驗，並要求直接或間接地還原到經驗。」❼ 石里克的下述言論也能代表邏輯經驗論的總的傾向:「哲學使問題得到澄清，科學使問題得到證實。」「除了觀察和經驗科學以外，沒有其他檢驗和證實眞理的方法。」❽

沿著馬赫的徹底經驗論方向，邏輯實證論進一步進行了細化和深化。綜合命題（經驗命題）——它包括基本命題和複合命題——與分析命題（同義反覆）的兩分法，意義與證實問題，關於知識基礎（即用來檢驗科學理論的基本觀察命題是不是要通過觀察經驗再加以檢驗）問題的石里克（基礎論）和紐拉特（反基礎論）之爭等等，都是在經驗論框架內的新嘗試和新創造。邏輯實證論者認爲:「一個命題的意義，就是它的證實方法。」「而可

---

❼ 同❸。
❽ 同❻，頁9，8。

證實的意思就是證實的可能性。」❾ 根據這個可證實原則，了解一個命題的意義，必須說明它是被什麼證實爲眞的。只有對其證實條件有所了解，才能判斷其眞假並了解其意義。這裡的可證實性是原則的可證實性，它比經典實證論的實際可證實性要寬鬆一些。石里克的可證實性原則在1930年代又被卡爾納普提出的可確認性原則取代了。經驗意義的需求構成邏輯經驗論的整個哲學基礎，因此石里克不滿意邏輯實證論的稱呼，他寧願稱它爲「徹底的經驗論」❿。

二、反形而上學

我們在第九章和第十章等處已論述了馬赫堅定的反形而上學立場。在馬赫看來，一切超驗的形而上學問題都是毫無意義的假問題，都應該從科學中清理出去，「沒有比拋棄討厭的、無效的假問題更值得的了」（*KE,* p. xxxiii)。馬赫認爲，哲學家要運用分析、批判的方法，「帶頭消除妨礙科學探索的假問題，而把其餘的留給實證研究」(*KE,* p. 9)。如果物理科學「忘記了它新近從她的老大姐哲學那裡獲得的聰明智慧」，堅持力學神話的形而上學構架，而「未終結虛假問題」，那麼物理科學也就不成其物理科學了 (*PSL,* p. 207)。馬赫指出:

> 拒絕回答那種被認為無意義的問題，絕不是無所作為，而是科學家面對大量可以研究的事物所能採取的唯一合理的態度……。更普遍的哲學問題也是這樣。這種問題或者是被解決了，或者被認為是作廢了。(*GJ,* p. 282)

---

❾ M. 石里克: <意義和證實>，同❻，頁39，45。
❿ M. 石里克: <意義和證實>，同❻，頁41。

丟棄或廢除空洞的假問題「代表了科學的基本進步」,「科學於是放下了無用的、有害的負擔,從而獲得了更深刻的、更清楚的、能夠對準新的和富有成效的任務的眼光。」(*KE*, p. 194)

維也納學派是在啓蒙精神和反形而上學態度不斷增強的氛圍中誕生的,他們的共同目標是擺脫和反對形而上學。該學派的宣言表明,他們要在自然科學、社會科學和哲學中「反對公開的形而上學和隱蔽的先天論的形而上學」,要「滿懷信心地開始工作去清除形而上學和神學的千年垃圾」。宣言還分析了形而上學迷誤的邏輯根源在於兩個根本的邏輯錯誤:其一是緊緊束縛於傳統的語言形式,不了解思維的邏輯成果;其二是誤以爲思維或者可以不通過經驗材料從其自身獲得知識,或者至少可以通過一定事態的推理得到新的內容⓫。

馬赫的反形而上學態度在石里克等人身上也產生了強烈的共鳴和回應。石里克指出,形而上學的沒落並不是因爲解決它的問題是人的理性所不能勝任的事(像康德所想的那樣),而是因爲根本就沒有這種問題,必須揭露這種錯誤的提問。他說:

> 沒有什麼原則上不能回答的問題,沒有什麼原則上不能解決的課題。人們一向認為不能回答、不能解決的,並不是真正的問題,而是無意義的語詞排列。這些語詞排列表面看來雖然好像是問題,因為它們似乎滿足了通常的語法規則,但實際上却是一些空洞的聲音組成的,因為它們違背了新的分析方法所發現的邏輯句法的深刻內在規則。⓬

⓫　同❸。

⓬　M. 石里克:＜哲學的轉變＞,同❻,頁10,8。

卡爾納普在他的思想自述中明確承認，他是在馬赫等科學家的直接感召下，發展了他的反形而上學的懷疑態度並揭露假問題的。他在談到形而上學陳述是無意義的假陳述時也說：

> 嚴格說來，一串詞，如果在某一特定語言內並不構成一個陳述，那就是無意義的。也可以有這樣一串詞，乍看起來貌似一個陳述；如果是那樣，我們就稱它為假陳述。現在我們的論點是：邏輯分析揭示了形而上學的斷言陳述是假陳述。

卡爾納普的結論是：邏輯分析宣判一切自稱超越經驗的所謂知識，一切思辨的形而上學，以及憑藉特殊推斷想獲取超驗東西的形而上學，都是無意義的，它們只不過是用來表達一個人對人生的總態度⓭。

與馬赫不同或在馬赫的基礎上有所進展的是，邏輯經驗論者不認爲形而上學是錯誤的，而認爲它們無意義；不認爲有關存在的問題不能解決，而是實際上就根本沒有這樣的問題。另外，在方法論上，他們不像馬赫那樣以心理方法作爲主要依據，而是運用語言的邏輯分析方法，闡明科學中的概念、假設和命題的意義，從而使形而上學的思想混亂得以澄清。而且，正如洪謙先生所中肯地評論的：

> 邏輯實證論者並不認為形而上學完全無意義，只是認為它

⓭ R. 卡爾納普：<通過語言的邏輯分析清除形而上學>，同❻，頁14，31-33。

沒有傳遞實際知識的意義，僅僅具有激動情感的意義，多少有點像詩歌、藝術和音樂那樣。因此，他們對形而上學的結論是：它可以充實我們的生活，但不能豐富我們的知識；它只能作為藝術作品，但不能作為真理來評價。在他們看來，所謂形而上學所包含的，有時是科學，有時是詩文，事實上卻沒有什麼形而上學。⑭

三、統一科學

馬赫哲學的主要傾向和重要意圖除反形而上學外，就是統一科學，這二者是密切聯繫在一起的。馬赫拒絕傳統科學和傳統哲學的成見——要麼否認科學統一，要麼把形而上學引進科學——他爲統一科學而採取「雙管齊下」的辦法：「否定的」的辦法，即通過清除形而上學來實現科學的統一；「肯定的」辦法，即把一元論的要素或感覺經驗作爲統一科學的基石。

馬赫早在 1867 年發表的講演中就對人文科學和自然科學的對立乃至敵對狀況表示驚訝和不滿。他認爲，科學的這種劃分是「幼稚的和天眞的」，就像埃及古代繪畫缺乏透視法在我們看來覺得幼稚和天眞一樣，實際上這兩種科學都只不過是以不同的目的開始的同一科學的一部分。他希望能把二者結合起來，不要像羅密歐與茱麗葉那樣以悲劇性的分離而告終（*PSL*, pp. 86-87）。馬赫還明確表示：

全部科學起源於生活的需要。不過，它可以被培育它的人

---

⑭ 同❶。

> 的特定職業或有局限性的傾向和能力詳盡地劃分開來，可是每一個分支只有通過與整體的活生生的聯繫才能充分地、健全地得以發展。唯有這樣的統一，才能保證不致片面修剪和畸形生長。(*SM*, p. 609)

馬赫認爲，科學統一在於它的題材和方法是共同的。他說:「知識的題材對於所有研究領域都是共同的，固定的、明晰的界限是無法劃出的。」(*PSL*, p. 189) 在馬赫看來，這種共同的題材就是感性知覺或要素。其次，不管是科學家還是藝術家，他們的對象和目的雖然不盡相同，但他們的工作方式或方法卻完全類似，尤其是在創造性的發現的時刻。馬赫這樣寫道:

> 特殊科學之間的藩籬將逐漸消失，這些藩籬使工作和專注的劃分成為可能的，但它們在我們看來畢竟是冷酷的、約定的限制。層層大橋架設在鴻溝之上。甚至最遙遠的分支的內容和方法也被加以比較。當自然科學家會議在此後一百年召開時，它們將在比今天可能還要高的意義上顯示出統一，這種統一不僅僅是在情趣和目的上，而且也是在方法上。其間，我們始終在心目中考慮到所有研究的固有關係這一事實，以此來促進這一偉大的變化，……(*PSL*, pp. 257-258)

馬赫也意識到科學的統一離不開術語的統一，他的實證論的統一科學的目標也包含語言的和數學的統一。但是，他在這一點上未及展開。

馬赫在各個不同學科中的廣泛漫遊，也是他力圖突破專業界限，促進各個學科部門合作的統一科學的具體實踐。他從自己的實踐中洞察到，統一科學是可望成功的。他已經感受到，哲學爲自己設立了比較謙遜、比較易於達到的目標，它不再對專門探究懷有敵意，而且熱情地參與到這種探究之中；另一方面，專門科學也顯著變得哲學化了，它不再毫無批判地接受一切，探究者的目光也注意鄰接的領域，各個分支正力求密切聯合。人們逐漸普遍確信：哲學只能由專門科學相互的和互補的批判、相互滲透以及聯合爲一個牢固的整體組成。「在未來的科學中，所有知識的小溪將越來越多地匯聚成共同的、未分開的河流。」(*PSL,* p. 261) 馬赫充滿信心地說:

> 由於各種各樣的哲學思想家所走的道路彼此接近，特別是由於一般哲學家和實證科學家的觀點親密會合，我相信，我有理由可以說：各門科學的相互適應是有其吉利徵兆的。(*GJ,* p. 45)

馬赫統一科學的宏旨與在先的馬克思的思想⑮不謀而合，也在當今的自然主義思想中再度復興⑯，尤其是它在本世紀初葉的

⑮ 馬克思說:「自然科學往後將包括關於人的科學，正像關於人的科學包括自然科學一樣：這將是一門科學。」參見馬克思:《1844年經濟學哲學手稿》，人民出版社（北京），1985年第1版，頁85。

⑯ 例如胡克（C. A. Hooker）認爲：統一是科學理解的基本目的之一，具有很高的價值。自然主義對科學理論中的統一、哲學理論中的統一、科學理論和哲學理論之間的統一都作出了承諾。自然主義假設的是整個自然秩序的統一，不僅包括非認知領域，也包括認知領域。參見《國外自然科學哲學問題》(1990)，中國社會科學出版社（北京），1991年第1版，頁68-69。

邏輯經驗論的哲學革命中激起強烈的反應。弗蘭克在馬赫誕辰一百周年論述馬赫的科學統一綱領時說:

> 有機會實現我們剛剛勾勒的綱領對馬赫來説是緊要的事。正是馬赫的這一綱領，我們可以採納它作為我們的「統一科學運動」、我們的大會和我們的百科全書的綱領。如果如此之多的物理學家、生理學家、心理學家和科學史家慶祝馬赫的一百周年紀念，那麼我們就可以為這些慶祝而感到特別自豪，我們有權利在慶祝中授予他以「統一科學運動」的精神始祖之一的崇譽。因為我認為，在我們的運動中，馬赫播下的種子獲得了特大豐收，而且這也嚴格地符合他的真實意圖。⓱

馬赫播下的統一科學的種子在邏輯實證論者中間開花、結果。維也納學派宣言表明，科學世界概念「其目的是統一科學」。它致力於把個別研究者在不同科學領域中的成就聯繫和一致起來。正是出於這一目的，它強調集體的努力，強調那些可以在主體間把握的東西，探求一種中立的形式化系統、一種消除了歷史語言痕跡的符號系統以及一個總的概念系統。它力求簡潔性和清晰性，排斥隱晦玄虛和神祕莫測的深奧⓲。費格爾在闡述卡爾納普用物理主義作爲統一科學的基礎時說:

⓱ P. Frank, Ernst Mach and Unity of Science, in *PP*, pp. 235-244.

⓲ 同❸。

> 物理主義的第一個論題，或關於科學語言的統一性問題，基本上就是建議把能否在主體間證實看作有無科學意義的標準。在這第一個論題中，「統一科學」實質上意味著自然科學和社會科學中一切實際認識的（卽非分析的）陳述的證實基礎是統一的。從這個論題中必然得出的結果，就是肯定科學方法的統一性。……物理主義的第二個論題斷言：自然科學和社會科學中的種種事實和規律，至少從原則上說都可以從物理學的理論假設中推演出來。我們可以把這第二個論題表述為：這是相信有可能建立一個統一的解釋系統。⑲

這一切顯然是對馬赫統一科學思想的繼承與發展，與感覺的分析相比，物理主義的優點是具有主體間性。關於這一點，從洪謙先生的一段評述中也可窺見：「紐拉特和卡爾納普還以他們的記錄學說爲根據，提出物理主義和統一科學的觀點。所謂物理主義，就是以物理學爲基礎，應用行爲主義的心理學方法，從物理事物的語言方面，將心理現象還原爲物理現象，並將心理學命題譯爲物理學命題，從而把『心理的』與『物理的』、『身體的』與『心靈的』東西統一起來，進而把一切經驗科學『還原』爲物理科學。」⑳ 這種以還原論爲基礎的統一科學途徑，與當代自然科學的發展有許多矛盾之處，儘管它在某些方面把研究也引向深入。其實，馬赫並不滿意類似的還原論：他雖然承認有機體及其組成

---

⑲ H. 費格爾：<物理主義、統一科學與心理學基礎>，同❻，頁512-513。

⑳ 同❶。

部分服從物理學規律，承認還原論研究的合理性，但是他也明確指出:「人們進行這樣的研究時，總會遇到有機物的完全特殊的性質，這些性質在迄今見到的物理現象中還無法找到其類似性。」(*GJ*, p. 78)

維也納學派還把統一科學的志向付諸實踐。1934年，石里克、弗蘭克等人編輯了《統一科學叢書》。1935年，在法國索邦舉行了第一屆科學統一大會，通過了紐拉特提出的關於編輯《國際統一科學百科全書》的計畫，以及卡爾納普關於統一邏輯符號的提案。接著，又先後分別在哥本哈根（1936)、巴黎（1937)、劍橋（1938）、坎布里奇（1939）舉行了四屆國際科學統一大會。由於第二次世界大戰爆發，這個大會以後未能繼續舉行。

邏輯經驗論者並非僅僅接受了馬赫這三項思想遺產。馬赫的反宗教神學傾向，馬赫的科學主義、和平主義、人道主義和社會主義思想，馬赫哲學的精神氣質（尤其是啓蒙、批判、實踐精神)，也大大影響了他們。維也納學派的宣言也是一篇「使人們從偏見的禁錮中解放出來」的戰鬥檄文，它猛烈地抨擊了當時社會上引人注目的形而上學傾向和神學化傾向，指出廣大人民羣眾對這種傾向感到失望。「因此，在許多國家，羣眾已經比以往任何時候更自覺地反對這些學說，並且與其社會主義立場相聯繫而傾向於一種注重現世的經驗論觀點。」宣言表示：「我們必須爲日常生活（不僅是學者的日常生活，而且是一切以某種方式爲自覺地重新塑造生活而共同工作的人的日常生活）創造思想工具。在致力於合理改造社會秩序和經濟秩序方面表現出來的那樣的活力，也滲透在建立科學世界概念的運動之中。」宣言以充滿戰鬥豪情和實踐精神的語句結束:

> 因此，科學的世界概念是和現代生活密切相關的，它當然會受到嚴峻的鬥爭和敵意的威脅。儘管如此，許多人並不氣餒，而是根據現代社會學的觀點，對未來的發展充滿了希望。……我們看到，科學世界概念的精神正日益滲透於私人生活和公共生活以及學校課程、教育、建築藝術之中，也有助於按照理性原則改造經濟生活和社會生活。科學的世界概念服務於生活，生活也接受這種科學的世界概念。㉑

維也納學派的成員擁護和平，反對戰爭，他們在世界大戰中都未被捲入國家主義和民族主義的狂熱之中。他們在政治上是開明的和進步的，以紐拉特爲代表的左翼甚至還很激進。例如紐拉特本人受到馬克思主義影響，與社會民主黨人、共產黨人和工農羣眾有密切聯繫，曾在巴伐利亞蘇維埃政府參與經濟社會主義化工作，並爲此被捕受審。維也納學派成員的這些表現，顯然與馬赫的思想影響和行動表率有關，與馬赫試圖把科學的澄清擴展到人類知識和人類生活的新基礎的嘗試有關。科恩在評論邏輯實證論時說得對：維也納學派的實證論是對以蒙昧主義的神學和繁瑣的社會科學的一種審愼的和自覺的反叛，是一次卓越的啓蒙運動和政治上激進的運動。它的目標是要重建關於科學探究方法的哲學理解，以便建立用來反對人類的謬誤和誤解的武器庫。它也力圖爲社會主義者和其他人提供工具幫助，以便建立一個具有正義和

㉑ 同❸。

人類自由所必需的物質條件和精神條件的世界㉒。

邏輯經驗論者不僅在總的傾向上和大的原則上繼承了馬赫的思想遺產，而且也在一些細節上從馬赫那裡獲得了啓示。例如，馬赫說過：「觀念的自發的遊戲和思想的變化的結合從感覺和直接的需要中脫離出來，事實上遠遠地超越了它們，這些遊戲和結合使人高於其他動物。」(*KE*, p. 72) 他進而指出：

> 任何一個具有强烈觀念生活的人，當沒有嚴肅的任務在手頭時，都將樂於傾向於充滿遊戲的追求。這樣的遊戲性進一步發展和增强了對未來的嚴肅任務的觀念。在我看來，情況似乎是，這兩種遊戲的概念是合情合理的，而通常僅僅强調這一面或另一面。(*KE*, p. 124)

馬赫的這一思想以及他關於「普遍的、非私人的、超私人的生命」的概念 (*GJ*, p. 19)，很可能影響了石里克的人生哲學㉓，因爲石里克說過：「一切科學文化的進展，都是人類精神『遊戲』的結果：科學家竭其終生之力從事探索宇宙之謎而不以所得爲念者，就是這個『遊戲』的人生觀的表現，就是這個『遊戲』的人生觀對於人類的貢獻：人類整個文化的進展與前途，都是靠這個人生哲學而產生的。」「理想的人生、代表的人生，就是音樂

㉒ R. S. 科恩：《當代哲學思潮的比較研究》，陳荷淸等譯，社會科學文獻出版社（北京），1988年第1版，頁110。

㉓ 迄今我未看到有文獻指出這一事實。

家、詩人的人生。」㉔ 從馬赫的「觀念遊戲」到維特根斯坦的「語言遊戲」，似乎也只有一步之遙。二者之間是否有歷史的和邏輯的關聯，還是一個有待考察和研究的問題。

洪謙先生的一段精彩評述可以作爲對本節所論的絕妙總結，現不妨照錄如下：

> 馬赫的實證論觀點，從各方面來説，對於維也納學派邏輯實證論的產生和發展，都具有深遠的歷史意義。如果沒有馬赫「給科學以新的精神」，沒有馬赫這樣的實證論的經驗論傳統作為基礎，維也納學派的創始人如石里克、漢恩、紐拉特和卡爾納普是無從借助現代物理學、數學和邏輯的發展創立所謂新實證論即邏輯實證論或邏輯經驗論的。這是一個歷史的事實。用馬赫自己的話來説，是「一般文化發展的產物」。無可諱言，馬赫對這種一般文化的發展作出了卓越的貢獻，對此，當他誕辰一百五十周年之際，我們應當特別提出並稱道的。㉕

㉔ 洪謙：《維也納學派哲學》，商務印書館(北京)，1989年第1版，頁150，153。洪謙先生指出，石里克的遊戲人生觀受到席勒（F. Schiller, 1759-1805）的影響，因爲席勒有言在先：「一個人僅有在『遊戲』的時候，方是一個純粹完全的人。」席勒和石里克所謂的遊戲（洪先生把 das Spiel 譯爲「遊藝」）均指人類那種自由的、自願的、充滿樂趣的、不爲任何目的所支配的行爲。它與時下流行的、玩世不恭的「遊戲人生」毫不相干。

㉕ 洪謙：〈譯後記〉，《自然辯證法通訊》(北京)，第10卷（1988），第1期，頁19。

§12.3　邏輯經驗論：超越與缺失

馬赫的實證論的經驗論與維也納學派的邏輯經驗論之間的歷史淵源和思想淵源關係是明顯的，但從前者到後者還有一段艱難的歷程，因爲馬赫的科學觀與邏輯經驗論者的科學世界概念並非一致。馬赫強調觀察和感覺經驗在科學中的至高無上地位，但卻輕視理論在科學邏輯體系中的作用，並無暇顧及對科學作深入而詳盡的邏輯的和語言的分析。邏輯經驗論者彌補了馬赫的不足之處，作出了有深遠意義的開掘，其偉大成就已舉世公認。此外，邏輯實證論者在對實在、眞理、哲學等問題的看法上也與馬赫有相當大的出入[26]。

維也納學派的成員後來也在內部詰難和外部批判的風浪中不斷修正和完善自己，從而也不斷地與馬赫拉大了距離。例如，馬赫的現象論和思維經濟原則與石里克的科學經驗論以及整個邏輯經驗論是不很相容的。石里克指出，馬赫未把關於知覺的陳述和關於客觀實在的陳述加以區分，而統稱爲感覺的複合或要素的複合，這是錯誤的。他在「後維特根斯坦時期」，在他的〈實證論和實在論〉一文中，通過語言的邏輯分析，指出馬赫的實證論和普朗克的實在論都是無意義的形而上學命題。卡爾納普爲調合馬赫現象論和邏輯經驗論之間的矛盾，作出了最大的努力。但是他在他的《世界的邏輯構造》之後，不得不從他的「方法的唯我論」轉向「語義學的實在論」。紐拉特和弗蘭克自從他們建立「第一

[26] 洪謙先生在文獻[24]（頁 46-47）中對此作了十分詳細的、比較妥當的分析。

個維也納學派」以來，通過他們提出的「物理主義」或「統一科學」，宣揚馬赫的實證論觀點。但是到後來，紐拉特不得不轉向「整體論的約定論」，而弗蘭克則把馬赫和布里奇曼的操作論聯繫起來，從而企圖標榜馬赫的感覺分析的科學性，保持中性一元論㉗。

邏輯實證論距今已有七十年左右的歷史，在這漫長的時期，特別是第二次世界大戰以後，邏輯實證論經歷了諸多演變，它不僅與馬赫哲學，而且也與維也納學派初期的觀點有顯著差異。這說明它既未僵化，也不教條。有人說邏輯實證論「已經死了」，「已經壽終正寢了」㉘；波普爾甚至以親手「扼殺了邏輯實證論」引為自豪㉙。對此，洪謙先生的看法是：邏輯經驗論雖然已不時興，但它並未死亡，波普爾的扼殺實際上也未得逞，它現在依然是現代西方哲學中的一個有影響的流派㉚。

邏輯實證論無疑超越了馬赫，尤其是在對科學的邏輯和語言分析方面，這是有目共睹的。但是，相對於馬赫而言，它也有嚴重的缺失，這一點似乎還沒有引起人們足夠的注意和重視。費耶阿本德在考察馬赫及其追隨者和反對者時指出，馬赫的科學哲學具有這樣幾個特點：第一，馬赫對作為一個整體的科學持批判態度，而現代哲學家從來也不敢這樣作；第二，馬赫對科學觀念的

㉗ 同㉕。

㉘ J. 帕斯莫爾：<邏輯實證主義>，趙鑫珊摘譯，《近現代西方主要哲學流派資料》，商務印書館（北京），1981年第1版，頁262。

㉙ K. 波普爾：《無窮的探索》，邱仁宗等譯，福建人民出版社（福州），1984年第1版，頁91。

㉚ 洪謙：《邏輯經驗主義文集》，三聯書店（香港），1990年第1版，頁43-44，31。

批判不是把它們與外部標準（意義標準或劃界）加以比較，而是通過表明科學研究本身如何啓發變化；第三，馬赫不考慮研究領域之間的區分，任何一種方法、任何一類知識都可用於討論特定的問題㉛。馬赫科學哲學的這些特點，也正是邏輯經驗論者所忽視的或缺失的。

可以毫不誇張地說，馬赫的旨趣和視野比他的同代人和他的哲學繼承者都要廣博得多。邏輯經驗論者不僅忽略了他的一些零散的思想火花（如觀察負荷理論，思想相互適應，想像和幻想在科學發現中的作用，直覺作爲知識源泉，邏輯簡單性和探索性演繹法的胚芽等等），而且也有意或無意丟棄了馬赫的一些特徵性的、富有成效的意圖和傾向。首先，歷史研究是與馬赫哲學的重要精神氣質之一，它不僅是一種有用的研究方法和理解現存科學的工具，更是啓示新思想的豐富源泉。邏輯經驗論對歷史不感興趣，它把發現的上下文排除在研究之外，僅關注辯護的上下文。邏輯實證論的這一缺失已由 1960 年代崛起的、以庫恩爲代表的歷史學派加以彌補，這也許可以看作是對馬赫的歷史研究的再發現。其次，馬赫在研究中力圖消除主體與客體、有機界與無機界、人與動物、科學思維與日常思維的尖銳對立，但邏輯實證論的意義分析、劃界標準、物理主義還原論似乎與馬赫背道而馳。馬赫的這一思想在當代自然主義和進化認識論中才得到應有的回應。再次，馬赫的方法是多元的，他不僅把自然科學的一般方法、各門科學的具體方法囊括在內，而且也運用了哲學、歷史、人類學等人文科學和社會科學方法，他甚至不反對在一定場合內

㉛ P. K. Feyerabend, *Problems of Empiricism, Philosophical Papers*, Vol. 2, Cambridge University Press, 1981, p. 81.

使用擬人的、目的論的方法。可是，邏輯經驗論者卻把方法局限於一個狹窄的領域，自己束縛自己的手腳。馬赫反對方法論的教條和僵化在費耶阿本德身上產生了強烈的共鳴。

尤其值得注意的是，馬赫關心知識的進步；而邏輯經驗論只關注知識的「澄清」或「合理性」。馬赫哲學從科學中萌生，又落實到科學，從而既具有時代的科學氣息，又直接推動了科學的革命性變革和進步；而邏輯經驗論雖然與科學有種種關聯，但顯然缺乏馬赫哲學那樣的前瞻性和生氣勃勃的力量。馬赫哲學與科學密切結合，與科學實踐息息相關；而邏輯實證論自覺或不覺地把二者分開，它對科學家失去吸引力（大概沒有多少科學家能讀懂它或去關心它），對科學失去推動力。因此，費耶阿本德甚至有些偏頗地認爲，維也納學派和早期的批判理性主義者「曲解科學和破壞哲學」，他們「非得要小聰明才能使自己的錯誤爲人接受」，他們「僅是一些頭腦簡單的先驅者」㉜。我想，邏輯實證論者的缺失原因在於，儘管他們具有良好的科學素養，但他們畢竟還是專業哲學家，他們不具備、也很難具備像馬赫這樣的哲人科學家或作爲科學家的哲學家的氣質和眼力，因爲他們沒有或很少有在科學前沿的科學實踐。

從總的傾向上看，費耶阿本德的評論並非沒有一點道理。確實，不光邏輯實證論，當代的科學哲學也越來越專門化和技術化，這固然深化了對問題的探究，但的確也遠離了科學和科學家。十九世紀末和二十世紀初那種科學與哲學水乳交融、哲人科學家羣星璀璨的局面，如今已是「蝶去鶯飛無處問，隔水高樓望

㉜ 同㉛，p. 88.

斷雙魚信。」[33]費耶阿本德發出的「回到馬赫去！」[34]的吶喊是切中時弊的，眞可謂空谷足音。

---

[33] 宋・晏幾道：<蝶戀花>。

[34] 我本想查閱一下費耶阿本德此言的出處，但仔細一想還是放棄了原有的念頭。這樣，反倒能使我不受他的思想的誘導和約束，從而可在下文自由地發揮。

跋：「回到馬赫去！」

自古逢秋悲寂寥，

我言秋日勝春朝。

晴空一鶴排雲上，

便引詩情到碧霄。

——唐·劉禹錫·〈秋詞〉二首（其一）

馬赫是十九世紀末葉到二十世紀伊始的偉大科學家和偉大哲學家，他的思想直接導致了本世紀初的科學革命和緊隨其後的哲學革命。

僅此兩點，就足以確立馬赫在科學史和哲學史中的牢固的、不朽的地位。這種歷史地位是一個歷史的事實，它是任何人也無法抹殺的和取代的。

而且，馬赫除在世紀之交對弗洛伊德的精神分析有所影響外，在本世紀中葉相繼湧現的愛因斯坦等科學家的科學哲學、皮亞杰的發生認識論、波普爾的批判理性論、以庫恩爲代表的歷史學派、費耶阿本德的批判主義和方法論的多元論以及形形色色的反歸納主義中，都或多或少有馬赫播下的種子和摻入的酵素。

在本世紀末葉，馬赫富有啓發性和預見性的思想，又在自然主義和進化認識論中開花結果。馬赫又一次扮演了思想先驅的角色。

作爲時代驕子的馬赫，他的思想不僅哺育了他所處的時代，而且也影響了整個二十世紀的智力世界。馬赫是時代的產兒，時代也是馬赫思想活動的大舞臺。

馬赫無疑是一位有過重大貢獻並產生了深遠影響的歷史人物，這是每一個尊重事實的人有目共睹的。但是，馬赫的思想現在還有生命力嗎？

有人認爲，馬赫的認識論態度今天已經過時，它已經失去了昔日的吸引力和魅力，正在遁入古老幽深的典籍王國，成爲歷史博物館的陳列品。

費耶阿本德卻不作如是觀。他針鋒相對地大聲疾呼：「回到馬赫去！」

費耶阿本德的吶喊不無道理。因爲馬赫的生命是「一種普遍、非私人的、超私人的生命」(*GJ*, p. 19)，儘管他本人早已作古；因爲馬赫的思想是「生活的眞正珍珠」，它「能夠被喚起和結果實」(*PSL*, pp. 234-235，366)，儘管它現在已不存在於波普爾的「世界 1」(馬赫的大腦)，而僅存在於「世界 3」。

誠如亞里士多德所言，以自身爲對象的思想是萬古不沒的。這就是我們今天讀馬赫的書還能產生意義共鳴和獲得啓迪的原因。

「回到馬赫去！」並不是要回到馬赫的激進經驗論去。因爲經驗論和理性論的古老對立，實在論與觀念論的傳統相背，正在新的探索中逐漸滲透、消融，並失去其絕對僵硬的意義。

「回到馬赫去！」也不是要回到馬赫的要素一元論去。儘管要素說中的「天人合一」眞諦仍有待人們去發掘、去認識，但誠如馬赫所說，它畢竟只適應於當時的知「識總和」，它並「不自命爲萬古不滅的哲學」，並「隨時準備」「讓位於更好的見解」(*GJ*, p. 25)。

那麼，「回到馬赫去！」究竟要回來哪裡去呢？

這就是要像馬赫那樣，把認識論提高到科學實踐的高度來研究，把科學的新鮮氣息注入認識論。當年的「一分爲二」和「合二而一」的「哲學廣播操」對此根本無濟於事，現今沿用的幾對陳舊的、乾巴巴的概念的排列組合對此也是無能爲力。認識論研究的勃與只能寄希望於科學的認知理論。

這就要像馬赫那樣，把科學與哲學密切結合，讓科學哲學眞正成爲科學家的哲學。這樣一來，哲學才能汲取科學的營養，成爲與科學實踐密切相關的智慧的哲學；科學才能煥發出哲學精神，成爲超越功利和超越知識本體的智慧的科學。

這就要繼續弘揚馬赫統一科學的思想，使科學文化人文化，人文文化科學化，從而消除二者之間現存的藩籬和鴻溝。

這就要認眞發掘馬赫的自然主義和生態倫理的思想遺產，使人類學會與自然和諧共處的生存智慧，最終達到「天人合一」的理想境界。

這就要大力發揚馬赫及其哲學的自由、啓蒙、懷疑、批判、歷史、實踐、兼融、寬容、謙遜、進取的精神氣質，克服盲從和輕信，警惕教條和僵化。我們這個世界受教條之害、蒙盲從之難實在太多了。

這就要批判地繼承和光大馬赫的科學主義、和平主義、人道主義。這三者已經成爲現時代的主旋律，馬赫的思想遺產無疑可以成爲譜寫這個主旋律的一串美妙的音符。

「回到馬赫去！」就是要開掘和拓展馬赫的上述思想遺產，

也要深思和領會馬赫的下述有現實意義的遺訓:

> 今天，當我們看到社會動盪，看到人們像一個機關的登記員按照他的狀態和一周的事件改變他在同一問題上的觀點時，當我們注視這樣產生的深刻的心理苦惱時，我們應該知道，這是我們哲學的不完備和轉變特徵的自然而必然的結局。有資格的世界觀從來也不是作為贈品得到的，我們必須通過艱苦的勞作獲得它。只有准予在理性和經驗起作用的領域內自由地傾向於理性和經驗，對人類的幸福來說，我們才能緩慢地、逐漸地、但卻是有把握地趨近統一的世界觀的理想，只有這種世界觀才能與健全精神的經濟和諧共存。(*SM*, p. 560)

回顧歷史，馬赫的思想確曾「雜花紛陳醉流鶯」；展望未來，馬赫的遺產也能「出水芙蓉晚更明」。在新的世紀之交，我們有理由這樣確信和期待。是爲跋。

農曆甲戌年三月十五日（1994年4月25日）
完稿於北京中關村

作者後記

草滿池塘水滿陂，

山銜落日浸寒漪。

牧童歸去橫牛背，

短笛無腔信口吹。

——宋·雷震·〈村晚〉

從「倚笻隨處弄潺湲」的智慧老人，寫到「短笛無腔信口吹」的天眞牧童，時令也正好從寒風料峭到春意盎然。望著書案上一大疊書稿，我自己彷彿也覺得煥發了青春的活力。

此時此刻，我情不自禁地想起石里克的「青春哲學」和「遊戲人生觀」。石里克在他的名作〈人生意義〉中說：

我們常說到「青春的熱情」，這是一種恰當的說法，因為熱情總是青春時代所有的；一種事業的熱情與青春的熱情，是燃燒著同樣的火焰與光輝的。……就是以整個的文化價值而言，也不外乎如何使人類青春化；「青春化」自然具有一種哲學的意義，就是我們的一切作為不應為一定的目的所支配；就是屬於生活的必然事件，也應當視為一種「遊戲」似的。

石里克的思想源於席勒。在席勒和石里克的心目中，所謂「青春」，都不是表示生理的年齡，而是對人生意義的一種基本看法；所謂「遊戲」，絕不是嬉戲玩耍似的兒戲或玩世不恭式的戲弄，而是一種自由的、自願的、充滿樂趣的、不以任何外在功利目的支配的超然行爲和人生態度。我覺得，這才是眞正的科學家和藝術家的人生哲學。借用當今使用頻率最高的詞匯之一來形容，這才是名副其實的「瀟灑」。

我是近兩三年從洪謙教授的書中才了解到石里克的思想的。可是在此之前好久，我就自覺或不自覺讚賞和奉行這樣的人生態度了。這倒不是我有什麼先見之明，這似乎是心靈體驗的溝通或一般文化發展的產物。以內心的自由執著追求自己感興趣的學術問題，始終對我具有特殊的吸引力。在苦苦求索和冥思中獲得理智上的愉悅和精神上的慰藉，一直對我有著妙不可言的魅力。正因爲學術研究已成爲我的「生活形式」或「生活的基本感情」，所以我對「爭權於朝，爭利於市」總提不起興致，打不起精神。這倒不是我自視清高，不食人間煙火，更沒有輕視或蔑視他人（政客和奸商另當別論）的意思。權力弄到正道上，金錢用到正事上，豈不大大地利國利民？這裡的差異僅僅在於：君子愫性不同，各有所好而已。

處在當今這個不大健全的社會中，學術界也不可能是世外桃源、一片淨土。比如，對於學術界盛行的遵命式的和應景式的所謂「研究」和「成果」，我就實在不敢恭維。本來是門可羅雀的冷門課題，一時間可以炒得炙手可熱；本來是沒有什麼學術意義的事情，卻能夠令莘莘學子趨之若鶩；本來是一些莫須有的假問題，也爲熱衷於追求學術之外好處的所謂學人提供了顯露身手的良機。情況就是如此：上面有人用金錢和虛榮瞎導演，下面有人爲金錢和虛榮亂起哄，上呼下應，一拍即合。一窩蜂式的「研究」浪頭就這樣一個個隨之而來，一大堆戴上閃光的桂冠和花環的「成果」便紛紛登臺亮相。誠如《漢書・馬廖傳》所言：「吳王好劍客，百姓多瘡瘢。楚王好細腰，宮中多餓死。」

我確實鄙棄這種時尙和時髦。人人都有兩條腿，何必隨波逐流，亦步亦趨；人人都有一個頭，何必鸚鵡學舌，人云亦云。正是出於這一考慮，我覺得與其把所謂「一句頂一萬語」的眞理——何況有些只不過貌似眞理，實則純屬謬誤——重複一萬遍，還不如嘗試講一句出自自己內心的、有可能出錯的話，因爲後者至少也是通向正確的第一步，而前者卻絕不是什麼偉大的英雄業績。這是我一貫的研究態度，也是我寫作本書的一個旨意。當年（1976年3月6日）我乘船從湖南津市返長沙，途經洞庭湖茅草街港時，曾寫下〈念奴嬌・過洞庭〉一詞，其中也包含著這個意思。現不妨照抄如下：

洞庭春水，
浩蕩蕩，
亘古向稱八百。
盡蓄澧沅資湘汩，
欲與四海競輝。
巨浪呑天，
驚濤擊岸，
聲威撼南國。
氣象萬千，

神州賴以增色。

浪迹名山勝水，
津市泛舟，
思絮伴鷗飛。
玉鑒瓊田何足趣，
激流勇進堪佩。
毋怨騷墨，
舞筆弄文，
妄嗟誰與歸。
革故鼎新，
莫墮昔人紙堆！

李太白有言：「不有佳作，何伸雅懷。如詩不成，罰依金谷酒數。」爲了旣伸「雅懷」，又不致金谷受罰，只好再次拈來舊作充數。慚愧！

李　醒　民

1994年4月26日謹記於北京中關村

主要參考書目

專　著

〔1〕 E. Mach, *History and Root of the Principle of the Conservation of Energy,* Translated by Philip E.B. Jourdain, Chicago, The Open Court Publishing Co., 1911.

〔2〕 E. Mach, *Kultur und Mechanik,* Stuttgart, 1915.

〔3〕 E. Mach, *The Principle of Physical Optics, An Historical and Philosophical Treatment,* Translated by John S. Anderson and A. F. A. Young, Dover Publications, Inc., 1926.

〔4〕 E. Mach, *The Science of Mechanics: A Critical and Historical Account of Its Development,* Translated by J. McCormack, 6th edited, The Open Court Publishing Company, LaSalle Illinois, U. S. A., 1960.

〔5〕 E. Mach, *Space and Geometry, In the Light of Physiological, Psychological and Physical Inquiry,* From the German by Thomas J. McCormack,

The Open Court Publishing Company, 1960.

〔6〕 *Ernst Mach: Physicist and Philosopher,* Edited by R. S. Cohen and R. J. Seeger, Boston Studies in the Philosophy of Science, Vol. 6, D. Reidel Publishing Company/Dordrecht Holland, 1970.

〔7〕 J. Bradley, *Mach's Philosophy of Science,* The Athlone Press of the University of London, 1971.

〔8〕 John T. Blackmore, *Ernst Mach: His Work, Life, and Influence,* University of California Press, 1972.

〔9〕 G. Holton, *Thematic Origins of Scientific Thought,* Harvard University Press, 1973.

〔10〕 《愛因斯坦文集》第一卷，許良英等編譯，商務印書館（北京），1976年第1版。

〔11〕 *Motion and Time, Space and Matter,* Edited by Peter K. Machamer and Robert G. Turnbull, Ohio State University Press, 1976.

〔12〕 E. Mach, *Knowledge and Error, Sketches on the Psychology of Enquiry,* Translation from the German by Thomas J. McCormack, D. Reidel Publishing Company, 1976.

〔13〕 《愛因斯坦文集》第三卷，許良英等編譯，商務印書館（北京），1979年第1版。

〔14〕 P. K. Feyerabend, *Problems of Empiricism, Philosophical Papers,* Vol. 2, Cambridge University

Press, 1981.
〔15〕 李醒民:《激動人心的年代——世紀之交物理學革命的歷史考察和哲學探討》，四川人民出版社（成都），1983年第1版，1984年第2版。
〔16〕 E. Mach, *Popular Scientific Lectures,* Translated by Thomas J. McCormack, Open Court Publishing Company, U. S. A., 1986.
〔17〕 E・馬赫:《感覺的分析》，洪謙等譯，商務印書館（北京），1986年第2版。
〔18〕 E. Mach, *Principles of the Theory of Heat, Historically and Critically Elucidated,* Translation Revised and Completed by P. E. B. Jourdain and A. E. Heath, D. Reidel Publishing Company, 1986.
〔19〕 李醒民:《兩極張力論・不應當抱住昨天的理論不放》，陝西科學技術出版社（西安），1988年第1版。
〔20〕 洪謙主編:《邏輯經驗主義》，商務印書館(北京)，1989年第1版。

論　文

〔21〕 洪潛:〈介紹馬赫的哲學思想〉，《哲學研究》(北京)，1957年第3期，頁113-134。
〔22〕 M. Bunge, Mach's Critique of Newtonian Mechanics, *Am. J. Phys.,* 34(1966), pp. 585-596.
〔23〕 *Synthese,* 18(1968) pp. 132-301.
〔24〕 E. N. Hiebert, Ernst Mach, C. C. Gillispie ed.,

Dictionary of Scientific Biography, Vol. VⅢ, New York, 1970-1977, pp. 595-607.

〔25〕 F. 赫爾內克：〈《馬赫自傳》遺稿評介〉，陳啓偉譯，《外國哲學資料》第5輯，商務印書館（北京），1980年第1版，頁67-96。

〔26〕 P.K. Feyerabend, Mach's Theory of Research and Its Relation to Einstein, *Stud. Hist. Phil. Sci.,* 15 (1984), pp. 1-12.

〔27〕 E. N. Hiebert, The Influence of Mach's Thought on Science, *Philosophia Naturalis,* Band 21, Heft 2-4, 1984, pp. 598-615.

〔28〕 R. 哈勒爾：〈詩人的想像和經濟：科學理論家馬赫〉，周昌忠譯，《科學與哲學》（北京），1984年第5輯，頁88-101。

〔29〕 M. 石里克：〈哲學家馬赫〉，洪謙譯，《自然辯證法通訊》（北京），第10卷（1988），第1期，頁16-18。

〔30〕 G. 沃爾特斯：〈恩斯特・馬赫和相對論〉，李醒民譯，《自然科學哲學問題》（北京），1988年第1期，頁56-62。

〔31〕 G. 沃爾特斯：〈現象論、相對論和原子：爲恩斯特・馬赫的科學哲學恢復名譽〉，蘭徵等譯，《自然辯證法通訊》（北京），第10卷（1988），第2期，頁16-26。該文是按作者寄給李醒民的打印稿翻譯的。

〔32〕 G. Wolters, Mach on Atoms and Relativity, *Ernst Mach and Development of Physics: Inter-*

national Conference, Prague, 1988, pp. 435-463.

〔33〕 O. 紐拉特等：〈科學的世界概念: 維也納學派〉，曲躍后譯，《自然科學哲學問題》(北京)，1989年第1期，頁16-24。該文後又由他人譯載於《哲學譯叢》(北京)，1994年第1期，頁36-44。

〔34〕 洪謙:〈關於邏輯經驗論的幾個問題〉，《自然辯證法通訊》(北京)，第11卷 (1989)，第1期，頁1-6。

〔35〕 李醒民:〈論作爲科學家的哲學家〉，《求索》(長沙)，1990年第5期，頁51-57。

〔36〕 G. Wolters, Mach and Einstein in the Development of the Vienna Circle, *Acta Philosophica Fennica,* **52**(1992), pp. 14-32.

關於本書經常引用的參考書目在正文中的縮寫表示

〔1〕*HR*,〔4〕*SM*,〔6〕*PP*,〔8〕*EM*,〔10〕*E1*,〔12〕*KE*,〔13〕*E3*,〔16〕*PSL*,〔17〕*GJ*,〔18〕*PTH*,〔25〕*ZZ*; 《唯批》(在《列寧選集》第二卷) 縮寫爲 *WP*。

馬赫年表

1838 2月18日，恩斯特·馬赫出生在摩拉維亞布爾諾附近的希爾利茨，同日在不遠的圖拉斯作洗禮。

1840 舉家遷往維也納以東的烏特爾錫本布龍。

1841 受到知覺問題的困擾，不理解圖畫中的透視和陰影。

1842 對因果說明感到困難。

1843 觀察風車的轉動機制，思想從信仰奇蹟的蒙昧階段上升到因果思維水平。

1845 看父親作簡單的實驗，學習數學，被引入科學。

1847 進入維也納以西一所高級文科中學，對宗教和古典語言不感興趣，老師認定他沒有天資，不可教化。

1848 被父親領回家，上午給他講授語言和科學課程，下午幹農活或學木工。

1853 讀康德《導論》，留下不可磨滅的印象。

秋，考入摩拉維亞的克雷姆錫爾高級文科中學。

1855 秋，進入維也納大學，在埃廷豪森手下學習數學和物理學。

1860 以放電和感應的論文獲得哲學博士學位。

完成多普勒理論實驗，用實驗駁倒費希納定律。

1861 作無公薪講師，爲醫學學生開設物理學課程。

1862 作＜力學原理和在其歷史發展中的機械論物理學＞講演及心理學講演。

與波佩爾-林科伊斯相識。

與斯忒藩競爭物理研究所代理所長失敗，維也納大學成爲原子論者大本營。

1863　《醫學學生物理學綱要》出版。

與庫爾克相識，保持友誼三十四年。

1864　赴格拉茨大學任數學講座教授，教數學、物理學、生理學、心理學等課程。

與費希納、赫爾曼相識、交往。

1865　開始發表關於「馬赫帶」論文。

1866　年初用數學講座教授席位交換物理學講座教授席位，有了自己的實驗室。

1867　4月赴布拉格大學任實驗物理學講座教授。

8月1日在格拉茨與瑪露西結婚，定居布拉格，後有四子二女。

1872　第一部科學史著作《能量守恒定律的歷史和根源》出版。

1873　《光學聲學研究》出版。

1874　《論運動引起音調和顏色變化的多普勒理論》出版。

1875　《動覺理論大綱》出版，首次表現出佛教意識。

1878　發表煤煙實驗結果論文，後被稱其爲「馬赫效應」、「馬赫反射」。

1879　被選爲布拉格大學校長 (1879-1880)。

1880　勸導民族主義學生團體，處理學生鬧事事件。

開始撰寫《力學史評》。

榮任奥地利科學院正式院士。

1881　赴巴黎參加第一屆國際電技術會議和第一屆國際電氣博覽會，爲梅爾森斯講演所震動，決定作實驗檢驗其理論。

1882　拜會來維也納訪問的詹姆斯，與阿芬那留斯相識，對哲學發生濃厚興趣。

1883　《力學史評》出版。

任布拉格德語大學校長 (1883-1884)。

1884 1月主動宣布辭去大學校長職務。

成功獲得改進的飛行子彈的照片、聲波和電火花照片。

1885 發表一篇最有意義的科學論文，首次描述了所謂「馬赫數」。

1886 4月16日就教育改革發表講演。

6月10日得到第一個成功的衝擊波照片。

《感覺的分析》出版。

爲中學生寫的第一本教材《中學低年級自然科學教科書》出版。

12月闡述了方程 $\sin\alpha$＝聲速/流速，即今日所謂的「馬赫角」。

1890 作教育雜誌的合作編輯。

1894 小兒子海因里希得博士學位後不久自殺，精神上受到沉重打擊，決意離開布拉格。

1895 重返維也納大學，任哲學系新設立的「歸納科學的歷史和理論」講座教授。

《通俗科學講演》英文版在美國出版。

1896 《通俗科學講演》德文版出版。

《熱學原理》出版。

與社會民主黨工人一起反對教權主義對維也納成人教育的否定，任抗議集會主席。

1898 7月乘火車旅行時不幸中風，右半身偏癱。

1899 公開宣布按意願贈款給成人教育聯合會和社會民主黨黨報《工人報》。

1901 正式從維也納大學退休， 在維也納附近的多瑙河城頑強工作和寫作。

任奧地利上議院議員，投票支持縮短煤礦工人工時的法案。

1902 玻耳茲曼繼任馬赫的講座教授席位。

反教基督教社會主義黨人在薩爾茨堡建立排他的天主教大學。

1905 《認識與謬誤》出版。

1906 《空間和幾何學》出版。

被狄慈根思想吸引，號召他的追隨者學習狄慈根著作。

1907 政治活動達到高峯，投票贊成選舉改革法案。

1908 普朗克在萊頓大學講演中首次公開攻擊馬赫。

1909 列寧《唯物主義和經驗批判主義——對一種反動哲學的批判》出版，對馬赫進行毀滅性的批判，馬赫對此保持沉默。

馬赫、愛因斯坦開始通信。

1910 發表《我的科學知識論的主導思想及我的同代人對它的反應》，回敬普朗克攻擊。

1912 簽署「非宗教委員會」聲明，號召天主教徒離開教堂。

1913 寫完《物理光學原理》第一卷，在序言中對相對論表示不滿，該書遲至1921年才得以出版。

5月從維也納遷往慕尼黑附近的法特爾斯特滕村。

1915 《文化和力學》出版。

1916 2月19日因患心臟病逝世。

索　　引

一　　劃

二　　劃

三 劃

四 劃

五 劃

六　劃

七　　劃

八　　劃

九劃

十　劃

十　二　劃

十　三　劃

十四劃

十　五　劃

十 六 劃

十 七 劃

十 八 劃

十　九　劃

二　十　劃

二十一　劃

二十二劃

二十三劃

二十四劃

二十五劃

世界哲學家叢書(九)

書名	作者	出版狀況
愛默生	陳波	撰稿中
魯一士	黃秀璣	已出版
珀爾斯	朱建民	撰稿中
詹姆斯	朱建民	撰稿中
杜威	葉新雲	撰稿中
蒯因	陳波	已出版
帕特南	張尚水	撰稿中
庫恩	吳以義	撰稿中
費耶若本	苑舉正	撰稿中
拉卡托斯	胡新和	撰稿中
洛爾斯	石元康	已出版
諾錫克	石元康	撰稿中
海耶克	陳奎德	撰稿中
羅蒂	范進	撰稿中
喬姆斯基	韓林合	撰稿中
馬克弗森	許國賢	已出版
希克	劉若韶	撰稿中
尼布爾	卓新平	已出版
默燈	李紹崑	撰稿中
馬丁・布伯	張賢勇	撰稿中
蒂里希	何光滬	撰稿中
德日進	陳澤民	撰稿中
朋諤斐爾	卓新平	撰稿中

世界哲學家叢書(八)

書名	作者	出版狀況
列維納	葉秀山	撰稿中
德希達	張正平	撰稿中
呂格爾	沈清松	撰稿中
富科	于奇智	撰稿中
克羅齊	劉綱紀	撰稿中
布拉德雷	張家龍	撰稿中
懷特海	陳奎德	已出版
愛因斯坦	李醒民	撰稿中
玻爾	戈革	已出版
卡納普	林正弘	撰稿中
卡爾·巴柏	莊文瑞	撰稿中
坎培爾	冀建中	撰稿中
羅素	陳奇偉	撰稿中
穆爾	楊樹同	撰稿中
弗雷格	趙汀陽	撰稿中
石里克	韓林合	排印中
維根斯坦	范光棣	已出版
愛耶爾	張家龍	撰稿中
賴爾	劉建榮	撰稿中
奧斯丁	劉福增	已出版
史陶生	謝仲明	撰稿中
馮·賴特	陳波	撰稿中
赫爾	馮耀明	撰稿中
帕爾費特	戴華	撰稿中
梭羅	張祥龍	撰稿中

世界哲學家叢書(七)

書名	作者	出版狀況
阿德勒	韓水法	撰稿中
史賓格勒	商戈令	已出版
布倫坦諾	李河	撰稿中
韋伯	陳忠信	撰稿中
卡西勒	江日新	撰稿中
沙特	杜小真	撰稿中
雅斯培	黃藿	已出版
胡塞爾	蔡美麗	已出版
馬克斯・謝勒	江日新	已出版
海德格	項退結	已出版
漢娜鄂蘭	蔡英文	撰稿中
盧卡契	謝勝義	撰稿中
阿多爾諾	章國鋒	撰稿中
馬爾庫斯	鄭湧	撰稿中
弗洛姆	姚介厚	撰稿中
哈伯馬斯	李英明	已出版
榮格	劉耀中	排印中
柏格森	尚建新	撰稿中
皮亞杰	杜麗燕	排印中
別爾嘉耶夫	雷永生	撰稿中
索洛維約夫	徐鳳林	排印中
馬賽爾	陸達誠	已出版
梅露・彭廸	岑溢成	撰稿中
阿爾都塞	徐崇溫	撰稿中
葛蘭西	李超杰	撰稿中

世界哲學家叢書(六)

書名	作者	出版狀況
巴克萊	蔡信安	已出版
休謨	李瑞全	已出版
托馬斯·銳德	倪培林	撰稿中
梅里葉	李鳳鳴	撰稿中
狄德羅	李鳳鳴	撰稿中
伏爾泰	李鳳鳴	排印中
孟德斯鳩	侯鴻勳	已出版
盧梭	江金太	撰稿中
帕斯卡	吳國盛	撰稿中
達爾文	王道遠	撰稿中
康德	關子尹	撰稿中
費希特	洪漢鼎	撰稿中
謝林	鄧安慶	排印中
黑格爾	徐文瑞	撰稿中
祁克果	陳俊輝	已出版
彭加勒	李醒民	已出版
馬赫	李醒民	已出版
迪昂	李醒民	撰稿中
費爾巴哈	周文彬	撰稿中
恩格斯	金隆德	撰稿中
馬克斯	洪鎌德	撰稿中
普列哈諾夫	武雅琴	撰稿中
約翰彌爾	張明貴	已出版
狄爾泰	張旺山	已出版
弗洛伊德	陳小文	已出版

世界哲學家叢書(五)

書名	作者	出版狀況
吉田松陰	山口宗之	已出版
福澤諭吉	卞崇道	撰稿中
岡倉天心	魏常海	撰稿中
中江兆民	畢小輝	撰稿中
西田幾多郎	廖仁義	撰稿中
和辻哲郎	王中田	撰稿中
三木清	卞崇道	撰稿中
柳田謙十郎	趙乃章	撰稿中
柏拉圖	傅佩榮	撰稿中
亞里斯多德	曾仰如	已出版
伊壁鳩魯	楊適	撰稿中
愛比克泰德	楊適	撰稿中
柏羅丁	趙敦華	撰稿中
聖奥古斯丁	黃維潤	撰稿中
安瑟倫	趙敦華	撰稿中
安薩里	華濤	撰稿中
伊本・赫勒敦	馬小鶴	已出版
聖多瑪斯	黃美貞	撰稿中
笛卡兒	孫振青	已出版
蒙田	郭宏安	撰稿中
斯賓諾莎	洪漢鼎	已出版
萊布尼茨	陳修齋	已出版
培根	余麗嫦	撰稿中
托馬斯・霍布斯	余麗嫦	排印中
洛克	謝啓武	撰稿中

世界哲學家叢書㈣

書名	作者	出版狀況
商羯羅	黃心川	撰稿中
維韋卡南達	馬小鶴	撰稿中
泰戈爾	宮静	已出版
奧羅賓多・高士	朱明忠	排印中
甘地	馬小鶴	已出版
尼赫魯	朱明忠	撰稿中
拉達克里希南	宮静	撰稿中
元曉	李箕永	撰稿中
休靜	金煐泰	撰稿中
知訥	韓基斗	撰稿中
李栗谷	宋錫球	已出版
李退溪	尹絲淳	撰稿中
空海	魏常海	撰稿中
道元	傅偉勳	撰稿中
伊藤仁齋	田原剛	撰稿中
山鹿素行	劉梅琴	已出版
山崎闇齋	岡田武彦	已出版
三宅尚齋	海老田輝巳	已出版
中江藤樹	木村光德	撰稿中
貝原益軒	岡田武彦	已出版
荻生徂徠	劉梅琴	撰稿中
安藤昌益	王守華	撰稿中
富永仲基	陶德民	撰稿中
石田梅岩	李甦平	撰稿中
楠本端山	岡田武彦	已出版

世界哲學家叢書(三)

書名	作者	出版狀況
澄觀	方立天	撰稿中
宗密	冉雲華	已出版
永明延壽	冉雲華	撰稿中
湛然	賴永海	已出版
知禮	釋慧嶽	排印中
大慧宗杲	林義正	撰稿中
袾宏	于君方	撰稿中
憨山德清	江燦騰	撰稿中
智旭	熊琬	撰稿中
康有爲	汪榮祖	撰稿中
譚嗣同	包遵信	撰稿中
章太炎	姜義華	已出版
熊十力	景海峰	已出版
梁漱溟	王宗昱	已出版
胡適	耿雲志	撰稿中
金岳霖	胡軍	已出版
張東蓀	胡偉希	撰稿中
馮友蘭	殷鼎	已出版
唐君毅	劉國强	撰稿中
宗白華	葉朗	撰稿中
湯用彤	孫尚揚	撰稿中
賀麟	張學智	已出版
龍樹	萬金川	撰稿中
無著	林鎮國	撰稿中
世親	釋依昱	撰稿中

世界哲學家叢書(二)

書名	作者	出版狀況
胡五峯	王立新	撰稿中
朱熹	陳榮捷	已出版
陸象山	曾春海	已出版
陳白沙	姜允明	撰稿中
王廷相	葛榮晉	已出版
王陽明	秦家懿	已出版
李卓吾	劉季倫	撰稿中
方以智	劉君燦	已出版
朱舜水	李甦平	已出版
王船山	張立文	撰稿中
眞德秀	朱榮貴	撰稿中
劉蕺山	張永儁	撰稿中
黃宗羲	吳光	撰稿中
顧炎武	葛榮晉	撰稿中
顏元	楊慧傑	撰稿中
戴震	張立文	已出版
竺道生	陳沛然	已出版
眞諦	孫富支	撰稿中
慧遠	區結成	已出版
僧肇	李潤生	已出版
智顗	霍韜晦	撰稿中
吉藏	楊惠南	已出版
玄奘	馬少雄	撰稿中
法藏	方立天	已出版
惠能	楊惠南	已出版

世界哲學家叢書(一)

書名	作者	出版狀況
孔子	韋政通	撰稿中
孟子	黃俊傑	已出版
荀子	趙士林	撰稿中
老子	劉笑敢	撰稿中
莊子	吳光明	已出版
墨子	王讚源	撰稿中
公孫龍子	馮耀明	撰稿中
韓非子	李甦平	撰稿中
淮南子	李增	已出版
賈誼	沈秋雄	撰稿中
董仲舒	韋政通	已出版
揚雄	陳福濱	已出版
王充	林麗雪	已出版
王弼	林麗真	已出版
郭象	湯一介	撰稿中
阮籍	辛旗	撰稿中
嵇康	莊萬壽	撰稿中
劉勰	劉綱紀	已出版
周敦頤	陳郁夫	已出版
邵雍	趙玲玲	撰稿中
張載	黃秀璣	已出版
李覯	謝善元	已出版
楊簡	鄭曉江	撰稿中
王安石	王明蓀	已出版
程顥、程頤	李日章	已出版